中国英语专业硕士研究生毕业论文中的学术名词短语使用研究

林生淑 / 著

A Study of the Academic Noun Phrases
in the Master's Theses by Chinese Students
in English Language Programs

上海三联书店

前　言

　　名词短语可以通过前置和后置修饰这种简洁、经济的方式将复杂的信息"打包"进短语结构。基于大型语料库的历时语言变化研究表明,近 300 年,学术写作中的名词短语修饰语使用发生了很大变化,主要表现在,十八世纪的学术写作中定语形容词使用逐渐增多;近 100 多年来,名词修饰和介词短语修饰不仅在使用的"量"上有了大幅度增加,而且意义和功能也得到拓展,例如,抽象意义名词作为修饰语的用法在二十世纪写作中大量存在。基于大型语料库的对比研究表明,学术写作所形成的独特语言风格是压缩性名词短语结构,即使用形容词、名词和介词短语做修饰语的名词短语。压缩性名词短语的普遍使用与学术写作的特殊语言输出条件以及语言的经济性使用密不可分。与此同时,近两年学术界重新审视了英语句法的复杂性,认为英语语言的复杂性应该是多层面的,名词短语的使用被视为衡量高级语言水平的重要指标,甚至可以预测写作质量。可以说,将小句可以表达的信息转化成形容词、名词和介词短语修饰语体现了一种高级的语言能力。

　　语域对比和句法复杂性两个角度的研究奠定了名词短语在学术写作中的重要地位,使得名词短语开始以极大的凝聚力吸引二语习得领域的关注。语体特征方面的研究通常以语篇大小衡量学习者在名词短语使用和修饰语使用上的特点,这一研究角度更显宏观。同时对抽象名词的研究关注具体短语模式的语篇功能。搭配角度的研究关注"形-名""名-名"使用典型性和准确性等更加微观的层面。对二语学习者来说,培养了短语能力才能接近本族语表达。在具体的学科领域,能否使用典型的短语体现了写作者的权威性和学者身份以及被话语共同体接受的程度。本研究将宏观和微观两个层面结合起来,全面、真实地了解中国英语专业硕士研究生在学术名词短语上的使用特点。

国内对名词短语作为学术写作语体特征和句法复杂性的研究刚刚起步,研究领域有待拓展。纵观国内外,在名词短语实证研究方面的一个突出空白就是缺少对学术名词的研究。学术名词是指在学术写作中普遍使用但又不同于通用词汇和专业技术词汇的那部分词汇。学术词表的创建备受关注。近两年由Gardner & Davies(2013)新创的学术词汇表 Academic Vocabulary List(AVL)基于近 20 年左右的学术写作大型语料库,代表了当今学术写作高频用词。从这个意义上来说,研究高频学术名词将对教学产生实际意义。

学术写作作为一种创造性活动,对于英语本族语者是个挑战,作为二语学习者利用英语进行学术创作无非又增加了一道语言关。国内对高级英语学习者,尤其是英语专业本科高年级及硕士阶段的写作研究暴露了他们在语言使用各个层面的问题。短语和搭配的使用具有鲜明的学科和语域特点,国外研究者也极力主张在长篇写作中研究高级语言能力。本研究对此领域的贡献正体现在,在具体的应用语言学学科内创建大型语料库对研究生论文中的学术名词短语使用进行研究。

为实现本研究的研究目的,创建了各约 200 万词的应用语言学论文语料库,包括学习者语料库,中国英语专业硕士研究生毕业论文语料库(简称 CCEPT, Corpus of Chinese English Postgraduates' Theses)和作为参照的语料库,国际期刊研究论文语料库(简称 CRAIJ, Corpus of Research Articles from International Journals)。CCEPT 中的论文平均分布于我国 985、

211 和普通院校的英语专业,CRAIJ 均来自国际权威应用语言学期刊。本研究基于词频确定应用语言学研究论文中高频使用的 47 个 AVL 学术名词作为研究对象。选择一定量的词汇有助于将研究置于可操控的范围之内,且以词汇作为比较基础有助于明确研究生在词汇使用上的差距以及未来的词汇学习目标。在本研究中,以学术名词为中心词的名词短语被称作学术名词短语。

本研究提出如下四个研究问题:

(1) 英语专业硕士研究生毕业论文中的学术名词短语是否具有压缩性结构特征? 如果有,有什么样的特征? 研究生使用小句修饰的情况如何?

(2) 英语专业硕士研究生对有多项修饰语的学术名词短语模式的使用情况如何?

(3) 英语专业硕士研究生能在多大程度上使用国外期刊研究论文中的高频学术名词短语? 研究生毕业论文中的高频学术名词短语使用情况如何?

(4) 英语专业硕士研究生在学术名词短语使用上有什么其他特点?

语料库检索工具主要使用了功能强大的 PowerGREP 和附码删除工具,分析软件包括卡方检验计算器和 Excel。语料库检索数据结合了详细的人工分析、修正,确保数据的准确性。

本研究主要有以下发现:

第一,中国英语专业研究生的学术名词短语修饰语使用体现了压缩性结构特征,短语修饰语类别的选择顺序与期刊研究论文一致:前置修饰以形容词为主、其次是名词,后置修饰以介词短语为主。但是研究生使用的具体短语性修饰类别和期刊研究论文差异较大,突出表现在:研究生过度使用名词修饰语,形容词修饰语使用不足,of 以外的其它介词使用差异大;同时,在具体学术名词的前置定语使用上差异较大。在小句修饰上,研究生论文和期刊研究论文一样,使用限定小句多于非限定小句,具体差异表现在:研究生论文中 wh-定语从句过度使用,而 that 从句、介词-which 从句、不同类别的非限定小句修饰使用不足,包括 V-ed/V-ing 结构和不定式修饰。研究生对应用语言学论文写作中的名词短语语体知识还不够完善,需要加强对不同修饰结构转换的训练,同时应剔除冗余无效的修饰结构。

第二,在有多项修饰语的学术名词短语模式使用上,可以归纳为以下三点。(1)当中心词前有形容词修饰时使用后置修饰的可能性比中心词前有名词修饰时更大,在这一点上,研究生论文和期刊研究论文一致,但此时研究生使用后置修饰显著偏少。(2)兼有多项前置修饰的名词短语在两个语料库中的使用都不算高,但研究生使用还是显著偏少。研究生使用的"形-形-AH"显著少于期刊论文,使用"名-名-AH"显著多于期刊论文,在"形-名-AH"上没有差别。定性分析表明,除了形容词多样性使用上的欠缺,研究生在使用两个形容词修饰时出现了形容词排序错误,这可能是阻碍他们使用偏少的重要原因。而两个名词作为修饰语时使用偏多,很可能是因为汉语母语允许名词做修饰,对研究生使用多项名词修饰产生了影响。(3)在兼有多项前置修饰的名词短语上,研究生使用后置修饰的比例显著少于期刊论文。表明汉语母语中前置修饰的单一化语言特点淡化了研究生对后置修饰的使用,尤其体现在"形-名-AH"和"形-形-AH"两种短语模式对后置修饰的使用上。尽管这种兼有多项前置和后置修饰的扩展名词短语在两个语料库中使用比例不高,但具体的中心词已经形成了具有本学科特色的修饰特点或短语模式。从定性的分析结果来看,他们对具体名词的短语模式还不明晰,对部分常规表达过度使用,修饰语用词笼统,这些问题都很突出。

第三,对于期刊研究论文中的高频(≥15)学术名词短语,研究生能够使用其中的 73.7%,仍有 26.3% 的高频短语未能在研究生论文中得到使用,同时在研究生使用到的期刊研究论文中的高频学术名词短语中有28%属于低频使用。期刊研究论文中的专有高频学术名词短语(即未在研究生语料库中得到使用的名词短语)中有很多是应用语言学论文写作中的常用表达,这一结果表明研究生应继续重视并加强使用国外学术论文中的常用短语;其他的名词短语使用则受到研究身份和学术视野限制而需要更多努力和更长时间才能掌握。研究生使用的高频(≥15)学术名词短语中的83.5%在期刊研究论文中得到体现,这一结果说明,研究生使用的绝大多数短语"有据可依",研究生阶段的英语学术语言输入很大程度上来自阅读的与研究方向相关的英文文献和书籍,一些常用的高频短语可以被内化并转化成语言输出。同时,也应该看到,研究生论文中的部分专有高频学术名词短语中的笼统表达和本土化表述较突出。这些本土化表达无助于学术论文表达的准确性和专业性,因此要有意识地减少使用。

　　第四,研究生使用的学术名词短语还有五大特点。(1)研究生使用名词短语或修饰语的类型偏少、修饰语的多样性更低,表现在语言结构类专业技术词汇的使用偏少、语义过渡性形容词修饰语偏少,论文写作用词的笼统性影响了表达的准确性、专业性,这也是对论文写作用词缺乏推敲、对文献缺乏理解的表现。(2)名词修饰语的使用上,集中于少数名词的高频重复,教学和英语技能相关名词占到了名词修饰语频数的24.8%,这在很大程度上可以解释中国学生名词使用偏多的现象。中国研究生使用的名词修饰语"量"过了,但并不表明他们能多样化地使用名词修饰语。(3)本研究中的47个学术中心词的修饰语使用普遍存在集中于前几个高频修饰语的情况,即"扎堆"现象,同时,在前几个高频使用的修饰语上又表现出使用不均衡的特点,比例悬殊过大,呈现"陡坡"式下降的特点。(4)定语形容词的修饰语,即副词修饰词的语义笼统,且集中使用程度副词而忽视范畴类副词使用。

(5)研究生论文中还存在学术名词短语使用时的书写和拼写错误、修饰语词性混用、欠妥当表达、定语从句使用中的种种错误，这些都损害了毕业论文的质量。

　　基于以上主要研究发现，本书提出，在加强高级英语学习者名词短语语体意识的同时，更应该做的是纠正对某些修饰结构的偏误认识，例如要重视对学术写作中定语形容词的使用；在强化语体意识的过程中，教学的重点放在修饰语使用的正确性、典型性、多样性这些更体现"质"的层面上；在短语能力的培养上，要重视高质量英语论文的大量阅读和语料库工具的应用，对名词的修饰模式进行显性教学，鼓励学生观察总结，包括观察有多项修饰语的中心词的修饰模式和修饰语语义关系。要从根本上提升名词短语使用质量，亟待拓宽研究生的学术视野和论文选题的广度，从而借鉴吸纳国外研究论文中出现的重要名词短语。

目　　录

图 形 目 录

表 格 目 录

缩 略 语 表

AH	Academic Head(名词性)学术中心词
AKL	Academic Keyword List 学术关键词词表
ARCHE	A Representative Corpus of Historical English 历时英语代表语料库
AVL	Academic Vocabulary List 学术词汇表
AWL	Academic Word List 学术词表
BNC	British National Corpus 英语国家语料库
CA	Contrastive Analysis 对比分析
CCEPT	Corpus of Chinese English Postgraduates' Theses 中国英语专业研究生毕业论文语料库
CIA	Contrastive Interlanguage Analysis 中介语对比分析
CLEC	Chinese Learner English Corpus 中国学习者英语语料库
COCA	Corpus of Contemporary American English 美国当代英语语料库
CLSEC	College Learners of Spoken English Corpus 大学学习者英语口语语料库
CRAIJ	Corpus of Research Articles from International Journals 国际期刊研究论文语料库
EAP	English for Academic Purposes 学术英语
ESP	English for Specific Purposes 特殊用途英语

GSL   A General Service List of English Words 通用英语
            词表

ICLE   International Corpus of Learner English 国际英语
            学习者语料库

LOCNESS   Louvain Corpus of Native English Essays 鲁汶英语
            本族语作文语料库

MI   Mutual Information 互信息

PACCEL   Parallel Corpus of Chinese EFL Learners 中国大学
            生英汉汉英口笔译语料库

SLA   Second Language Acquisition 二语习得

SWECCL   Spoken and Written English Corpus of Chinese
            Learners 中国学生口语和笔语语料库

TTR   type-token ratio 类符/形符比

WECCL   Written English Corpus of Chinese Learners 中国学
            生笔语语料库

第一章　概论

历时和共时语料库对比研究表明,压缩性名词短语的普遍使用是学术写作的一个突出语篇风格,也是衡量学习者高级语言能力的重要指标。同时,学术名词作为学术写作中最具有代表性的重要词类,对其进行名词短语角度的研究对确定高级英语学习者词汇学习目标,提高论文写作质量有实际意义。本书以国际权威语言学期刊中的研究论文作为参照,对中国英语专业硕士研究生毕业论文中的学术名词短语使用进行语料库对比研究,对中国高级英语学习者的学术名词短语使用情况做深入研究。本章包括研究背景、选题缘由、研究意义、研究目的以及研究的框架结构。

1.1　研究背景

（1）名词短语在学术写作中的重要性

简单地来说,名词短语就是由修饰语和中心词构成的语言结构,名词短语中的中心词是不可或缺的语义中心（semantic core）（Halliday,2004）,而修饰语是可以省略的,所以名词短语可以简单到一个名词或者代词（Biber et al. ,1999；Ni,2004）。

Biber ＆ Gray（2010）以 "Challenging stereotypes about academic writing：Complexity, elaboration, explicitness"为题在

学术性英语期刊 *Journal of English for Academic Purpose* 上发表文章，反驳了一直以来认为学术语篇的语言特点体现在小句性阐释（clausal elaboration）上的观点。Biber & Gray 基于定量和定性的分析指出，学术语篇独特的语言特点是以短语性修饰（phrasal modification）为主导的名词短语，而不是带有动词的复杂句子和小句。短语性修饰包括了定语形容词、名词修饰和介词短语修饰，它们是名词短语压缩性（compressed）结构的重要语法手段。Biber，Gray & Poonpon（2011）在期刊 *TESOL Quarterly* 上发表了名为"Should we use characteristics of conversation to measure grammatical complexity in L2 writing development"一文，明确了名词短语的使用是"高级水平"语言能力，可以用来衡量并预测学习者英语学习高级阶段的语言使用（Biber，Gray & Poonpon，2011，2013）。非常巧合的是，同一年，Lu（2011）刊文将名词短语作为句法复杂性的重要测量指标之一，并指出名词短语对于高级水平英语学习者更具有区分力。从历时发展的角度来看（Biber & Clark，2002；Biber & Gray，2010，2011；Biber，Susan & Randi，1998），自 19 世纪初以来，英语学术论文中使用名词的数量大幅度增加，形式也更丰富、呈多样化（如名词化和动名词的使用），而且名词短语的使用除了在数量上显著增加，修饰语与中心名词之间的意义关系也更加多样。例如，早期的"名词-中心名词"名词短语中，作为修饰语的名词通常为具体名词，而到了 20 世纪，抽象意义名词作为修饰语已经非常突出，即使是自 20 世纪 80 年代到本世纪初的这短短 20 多年里，学术写作中的名词修饰语使用比例也在明显增加（Biber & Gray，2011）。对名词短语在学术语篇中的普遍使用，Biber 等研究者（Biber & Gray，2010，2016；Ravid & Berman，2010；Ni，2004）从信息聚焦（information focus）的角度进行解释，名词短语可以将复杂的信息"打包"（package）进简洁的语言结构；同时，跨学科发展引发的

"信息爆炸"推动了书面语言朝着简洁、经济的方向发展。这一点在其他以传递信息为首要目的的语篇中也可以得到体现,比如新闻报道(Biber,2004;Ni,2004)。

Biber et al.(2013)强调说,学术写作如此依赖短语性修饰,以至于它可以被视为是没有动词的语篇。Wang & Bai(2007)称名词性结构显示了其利用各种前置和后置修饰语这种经济的方式来实现整合大量信息的巨大能力。Halliday(1996)认为书面语言是围绕名词词组(nominal group)组织成篇的。Whittaker,Llinares & McCabe(2011)从系统功能的角度指出名词词组的功能体现在两个方面:(1)从信息管理的角度来看,使用名词短语可以引出或追踪语篇的参与者;(2)从语体的正式性来看,名词短语承载了大量的信息。同时,名词短语在语篇中的衔接和人际功能也是它普遍使用的重要原因(Butler,2008)。名词短语作为衡量句法复杂性的指标甚至可以预测写作质量(Biber et al.,2013;Lu & Ai,2015)。

二语习得角度的名词短语研究包括两个方面:一是名词短语作为语体特征的宏观研究,二是具体修饰语与中心词构成的特定短语模式的相对微观研究,例如"限定词-名""名- that""形-名""名-名"等①。前者主要基于语篇或者语料库大小衡量名词短语使用的数量和修饰语数量,以及有少数对修饰语使用密度(即多项修饰)的研究,以此确定学术写作的语体性(Cooper,2013;Yang,2015;Parkinson & Musgrave,2014;McCabe & Gallagher,2009;梁新亮,2015;李朔,2014;赵秀凤,2004),国内也有研究将名词短语作为中介语复杂性的衡量手段之一,例如徐晓燕等(2013)。这一角度的名词短语研究在国内刚刚起步,相关文献数量不多。

---

① 为求简洁,本书使用"名"代替名词,"形"代替形容词。

　　同时,对名词短语中的某些具体短语模式的研究也在进行,且成果更丰富。对具体短语模式的研究主要包括两个层面:一是功能研究和典型性搭配使用研究。前一种研究中,中心词以抽象名词为主体,修饰语多为功能词类或功能词类引导的语言结构,其语篇功能体现有衔接、信息概括、立场表达等(Jiang,2015;Jiang & Hyland,2015;Charles,2003,2007;Schmid,2000;Nesi,& Moreton,2012;Hinkel,2001,2004)。典型性搭配的研究主要以形容词和名词两大类修饰语与中心词构成的名词搭配作为研究内容,这类研究主要基于频数和搭配力确定典型搭配,对比分析学习者典型搭配词或类联接的使用情况(Parkinson,2015;Durrant & Schmitt,2009,2010;Li & Schmitt,2009,2010;Siyanova,2015;Siyanova & Schmitt,2008;孙海燕,2004;孙海燕、陈永捷,2006)。

　　名词短语的使用是渐进发展的过程,作为学术写作的重要语篇特征,它需要在正式的课堂上学习(Priven,2020;Ravid & Berman,2010;Ravid & Zilberbuch,2003;Whittake, et al.,2011;Cooper,2013)。从语言习得角度来说,掌握了词项短语(lexical phrase)才能无限接近本族语者语言水平。英语二语学习者,包括高级水平英语学习者,在搭配的掌握上距离本族语者水平始终有差距。搭配作为一种重要的短语形态,掌握它是达到本族语者流利表达的一个标志。Huang(2015)发现,中国英语专业学生经过四年的学习,虽然词束使用的数量上有了提高,但是使用的质量并未提高。认知语言学和心理语言学研究已经证实了掌握多词序列在语言处理过程中具有优势,因此在语言学习中应当重视这种短语能力(phraseological competence)(Ellis et al.,2008;Huang,2015;Siyanova & Schmitt,2008;Huston & Francis,2000;Biber et al.,2011,2013;Hawarth,1998;Wray,2000,2002;Pawley & Syder,1983)。

英语母语习得角度的研究表明,随着儿童认知能力的发展和成熟,他们能更好地掌握复杂名词短语的使用(Eisenberg et al.,2008;Ford & Olson,1975),并灵活使用名词短语的语篇衔接功能(Kastor,1983)。而作为高级英语学习者在进行专属学科性内容创作时,还要顾及语言的正确性、准确性,无疑是更大的挑战。Biber, et al.(2013)强调,短语性修饰的使用是一种高级的语言能力,学生要提高语言输出质量必须掌握这一语体风格。Wray(2000)认为成功的语言学习就是掌握习语化的表达形式,包括习语、搭配和句子结构。Pawley & Syder(1983)认为,流利、地道地掌握一门语言在很大程度上依赖大量的句干知识,这些句干则具有词汇化(lexicalized)和程式化(institutionalized)性质。

(2) 高级英语学习者学术写作的重要性

学术论文是向学术界传播科学信息的重要途径。学术写作是创作性的过程,其创造性体现在写作者发现问题、提出和评价解决方案的能力。就全世界范围内的大学教育而言,学术写作都被视为影响甚至决定学生学业成就至关重要的因素。Foster(2001)曾说,学生能否胜任未来的工作在很大程度上取决于大学时期培养起来的学术写作能力。学术论文一直是被深入而广泛研究的一种语体,英语学术语言属于一种有着不同的词汇、词素、句法和文体特征的英语使用,英语学术写作也会随着学习的深入变得越来越复杂(Ortega,2003)。无论是英语本族语者还是二语学习者,学术语言或者学术语篇(academic discourse)都不是他们的第一语言——任何人都需要学习才能成为合格的学术写作者(Tang,2012)。阅读学术论文本身就是一个挑战,输出学术语言同时需要掌握本学科内的复杂知识和高水平的英语知识,对于英语教师来说都并非易事(Schleppegrell & O'Hallaron,2011;Ruan,2018),因此,学术写作需要系统的学习才能培养和提高(Priven,2020;Evans,2013)。

　　国内对英语专业研究生这一高级英语学习者群体的论文写作的关注越来越多,例如语言错误(贾冠杰、乔良文,2014)、中介语复杂性(徐晓燕等,2013)、毕业论文标题和摘要写作(姜亚军,2013;梁新亮,2015)、词束和短语使用(Huang,2015;徐昉,2012)、"限定词-抽象名词"(娄宝翠,2013)等等。这些研究表明,即使作为高级语言学习者,他们的语言表达中仍然存在比较严重的错误。例如,贾冠杰、乔良文(2014)基于英语专业硕士研究生毕业论文大型语料库的研究结果显示,研究生论文中还存在一些较低级的错误,包括不完整句子、连写句错误;普通院校的研究生论文中的语言错误更加严重。英语专业四年级本科生虽然在语言使用的复杂性上较之低年级有了进步,但是语体的正式性还是加强得不够;对于高级水平英语学习者,绝对不可以忽视语体特征的学习(文秋芳,2009)。本硕博三个阶段的英语专业学生都有使用词束不地道的表现(徐昉,2012)。学术语言使用问题常常会导致不容乐观的学业表现。Gao & Bartlett(2014)对亚洲学生的EAP(学术英语,English for Academic Purposes)课程需求进行了广泛的调查研究发现,即使是中国重点高校的研究生在用英语完成课程和毕业论文上都还有不少的困难和障碍,学习者对掌握学术英语有着强烈的需求,他们非常希望得到专业化的 EAP 教学指导。

　　我国的英语专业研究生教育以培养学术写作能力和专门化人才为首要目的。可以说,英语专业研究生已经达到了比较理想的英语水平,掌握了足够数量的词汇,应该具备用英语进行学术写作的良好语言基础。然而,现有研究所暴露出来的问题不得不让我们对研究生的学术性语言输出和研究生教育进行反思。这些问题警示教育工作者,必须对研究生论文做出全面、系统的分析,查找不足,寻求改进,才能培养出真正具备学术能力的高素质人才。那么英语专业研究生毕业论文中的名词短语这一高级语言特征使用情况究竟如何？这正是本研究致力于回答的问题。当然,本课题的确立还离不开其他条件:学术词表的创建和语料库及语料库技术的发展。

(3) 促成本课题的其它条件

名词短语是学术语篇的重要语体特征,它同时也是衡量学习者高级语言能力的重要指标。名词短语的重要性确立了本研究的研究主题,语料库及其技术的发展为我们提供了全面了解学习者语言使用的可能,学术词表的创建确定了可以量化的学术名词。本研究之所以选择硕士研究生毕业论文作为研究材料,最主要的原因是论文写作能在最大程度上体现学习者的书面语水平,是研究名词短语的最佳语言材料。论文写作在没有口语环境中语言输出的时间压力下完成,这会直接影响到写作者使用的语法结构。学术论文包含的信息量大、学科专业性强,要求写作者具有计划性,并且鼓励修改、完善(Biber & Gray,2010;Ravid,2005),最能体现写作者的信息处理能力。国际上,一些学者也鼓励使用长篇写作来研究中介语,这更有助于揭示语言使用的规律性特点(Durrant & Schmitt,2009;Ravid & Burman,2010)。学术词表本身的创建也得益于语料库及检索技术的发展。影响力非常之大的学术词表 AWL(Academic Word List)(Coxhead,2000)是利用库容量为 3,000,000 词的语料库创建的;最新创建的学术词汇表 AVL(Academic Vocabulary List)(Gardner & Davies,2013)使用的语料库库容量是创建 AWL 的 35 倍,使用的语料来源也是各个学科领域近些年发表的研究论文。从近几十年学术语言使用的变化来看,创建学术词表的语料必须体现时代特点,这一点非常重要。本研究中的学术词汇正是选自 AVL,且是应用语言学研究论文中的高频名词。

毫无疑问,语料库技术这些年有了长足的突飞猛进。国内的研究者也自建语料库进行不同目的的研究(梁新亮,2015;贾冠杰、乔良文，2014；徐昉，2012）。语料库检索技术的发展进步使我们得以研究大量自由输出的语言，也使得对不同目的的语言使用和跨学科对比研究成为可能（Laufer & Waldman，2011）。语料库使用的原则之一就是找出语言中重要的和典型的用法（"what is central and typical in the language"（Sinclair，1991））。要识别、判断学习者中介语在哪些方面不同于本族语者，还需要有本族语语料库，通常将本族语语料库作为基准参照（baseline）（Huston，2002）。语料库检索技术的发展，如 PowerGREP（可参阅薛学彦，2005；权立宏，2010；Liu & Cui，2012）等都是推动本研究得以确立的重要因素。

正是基于对名词短语作为语体特征的重要性这一主线，认识到我国高级英语学习者写作中存在着种种问题，加之具备了相关条件，本研究的研究思路和目标才逐渐形成、明晰、确立。

1.2   选题缘由

如前所述，从语言的历时发展来看，学术语篇中的名词短语使用已经发生了极大的变化，正因为名词短语在学术写作中的突出地位，它又被视为是高级语言能力的集中体现。名词短语研究的重要性不言而喻。笔者之所以选择"中国英语专业硕士研究生①毕业论文中的学术名词短语使用研究"这一课题开展研究，主要基于以下五个理由：

名词是反映语体的最灵敏指标，最能体现写作目的和研究主题。名词在学术写作中的使用在近 100 多年中出现激增现象，压缩性名词短语是学术写作的鲜明特征。但是对学术名词进行的

---

①   以下行文中使用研究生指代硕士研究生；如不做特别说明，本文中研究生论文专指硕士研究生论文，不包括博士研究生论文。

大面积研究还很少。应用语言学研究论文中使用的高频学术名词本身已经具有重要的信息载体能力,那么在名词短语使用上还有怎样的特点,以及中国高级英语学习者在名词短语使用上有怎样的表现? 本研究将回答这一问题。

在名词短语的研究上,存在这样一种"分家"现状:研究名词短语这一语体特征的研究者更关心修饰语的数量;对某个具体名词短语模式的研究更侧重使用的典型性和准确性。对于高级英语学习者的名词短语使用研究应包括这两个方面。我们的研究结果也表明,中国研究生虽然在名词性修饰语的使用数量上"到"了,且"过"了,但是使用的质量不高。数量不意味着质量。两个方面结合起来才能真正反映出高级语言学习者中介语特征。

对某一个具体学科的名词短语研究亟待开展。目前,虽然学术界承认搭配的语体和学科差异,但在实际研究中,更多的是将不同学科糅和在一起,或者基于跨学科语料库进行研究,而在具体学科内开展搭配的研究做得并不到位。这样容易掩盖具体学科中短语使用的特殊性。因此,本研究将建立应用语言学这一具体学科的学习者语料库和参照语料库,最大程度实现结果的可比性和可信性。

研究生阶段的英语学习者在完成学术性写作、口头陈述和阅读上都还有很多困难,包括国内重点高校研究生在内的高级英语学习者对学术英语写作非常渴望得到专业性的帮助和指导。学术知识可以预测英语学术写作水平和学术表现:一个学习者的词汇知识越丰富,他遇到的认知困难就会越少(Roche & Harrington, 2013),而短语能力是词汇知识的一个重要部分。在研究生阶段课程教学中,名词短语使用这一重要语言能力更应当受到重视,并能从教材的选择和课堂的显性教学上进行落实。

不同目的的研究已经暴露出研究生写作中存在的很多问题,亟需对研究生毕业论文这样"字斟句酌"的长篇正式写作进行深入分析，以达到全面、系统呈现高级英语学习者在语体特征上的表现。国内在中国英语专业研究生毕业论文中的名词短语语体特征研究这一领域才刚刚开始，很多方面还有待完善和补充。起步晚在很大程度上源于研究生毕业论文语料库的建设，尤其是大型语料库建设未能跟上。为了能得出更加有说服力的结果、服务于应用语言学领域教学，本研究需要更大型的语料库。

1.3　研究意义

目前，国内外对名词短语的研究有从语篇特征角度出发关注名词短语或修饰语的使用数量，也有研究以发展性和纠错性为目的关注具体的短语模式，对名词短语的研究呈现一种"分家"状态。国内外对以学术名词，尤其是高频学术名词作为中心词的学术名词短语使用的研究非常少见。虽然具体名词结构的研究在我国较早存在，但是名词短语作为语体特征的研究才刚刚开始。本研究的意义主要体现在以下四个方面：

为了实现对比研究的目的，本研究创建了库容量分别为 200万词的应用语言学学科的英语专业研究生毕业论文语料库和国际权威期刊研究论文语料库，真正实现了名词短语研究的语体特点和学科特点。基于较大型的语料库能更好地明确短语使用的规律、体现代表性和特殊性以及研究结果的可推广性。

本研究是国内首例对学术词汇表 AVL（Davies & Gardner，2013）中的名词性学术词汇展开的研究。AVL 词表创建于大型语料库之上，依据严格的选词标准，所建立的学术词汇表最能反映当下学术写作中的用词倾向。本研究在词汇的选择上打破以往主要以通用词汇作为研究对象的做法。

本研究利用语料库检索技术，实现了对复杂学术名词短语，即兼有多项修饰语的名词短语模式的研究。复杂的名词短语在反映写作者的信息管理能力和语言压缩性特点上更具有代表性。国内外对复杂名词短语的研究不多,即使有少量的研究也是基于小型语料库进行的。本研究是对前人研究的进一步深入。

本课题的研究内容之一包括构建英语应用语言学研究论文中的高频学术名词短语。这对我国应用语言学教学和论文写作具有实际意义。目前,国内也存在少量考察语言学学术论文中的高频词束的研究,但是高频词束多以功能词为主,我们更有必要拓展对作为主要信息载体的名词短语的研究。

1.4 研究目的

本研究基于应用语言学学科内创建的中国英语专业研究生毕业论文和国际权威期刊研究论文语料库对学术名词短语使用进行对比研究,期刊研究论文中的名词短语使用将作为中国英语专业研究生进行论文写作的参照标杆,对比分析中国学生对学术名词短语的使用特点。具体来说,本研究主要达到以下目的:(1)研究在应用语言学这一具体学科内中国英语专业研究生使用修饰语的特点,包括短语性修饰和小句修饰,了解中国学生能否使用最能体现学术语篇语体特点的压缩性名词短语。(2)探究中国英语专业研究生在复杂名词短语上的使用特点。复杂名词短语包含有多项修饰语,具有更高的信息密度,更能反映写作者的复杂句法使用、认知、信息管理等多方面的能力。(3)构建应用语言学学术论文中的"形-名""名-名"这两种常用短语使用。研究中国研究生对应用语言学学科高频学术名词短语的使用情况,以及研究生自身使用高频名词短语的情况。高频短语反映了语言学学科使用短语的特点和典型,掌握这些高频短语在很大程度上标志着对这一学科知识的掌握。(4)通过建立在大量数据上的具体对比和分析,了解我国英语专业研究生在"形-名""名-名"上的使用特点,明确不足和差距,对中国研究生学术论文写作起到参考和指导作用。

1.5 本书结构

本书分为七章。

第一章(即本章)对本书的研究背景、选题缘由、研究意义、研究目的和本书的结构进行说明。第二章对名词及名词短语中的基本概念和理论进行介绍,包括学术词汇表 AVL、学术名词、名词短语的成分、名词短语复杂性等。第二章还界定本研究的理论框架和研究方法,即压缩性名词短语、短语学和中介语对比分析。第三章对国内外在名词短语上开展的相关研究进行综述。国外研究包括历时和共时语域对比、名词短语的语篇功能、名词短语内部的修饰语关系、心理学研究、名词短语母语习得、名词短语二语习得研究以及对学术词表的研究。国内研究涉及名词短语语篇特征、句法复杂性、名词搭配、学术性名词研究。在此基础上,指出相关研究成果和研究空间,提出本研究的分析框架。第四章是本研究的核心部分,即研究方法部分。这一章将介绍本课题的研究问题和研究方法,包括应用语言学专业的研究生毕业论文语料库和国际权威期刊研究论文语料库创建、研究工具、学术词汇的确定以及研究过程等。第五章回答本研究提出的研究问题一和研究问题二,并对结果进行分析与讨论。第六章回答研究问题三和研究问题四,并对结果进行分析和讨论。第七章对本研究的主要发现进行归纳和总结,说明研究贡献,阐述对我国研究生教学和高级阶段英语教学的启示,对本研究中可能存在的问题以及未来研究需要注意的地方进行说明。

第二章　相关概念和理论

在本章相关概念和理论的介绍中，先从名词谈起，接着详细说明学术词汇表 AVL 的创建并明确本研究中的学术名词的概念，最后对本研究的理论框架和研究方法进行说明。

2.1　名词

名词可以分为具体名词（concrete nouns）和抽象名词（abstract nouns）。人们认识世界由具体到抽象，通过名词给具体物体和抽象概念赋予标签，因此可以说，人类对名词的使用反映出认识世界的深度。抽象（abstraction）是人类固有的认知能力，抽象名词反映了看不见的时间、品质、行为和各种各样的关系。对抽象名词的定义实际上会因理解不同而有差异。Amuzie & Spinner(2013)认为抽象名词用来指称那些没有确定的物理属性（如原子和分子）的事物，从这个意义上说，抽象名词的覆盖面更广，譬如 job、sentence、education 这些词都可以认定为抽象名词。Amuzie & Spinner 指出抽象名词并非是完全同质的一类词，从抽象名词的概念指称上来说，这一类词构成一个边界连续体（a continuum of boundedness），边界性越明显，越有可能具有可数性，如 animal、man 是有边界的，而 air、water 则属于无边界性名词。

　　潘洞庭（2011）指出，从语言学角度来看，英语抽象名词是人类思维发展到高级阶段的产物，具有高度的抽象性和笼统性；从心理学角度来看，抽象名词有激发思维的作用；在修辞上，抽象名词具有简洁、严谨、突出重点等功能。名词是语体的一个敏感标识（sensitive index），能反映各类语篇的写作目的和主题，名词和名词短语是构建语篇的重要资源（Fang, Schleppegrell & Cox, 2006）。从功能语法的角度来看，所有的名词都是语篇的语法"参与者"，承担施事者、说话者、思考者以及其它语义角色。Biber et al. (1999)基于大型语料库的研究结果表明，名词在新闻报道和学术语篇中的使用比例最高，分别达到了 80% 和 75%；历时语言研究表明，较之十八世纪，名词在学术写作中大幅度增加，名词做修饰语的使用从十八世纪的 10‰ 增加到今天的 40‰ 以上（Biber & Gray, 2011）。名词短语表示的意义类别可以是具体的、类属的、抽象的、技术性的（Fang et al. , 2006）。正是因为名词和名词短语重要的信息承载功能，在以信息传递和观点交流为主要目的的论文写作中占据了至关重要的地位。

　　名词是各类学术语篇中使用最多的一大类实词，同时学术语篇也大量使用抽象名词来建构信息。最典型的一类抽象名词是普遍关注的名词化（nominalization）（Halliday, 1989）。Biber et al. (1999)基于电话对话、带稿演讲、学术语篇的研究表明，名词化在学术写作中使用最多。因此，名词化具有鲜明的语体性，它们大量存在于学术语篇中，将一般情况下用动词、形容词或者整个小句表达的内容用名词或者名词短语表达出来（Martin, 1993）。正因如此，名词化所包含的信息密度高。从功能上来看，名词化不仅能打包信息，还有助于表达客观公正的学术立场、起到衔接作用（Fang et al. , 2006）。另一方面，也因为名词化通过将动作过程进行抽象和概念化而大大减少了连词和句子的使用，会给语言输出和理解增加难度。近些年，学术界对抽象名词的研究更加细化,并在具体的名词短语模式中进行研究,例如"these-外壳名词(shell noun)"短语结构(Schmid, 2000)。Flowerdew(2003)发现"信号名词"(signaling noun)在生物专业讲座和教材中的使用是平时使用的两倍;Charles(2003,2007)发现文科写作比理科写作更多依赖源语言性质的抽象名词,如 discussion、argument 等,这类抽象名词有着典型的修饰结构,如后接介词短语或者 that 补足语从句。

国内有关名词的不少研究成果相继出版,例如《英语抽象名词研究》(张今、刘光耀,1995)、《英语写作与抽象名词表达》(蔡基刚,2003)、《英语名词的表达与理解》(孙勉志,2007)、《英语名词的文化蕴涵及其应用研究》(潘洞庭,2011)。正如孙勉志(2007)指出,在英语的实际应用中,名词往往会处于各种矛盾的焦点,例如,"动-名""形-名""名-名"这类搭配是国内外研究者关注的重点,中国学习者在运用时所遇到的问题也是多种多样的。因此,对名词给予越来越多的关注自然成了情理之中的事。

2.2 学术名词

学术名词是学术词汇的一个重要构成。对学术词汇的理解通常有两种,一种是广义上的理解,指学术语篇中高频使用的词汇,这类词汇成为关注对象是因为它们使用频数高,但也可能在口语中出现比较频繁。另一种狭义上的学术词汇是指基于语料库统计出来、在学术论文中高频使用而又不同于通用性词汇和专业技术词汇的那部分词的总称。本研究中的学术名词是狭义上的学术词汇的重要构成,即创建的学术词表中的名词。下面就词汇的划分和学术词表的创建过程加以说明。

2.2.1 词汇的分类

Lemke(1990)说过的一句话彰显了词汇知识在学科领域中

的重要性——对一门学科的掌握在很大程度上就是掌握专业性的语言使用。可见,词汇知识在学业成绩以及学术成就中有着至关重要的作用。研究者可以根据频数、覆盖率和分布来计算语篇中的每一类词。覆盖率是一个词表的词汇在语篇或者语料库中使用的百分比(Nation & Hwang, 1995)。Nation & Hwang (1995)认为,在非小说类语篇中,词汇可以分为高频词汇(high frequency vocabulary)(也称通用词汇 general service vocabulary)、次技术词汇(sub-technical,也称 academic vocabulary)、技术词汇(technical vocabulary)和低频词汇(low frequency vocabulary)。如果研究一页包含三百个单词的语篇,那么其中的70%是通用词汇。掌握了通用词汇之后学习者需要进一步考虑英语的使用目的。Nation(2001)又在其专著 *Learning Vocabulary in a Language* 中重申了这一划分,并指出学习者在掌握了2000—3000个通用词汇以后,明智的做法就是转向专有词汇的学习,包括核心学术词汇和某一特定学科领域的技术词汇。

　　Beck, McKeown & Kucan(2002)提出了词汇划分的三大梯度模式。第一梯度词汇是基础词,包括常见词(sight words)、功能词汇、物体名称。第二类包括不同学科中使用的学术词汇和多义词。这些词汇在不同的学科中至关重要,例如 analyze、compare、conclusion;多义词也属于这一类,如 set、bat、base、check 等。对于有多个意义的词汇,通常需要一定的语境才能理解意义。英语水平较高的学习者通常对这类词掌握得比较好。第三梯度词汇是指那些具体的学科类词汇(specific content words)。Paquot(2010)认为,读懂语篇所需要的95%的门槛词汇量(Nation, 2001)包括三个部分:核心词汇(core vocabulary)、学术词汇(academic vocabulary)、技术术语(technical terms)。

　　以上划分都有很大的重合。研究者都认可基础词汇,这类词最普通,占据了阅读材料相当的比例。这些词汇在理解上不需要太多学习。通用词汇包括语言中使用的高频词汇,这类词是词汇的核心(essential common core)(Nation & Hwang,1995),包括最有用的功能词(例如 of、the、be、because、could)和实词(例如 stop、agree、person、wide、hardly)。通 用 词 汇 列 表 GSL (A General Service List of English Words)(West,1953)将这种通用词汇进行了量化。GSL 能覆盖学术语篇 76％的词汇(Coxhead,2000)。但是目前对其是否能代表最通用的前 2000 个词汇,学术界也开始提出质疑,毕竟其编写受到年代和技术的限制,当前看来有客观的局限性。目前已有研究者创建了新的通用词表(New-GSL)(Brezina & Gablasova,2013)。专业技术词汇是不同领域专属的(domain-specific)词汇,属于学科知识的一部分。这类词属于非日常用词,平时使用少、出现频率低,多见于某些具体的学科领域,例如数学学科中的 centimeter,语言学领域的 pragmatics。这些技术性词汇都是学科知识中的术语,不仅本身更难以理解,这类词出现在句中还会增加对句中其它词汇的理解时间(Jia,Chen & Ko,2013)。学习技术词汇最好是通过学习这些词汇所依附的学科知识进行(Paquot,2010)。

　　区分学术词汇、通用词汇和技术词汇并不是说每个类别之间是独立的、界限分明的,实际上每个类别之间的界限存在一定的模糊性(Paquot,2010)。任何一个语篇或者一些语篇中的词汇频数、覆盖面和分布数据可以看成一个连续体,因此人们对一个语篇中的高频、中度高频、低频词的认识是带有任意性的(Nation & Hwang,1995)。然而,从教学和教材编写的角度来说,这种划分是有意义的,区分不同频数的词汇有助于学习者明确具体课程中的词汇学习目标(Coxhead, 2000,2011;Nation & Hwang, 1995)。在实际写作课程教学中,学术词汇有助于教师做到有据可依;学习者熟悉这些词汇,有助于提高课程论文写作质量。同时,学术词汇不仅对于学术论文阅读很重要,对于促进词汇学习效率和准确性使用都非常有意义(Corson,1997)。

2.2.2　学术词表

最早将学术词汇以词表的形式确定下来的是 Xue & Nation 在 1984 年创建的大学词表 UWL(The University Word List)。因其所处编写年代的技术限制,UWL 主要依靠手工完成,UWL 包含了 836 个词族(word family),3707 个词汇形式,与 GSL 词汇没有重合。UWL 能覆盖学术语篇的 9.8%,鉴于当时编写的条件,能有这么高的覆盖率非常惊人(Nikolaos,2007)。借助语料库的发展,Coxhead(2000)创建的学术词表 AWL(Academic Word List)引起了学术界的极大关注,用 Coxhead(2011)自己的话来说,AWL 的影响力远远超出了她的想象。时隔 13 年,Gardner & Davies(2013)又创建了新的学术词汇表 AVL (Academic Vocabulary List),下面将重点围绕学术界对 AWL 的质疑及 AVL 的创建进行说明。

2.2.2.1　学术词汇表 AVL

AWL 在被广泛加以利用和研究的同时也受到种种质疑,这种质疑也是 AVL 得以创建的一个重要原因。对 AWL 的质疑涉及很多方面,例如(1)以词族形式编写词汇(Gardner & Davies,2013;Hyland & Tse,2007;Paquot,2007)。(2)排除了 GSL 词表中的 2000 个通用词汇的做法欠妥(Gardner & Davies,2013;Durrant,2009)。AWL 中的词族所包含的有些词汇实际上是 BNC 或 COCA 中的高频词汇(Gardner & Davies,2013)。(3)词汇的分布、语义、搭配模式在不同的领域有很大差异(Hyland & Tse,2007)。Hyland & Tse 认为 AWL 中的很多词在不同学科中的意义不同,例如 volume 在理科写作和社会学领域的意义是不同的,这类同形异义词给 ESP/EAP 学习者造成很多困惑。(4)是否适用于具体学科专业(Martinez & Schmitt,2009;

Martínez，Beck & Panza，2009）。同样，Martinez & Schmitt (2009)认为，一方面，AWL 中很多词汇是技术词汇，另一方面，很多通用词汇却有学术意义。Martínez et al. (2009)通过创建826,416 词的农业学科研究论文语料库对 AWL 在农业学科的适用性进行验证，结果表明 AWL 在其中的覆盖率为 9.06%，另外，他们发现就类符来说，AWL 的 3107 个词形中，只有 1941 个词形出现在语料库中，另外 1166 个词形(占 37.5%)未在语料库中得到体现。

对于 AWL 以词族形式编写词汇表的做法，Paquot(2010)认为这是 AWL 词表不够明确的一个地方，因为 AWL 没有呈现频数信息，不能说明每个词族里的词汇是否能同样频繁地用在学术写作中，因此，不是所有的 AWL 词汇都值得学习。Hyland & Tse(2007)认为词族形式固然能确定什么是"词"这个概念，但是也会产生一些问题。一方面词族将所有紧密相关的词缀形式以及最高频、多产和常规的前缀后缀构词都包含了进来，另一方面，这种做法所带来的问题也非常明显，一个词族里的词汇含义是不同的，例如 react、reactionary、reactor、reaction，虽然这些词汇在AWL 中都是在同一个词族里出现的，但是在不同的学科，意义差别会很大。的确，以词族方式编写词表最大的问题就是确定哪些词应该或不应该视为学术词汇，而且学习者对词缀的认识会随着词汇知识的发展而有所变化(Nation，2001)。另外，列表的编写没有定义、曲折变化或例子等额外的信息，这也使得这一词表难以切实指导学术论文写作(Paquot，2010)。在 Durrant(2009)创建的 1000 多个高频两词学术搭配中，仅有 425 个词出现在 AWL中，而占到更大比例的 509 个词是来自于 GSL，这也说明 AWL排除通用词汇的做法欠妥。

AVL 词表的创建者 Gardner & Davies(2013)围绕以下两点论述了 AWL 的弊端：(1)基于词族编写词表给词性和词义区分

带来的难点；(2)AWL 与 GSL 所代表的通用词汇之间的关系。

AWL 基于词族的编写形式忽略了词性之间的差异。Gardner & Davies(2013)列举了 AWL 中一些极可能由未标明词性而引出的问题。例如 proceed 和其词族成员在 AWL 中以如下方式列出：

    proceed

    procedural

    procedure

    procedures

    proceeded

    proceeding

    proceedings

    proceeds

proceeds 在这个词族里是做名词还是做动词难以确定，proceeding 实际上也可有动词和名词两种词性。Gardner & Davies(2013)认为这样的问题是可以通过词元(lemma)来改进的。词元包括了一个词的原形和它的屈折变化形式及缩写形式(Nation，2001)。因为词元关联的是一个词汇的曲折变化形式，所以一个词元下的所有词形的词性是相同的。一旦用词元来呈现词表，proceeds 的两个意思就能很好地区分开。Gardner & Davies(2013)认为：(1)proceedings 的两个意思，即"诉讼(进程)"和"会议记录"应当作为两个词元分别列出；(2)名词 procedure 以及它的复数形式 procedures 应当和其它词族成员分开，另外一起列出。(3)形容词 procedural 也应该从 proceed 词族中抽取出来，单独列出。这个时候基于词元的列表优势就表现出来了：它能克服词族不区分词性以及词汇成员变体不同意义造成的局限性。

Gardner & Davies(2013)质疑的第二点是 AWL 与 GSL 两个词表之间的关系。Coxhead(2000)称 AWL 不包括 GSL 通用词

汇。对此,Gardner & Davies(2013)利用美国当代英语语料库COCA(Corpus of Contemporary American English)得到的前2000 个词元中有 236 个和 AWL 重复。因为 COCA 是大型语料库,前 2000 个词元更能体现词汇的通用性质。同时,Gardner & Davies(2013)还指出,GSL 中有很多词汇实际上是学术语篇中高频使用的学术性词汇,但是却没有纳入 AWL 中,例如 company、interest、business、capital、exchange、rate,这些词汇都是论文写作中常用的抽象名词。

事实上,并没有简单的方法将 GSL 中的高频词汇和那些在特定领域中经常出现的(学术)词汇区分开来,因为频数之间本身就存在模糊的界限(Nation & Hwang,1995)。那么如何处理学术词汇和通用性高频词汇之间的关系呢? Gardner & Davies(2013)并不主张事先使用停用词表(stop list,如 GSL)将通用词汇排除,而是应该利用词汇出现的频数、分布等设定的标准排除通用的高频词汇,这必须借助足够大的语料库才可以将那些出现在绝大多数学科中的学术词汇同那些高频词汇区分来。他们认为:

"语料库必须足够大,统计结果足够强大才能将学术词汇(出现在绝大部分不同学科专业中的词汇)、通用高频词汇(高频出现在包括学术语体在内的各种语体中且大体上均衡分布的词汇),以及技术词汇(出现在少数学科领域中的词汇)区分开来"。

Gardner & Davies(2013)认为非常有必要改进学术词表,并明确坚持,核心的学术词汇应满足如下条件:

(1)是否是学术词汇应由基于语料库中出现的词元频数决定,并可以根据教学或者研究的目的将 AVL 列表重新以词族形式进行归类。(2)学术词表必须建立在大型的、具有代表性的学术英语语料库之上,语料库必须包括很多重要学科。(3)学术词汇的确定必须基于它们在大型的学术和非学术语料库中的频数和分布。语料库要足够大且数据要足够有说服力,能够区分学术词汇、通用高频词汇、技术词汇。(4)语料库中的学术语篇以及与之相比较的非学术语篇必须能够代表现代英语用法,一定不能是前 20 年至 100 年的语料。这样才能保证新的学术词汇列表的有效性不会受到质疑。(5)新的学术词汇列表必须在学术语料库和非学术语料库中进行检验以确定其作为核心学术词汇的有效性和可靠性。

创建 AVL 的所使用的语料库是美国当代英语语料库 COCA。整个 COCA 库容量约为 425,000,000 词,创建 AVL 词表使用到的学术论文部分的子库约占到 COCA 的 28%,库容量为 120,032,441 词,语料都是美国作者发表的论文,具有很好的代表性,COCA 中的非学术语料约为 305,000,000 词,包括小说和通俗杂志等。COCA 中的学术语料覆盖了 9 大学科,语料来自期刊和杂志。详细内容见表 2.1。

表 2.1   创建 AVL 使用的 COCA 学术语料(Gardner & Davies, 2013: 314)

学科	库容量	语料来源(期刊/杂志/报纸)	
教育	8,030,324	8,030,324	期刊
人文	11,111,225	11,111,225	期刊
历史	14,289,007	11,792,026 2,496,981	期刊 杂志
社会科学	16,720,729	15,782,359 938,370	期刊 杂志
哲学、宗教、心理学	12,463,471	6,659,684 5,803,787	期刊 杂志
法律和政治科学	12,154,568	8,514,782 3,639,786	期刊 杂志

学科	库容量	语料来源（期刊/杂志/报纸）	
科学和技术	22,777,656	13,363,151 3,946,586	期刊 杂志
医药和健康	9,660,630	5,714,044 3,946,586	期刊 杂志
商贸和财经	12,824,831	5,265,801 7,568,030	期刊 报纸
共计	**120,032,441**		

　　Gardner & Davies(2013)从 4 个方面规定 AVL 的选词标准：(1)频率比。词(或词元)在学术语料库中出现的频率至少要比在非学术语料中的频率高出 50%(每百万字)。(2)范围。在上述共计 9 个学科中达到频率比要求的词项要出现在其中的至少 7 个学科中。(3)分布。核心学术词汇须平均地分布于各个学科。(4)专业词汇评定。这一标准用来排除专业领域内的技术词汇,这一标准要求,每百万词中核心学术词汇在 9 个学科中的任一学科中出现的频率不能高于其在整个学术语料库使用的 3 倍。

　　最终生成的 AVL 词表包含 3000 个词汇,前 500 个词汇在 Gardner & Davies(2013)发表的论文中列出。这些词汇均是按照词元、基于频数排序,排在前三位的是名词 study、group、system。第四个词汇是形容词 social。第五个是动词 provide,第六个是副词 however。这 500 个词汇中有很多是同形异类词,例如 control、test,但是都分别列出。整个词汇列表可以在网站 www.academicwords.info 上下载。同时,使用者还可以获得每个 AVL 词汇的频数和搭配信息。Gardner & Davies(2013)将 AVL 转换成和 AWL 词族数量一致(570 个)的词表对 AVL 进行验证并对比两个词表。AWL 的词族包括了基础词和所有曲折形式及明显派生形式(transparent derivation),转换成词族形式的 AVL 列表并非如此,它包括的基础词和词族成员都是学术词汇,因此在数量上少于 AWL。选取的学术英语语料库分别来自 COCA 和 BNC 中的学术语料。结果表明,AVL 在两个子库中的覆盖率分别是 13.8%和 13.7%,高于 AWL 达到的 7.2%和 6.9%。AVL 词表在两个子库中表现非常一致。因为 AVL 公布于 2013 年,这也是目前所能获得的有关 AVL 适用性的唯一研究结果。

2.2.2.2 学术名词

AVL 中的词汇均是以在 COCA 学术子库中的频数排序的。从 AVL 列出的学术词汇来看,名词占到了绝大多数,使用最多的前几个词汇都是名词。AVL 中部分名词见下表 2.2。

表 2.2 AVL 中的高频名词

排序	名词	COCA 中的频数	COCA 学术语料子库中频数
1	study	190388	137208
2	group	249082	122011
3	system	215748	110176
4	research	126662	83325
5	level	132310	78162
6	result	123215	72083
7	process	115727	66382
8	use	104906	64527
9	development	99812	63509
10	data	84962	63480
11	information	136869	61931

排序	名词	COCA 中的频数	COCA 学术语料子库中频数
12	effect	103101	60078
13	change	122695	59284
14	table	134109	59158
15	policy	116824	58987

表 2.2 中所列的这些名词中，有的兼有动词词性，比如 research、study、use、change，其中 research 作为动词性学术词汇排在词表第 785 位。AVL 中的学术名词和新 GSL(Brezina & Gablasova，2013)中的通用名词有很多都是重合的，例如，排在新 GSL 的前 1000 的词汇 knowledge、access、application、basis、contact、factor 在 AVL 列表中的排序分别为 66、231、214、217、331、47。这也说明，人们主观印象中的很多通用词汇实际上属于学术词汇，而依据大型语料库建立的学术词表更有说服力。本课题所研究的学术名词就是指 AVL 列出的名词。表 2.2 中的名词在跨学科的学术论文写作中广泛使用。可以看出，很多词汇也是应用语言学论文中的高频用词，如 study、group、system、research、level、result、effect 等。AVL 是本研究选取学术名词的一个基本依据，另外一个重要条件是，所选的这部分名词还必须是应用语言学期刊研究论文中高频使用的名词。

2.3 名词短语

2.3.1 名词短语的成分

(1) 传统的定义和分类

Quirk et al.(1985)对名词短语进行了如下分类：

（1）中心词（HEAD）；

（2）限定词（DETERMINATIVE）。限定词又可以分为三类：前位限定词（例如 all、both、double）、中位限定词（例如 this、some）、后位限定词（例如 few、several、many）。

（3）前置修饰（PREMODIFICATION）。前置修饰包括中心词前面除了限定词之外的所有成分。最重要的前置修饰包括形容词（或形容词短语）和名词，例如：some expensive furniture，some very very expensive office furniture。

（4）后置修饰（POSTMODIFICATION）。后置修饰是指中心词后面的所有成分，包括介词短语、非限定小句、定语从句、补足语从句。例如下面的名词短语：

介词短语：　　　　　the car outside the station

非限定小句：　　　　the car standing outside the station

定语从句：　　　　　the car that stood outside the station

补足语从句：　　　　a bigger car than that

Biber et al.（1999）将名词短语划分为两大类：以名词为中心词的短语（noun-headed phrases）和以代词为中心词的短语（pronoun-headed phrases）。名词短语可以非常简单，只是一个名词或者代词，也可以是极其复杂的，有多个修饰语。以名词为中心词的名词短语的主要结构包括以下四个部分：

限定词＋（前置修饰语）＋中心名词＋（后置修饰语）

其中的前置修饰语和后置修饰语（或补足语）是可以省去的。见表2.3，根据 Biber et al.（1999），补足语从句也是后置修饰的一种，如表 2.3 中的 the fact that I haven't succeeded，这和 Quirk et al.（1985）一致。Biber et al.（1999）和 Quirk et al.（1985）还区分了限定词和前置修饰。

表 2.3 名词短语的成分分类和定义（Biber et al. , 1999：574）

限定词	前置修饰	中心名词	后置修饰
the	industrially advanced	countries	
a	small wooden	box	that he owned
a	market	system	that has no imperfections
the	new training	college	for teachers
the		patterns	of industiral development
the		fact	that I haven't succeeded

Biber et al. (1999)对名词的前置修饰语和后置修饰语做了进一步的分类和界定。前置修饰语主要包括形容词、分词、名词，其中分词修饰语是形容词性的。后置修饰语主要有定语（和补足语）从句、V-ing 和 V-ed 分词结构、不定式短语、介词短语和起到同位语作用的名词短语。在少数情况下，副词也会起到前置或后置修饰语的作用，例如：the nearby guards，a block behind。同位语和限定小句做修饰语时提供中心词相关的信息或补充复杂信息（Biber，2004）。可见，Biber et al. (1999)和 Quirk et al. (1985)对名词短语的成分构成和定义基本是一致的。Quirk et al. (1985)对不定式修饰做了更细的区分，例如区分了 a man to help you 和 the appeal to give blood，前者是非限定小句做修饰，后者是做同位语修饰。

从意义表达来说，前置修饰语较之后置修饰语更加简明扼要，通常一个单词就可以充当前置修饰语；其次，在确定修饰语和中心词之间的意义关系上，前置修饰语不够明确。也有很多文献专门就名词修饰语的语义关系和修饰关系进行讨论，如 Girju et al. (2005)、Berg(2011,2014)、Iria(2011)。前置定语与中心词之间可能存在多种意义关系，虽然前置定语可以改写成后置定语，但是后置定语只可能解释其中的一种关系,例如 elephant boy,转化成后置定语可能是 boy who resembles an elephant,也可能是 boy who rides on an elephant, boy who takes care of an elephant。名词修饰语与中心词之间的复杂关系增加了学术语篇的理解困难和不明确性(inexplicitness)(Biber & Gray, 2011, 2016),这也是 Biber 等学者多次指出学术语言特点之一并非是一直以来学术界认为的表述明确的一个重要依据。同时,对于学习者或者非本学科读者,名词做定语也会成为一个难点(Parkinson & Musgrave, 2014; Parkinson, 2015),

中心词的前后可以出现多个修饰语,形成更加复杂的名词短语。理论上来说,名词短语可以无限复杂。例如下面的名词短语中,中心词 prerequisites 的前后都有复杂的短语性修饰:

certain well recognized **prerequisites** for efficient captive recycling of nonrenewable materials of production

Biber et al. (1999)发现,在学术语篇中,70—80％的名词有一个修饰语,约 20％的名词有两个修饰语,仅有 2％的名词有三个或者更多的修饰语。多个修饰语的使用能将复杂密集的信息内容打包进尽可能少的词汇中,同时也因为读者需要去推断各成分之间的逻辑关系,名词短语的使用可能会增加读者的理解难度。Biber et al. (1999)的语料库研究还发现,名词短语的分布呈现一定的规律性,例如,带有后置修饰的名词短语多数情况下用来指称首次出现的概念;带有前置修饰语的名词短语、不加修饰的名词可以用于首次提及或者随后提及的事物;代词主要用来指随后提及的概念。

(2) 系统功能语法中的名词短语

Halliday(2004)从系统功能语法的角度对名词词组(nominal group)进行了成分划分,包括指称语(Deictic)、数量语(Numerative)、修饰语(Epithet)、类别语(Classifier)、事物语

（Thing）。这种功能上的定义体现了名词短语的经验结构（experiential structure）。

表 2.4　名词短语成分的功能定义（Halliday，1989：72，2004：312）

those	two	splendid	old	electric	trains	with photographs
Deictic	Numerative	Epithet	Epithet	Classifier	Thing	Qualifier
指称语	数量语	描述语1	描述语2	类别语	事物语	限定语
determiner	numeral	adjective	adjective	adjective	head	prepositional phrase

表 2.4 中第二行的术语是对名词短语中的词项所起的功能成分的界定，最后一行是对短语中的修饰语的传统定义。事物语（Thing）就是传统意义上的中心词或者被修饰名词，它是名词词组的语义中心（semantic core），它可以是普通名词、专有名词，也可以是人称代词。指称语表明某个具体的事物是否被提及。指称功能可以区分具体所指和非具体所指，具体的指称语包括指示限定词和物主限定词，或者嵌入式表领属关系名词词组。非具体所指包括表示全部或部分的限定词，前者如 each、every，后者如 one、a。传统意义上的定冠词和不定冠词分别用来表示名词短语中的具体所指和非具体所指功能。名词短语中还有可能存在第二种指称语（也称后指称语 Post-Deictic 或者 Deictic2）。

名词短语中的数量语（Numerative）表明事物的数字特征，可以是数量词（例如 one、two、three、a couple of），也可以是表示顺序的词，例如 first、second、third、last、next），这些词可以是精确的，也可以是近似数。名词短语中的描述语（Epithet）成分表明事物的品质，例如 old、long、blue、fast。描述语可以是事物本身的客观属性，也可以是说话者对事物的主观态度，例如 splendid、silly、fantastic。Halliday（2004）又进一步区分了经验型描述语

（experiential Epithet）和人际型描述语（interpersonal Epithet），前者更偏向经验功能，后者表达作者态度，用来表明名词短语中的人际因素。二者的主要差异在于经验型指称语具有界定性，而人际指称语则无此特征，例如 long train 短语中的 long 就界定了火车的长度，而短语 a mighty train 中的 mighty 则表明说话者的看法，而无法对车子的属性进行界定。Halliday 也指出，二者并非界限分明，同一个词可能是经验型的也可以是人际型的，从定语形容词的排序来说，人际型描述语出现在经验型形容词之前。

名词短语中的类别语（Classifier）用来表明事物的次分类，例如 electric trains，passenger trains，toy trains 中的 electric、passenger、toy 分别用来对 train 进行类别界定。有时候，会因为一个词本身有多重意义理解，它用在中心词前时既可以起到描述作用，又可以表达类别概念，例如 fast trains 的 fast 可以是用来描述说话者的态度，即说话者认为 fast trains 是指 trains that go fast，也可以界定 train 的类别，表示 trains classified as expresses。尽管这两个意义之间的界限也不是十分明确，但却存在一些重要的差异，例如，表示类别概念的词汇不用于比较级，我们不说 a more electric train。同时，类别概念覆盖面非常广，包括：材料（material）、规模（scale）和范围（scope）、目的（purpose）和功能（function）、状态（status）和等级（rank）、起源（origin）、模式（mode），表达这些意义关系的词汇通常在一定程度上具备将事物进行归类的功能。类别语和事物语之间可以结合得非常紧密，构成复合词，例如 train set，有别于 chemistry set，building set。限定语（Qualifier）也是名词词组中的一部分，它是指事物语的后置成分，包括短语或者小句。限定语可以对事物语进行特征描述。

Halliday（2004）对名词短语的划分中，事物语前的成分统称为前置修饰（premodification），事物语后面的是后置修饰（postmodification）。和 Halliday 一样，Ravid & Burmen（2010）

在对名词短语进行划分所使用的标准中,把所有的限定词,如 a、the、few 等也列为前置修饰语的一部分。传统的成分定义区分了前置修饰和限定词。Biber et al.(1999)明确地指出,前置修饰的类别主要包括形容词、分词、名词。这一做法和 Quirk et al.(1985)一致。在本研究中,我们沿用名词短语的传统分类和定义,修饰或者修饰语专指限定词以外与中心词构成修饰关系的前置成分,学术名词短语指以学术名词为中心词的名词短语。

2.3.2　名词短语的复杂性

Berlage(2014)在其专著 *Noun Phrase Complexity* 中指出,对于什么样的名词短语才能算得上是复杂名词短语实际上还没有定论。通常情况下,名词短语的长度和复杂性是呈正相关的,例如 the man I saw 比 the man 更加复杂;然而,还有很多名词短语并非如此,很难确定哪一个更加复杂。例如,下面的两个名词短语:

A:a man of great honour

B:people watching films

A 中是由后置的介词短语进行修饰的名词短语,B 中的短语由非谓语小句修饰中心词。从长度上来看,A 短语有 5 个词,而短语 B 仅有 3 个词,A 短语更复杂。然而,B 短语则更具有句子性(sentential)特点,也就是说,B 中的短语包含了一个小句,见以下树型图:

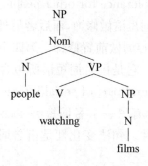

句子比非句子(词项结构)复杂,从这个层面来看时,非谓语短语修饰结构比介词短语更加复杂。Berlage(2014)认为对名词短语复杂性的衡量应当基于三个参数:(1)计数名词短语的长度。(2)计数短语节点(phrasal nodes),计数短语节点是指去计算名词短语中下一级的名词短语个数,例如,在 the man from next door 短语中的后置介词短语中又包含了一个下一级名词短语 next door。(3)考虑修饰语的句子性或非句子性质。

不同于 Berlage(2004)的三个参数,Ravid & Burmen(2010)在考察名词短语的复杂性时使用了更加复杂的标准,他们将中心词的语义也纳入考虑范围。Ravid & Burmen(2010)采用了 5 个衡量标准。一是长度,也就是包含的修饰语数量。二是中心词的语义复杂度。语义层面是指中心词表达意义的抽象程度。依据抽象程度可以将中心词进一步划分为几个等级。语义最简单的名词指称具体物体和具体的人,例如 ball、flowers、John。其次是类别名词(如 the city)、角色名词(如 teacher、counselor)、类属名词(如 thing、people)、时间名词(如 minute)。语义再复杂一些的名词是语体值比较高的词汇,并且平时较少使用,例如 rival、cult。语义最复杂的名词是低频使用的抽象名词且通常是派生而来的词汇,例如 relationship、existence、quarrelsomeness。第三个衡量标准是修饰语的类型和数量。修饰语类型包括限定词(these、the、few 等)、形容词、名词等,例如名词短语 a misunderstanding of me 比 very low tolerance for other people 更简单,因为前者只包括不定冠词和介词短语做修饰,而后者另外还有一个带有加强语(intensifier)的形容词做前置修饰。第四个标准是句法层次深度(syntactic depth),它是指名词短语所包含的下一级名词短语的数量。例如 a natural part of social interaction 比 one belief 更加复杂,因为它还含有另一个名词短语 social interaction。第五个标准是句法变化性。句法变化性是指名词短语中的修饰语类别,例如定语从句、名词(短语)、介词短语、形容词、不定式等。例如,a conflict with me 和 one belief that opposes the belief of another nation,后者更加复杂,因为它包含了两个不同类别的修饰语:数量词 one 和定语从句。

Ravid & Burmen(2010)对名词短语复杂性的标准中也有一定的重复,例如第 3 和第 5 个标准都包含有形容词、名词。但是,Ravid & Burmen 的划分非常有意义的一面是把中心词的语义及语法因素纳入考虑,这一层面对考察儿童和青少年时期的语言习得非常有意义,因为抽象中心词的使用是认知能力发展的结果(Eisenberg et al. , 2008),名词短语作为重要的语文能力(Ravid & Burmen, 2010),对认知能力尚未发展全面的语言学习者来说,中心词的属性会影响到他们对名词短语的使用(Amuzie & Spinner, 2013)。另外,Berlage(2014)、Ravid & Burmen(2010)在确立名词短语的复杂程度时,认为从句的使用就一定比介词短语复杂,这与 Biber et al. (2011)认为将句子压缩成诸如介词短语、形容词、名词的能力体现高级句法水平的观点有一定的冲突。

根据中心词前有无形容词或名词修饰语,Aarts(1997)区分了轻(light)名词短语和重(heavy)名词短语,前者是指由限定词和中心词构成的名词短语,以及没有限定词和修饰语的独立名词。按照这种分法,人称代词和专有名词都属于轻名词短语。Maestre(1998)将没有修饰词或者只有限定词的名词短语视为简单名词短语。这种短语在句中的主语位置比较常见,尤其是在口语中。Jucker(2012)认为,修饰同一个中心词的多个修饰语,不管其位置如何都称之为串联式修饰语(concatenated modifier);名词短语还包含下一级名词短语作为修饰语的,这种修饰语称之为嵌套式修饰语(embedded modifier)。Jucker(2012)认为当一个名词短语有多个修饰语(多于一个)时就可以被认为是复杂的。

本研究也会经常提到复杂名词短语这一概念,复杂名词短语是指有多项（至少二个）修饰语（包括名词或形容词）的名词短语。本研究按照修饰语类别个数来计数，个数多则更加复杂，例如"形-形-名"相对于"形-名"是更复杂的名词短语。

2.4　压缩性名词短语

Biber & Gray(2010)首次明确地反驳了一贯认为学术写作以阐释性结构（elaborated structure 或者 structural elaboration）为主的语言特点。Biber & Gray 指出，学术写作所形成的独特语言风格是压缩性结构（compressed structure 或者 structural compression）的使用，主要是指用来修饰名词的短语性修饰结构，包括名词、形容词、介词短语和同位语。

Biber & Gray(2010)所指的阐释性结构是各种限定小句和非限定小句。Biber & Gray 总结了 5 种常用的阐释性结构，见表2.5。阐释性结构往往是包括动词的小句性（clausal）结构，之所以称之为阐释性结构是因为它们为谓语、名词等补充了更多说明信息，从意义表达来说并非不可或缺，例如，状语从句用来进一步说明主句的谓语动词；虽然宾语从句从语法上来说是必不可少的成分，但是它所处的宾语位置是可以用名词替代的；定语从句也是可以用其它结构替代的。就名词短语来说，阐释性结构包括限定关系小句和非限定关系小句[①]，如表 2.5 中的划线部分都用来给中心词（黑体）提供更多的说明信息。

---

　　① 对于非限定小句是属于压缩性结构还是阐释性结构，Gray(2011)与 Biber & Gray(2010,2011；Biber et al. ,2011)的观点有差异。Gray 认为限定小句包含了主语、动词、时态、体和语态等完整信息，而非限定小句则不同，它们可以视为是由结构完整的限定小句缩减（reduced）而成的结构。因此，Gray 更倾向于将非限定小句视为压缩性语法特征。

表 2.5 阐释性结构的语法特征(Biber & Gray，2010：5)

限定补语小句 finte complement clause	I thought that was finished. I don't know how they do it.
非限定补语小句 non-finite complement clause	Do you want to celebrate on that more? I'd like to get one of the notebooks.
限定状语小句 finite adverbial clause	So she can blame someone elso if it does not work. she won't narc on me because she rides herself on being a gangster.
限定关系小句 finite relative clause	The quantity of **waste** that falls into this category … There are three sets of **conditions** under which the crop is raised.
非限定关系小句 non-finite relative clause	The **results** shown in Tables add to the picture … The **factors** contributing to the natural destruction …

　　Biber & Gray(2010)基于对口语语料库和书面语语料库的对比研究指出，阐释性结构在口语中大量存在，而学术语言的结构复杂性(structural complexity)则体现在无处不在的短语使用上，这是学术语言形成的一个不同于口语和其它语体的独特风格。学术写作利用不包含动词的短语来实现说明解释的目的，短语的使用是一种压缩性结构，例如，名词短语中的形容词修饰、名词修饰、介词短语修饰可以把句子或者小句能说明白的信息压缩进短语性结构中。Biber & Gray(2010)首次明确提出了压缩性结构的语法实现手段，见下表 2.6。在表 2.6 列举的 5 种压缩性句法手段中，前 4 个都是名词短语，这些名词短语使用形容词、名词、介词短语作为修饰，名词同位语同样为前面的中心词提供解释信息，最后一个句法手段是介词短语做状语的用法。

表 2.6　压缩性结构的语法手段（Biber & Gray，2010：6）

形容词修饰名词	a large **number**，unusual **circumstances**
名词修饰名词	surface **tension**，liquid **manure**
介词短语修饰名词	Class means scores were computed by averaging score for male and female target **student** in the class.
名词性同位语做名词的后置修饰	I four **cohorts**（Athens，Keio，Mayo，and Florence），investigators stated that .....
介词短语做状语	Is he going to the stores?

　　表 2.6 所示的压缩性结构在书面语中非常普遍。通过下面的例子来说明上述压缩性结构的特点：

　　From the system perspective，these stages are marked by the appearance of new systemic mechanisms and corresponding levels of complexity.

　　上述句子只有一个主句，谓语动词是 are marked，不包含小句，但句子相对较长，这是因为它含有很多介词短语，例如：from the system perspective，by the appearance，of new systemic mechanisms and corresponding levels，of complexity。中心词前还有名词和形容词修饰语，例如 system perspective，new systemic mechanisms，corresponding levels，这些名词短语中的短语修饰可以以高度压缩的方式表达复杂小句也能说明的信息。

　　Biber & Gray(2011)对修饰语使用的历时研究发现，在过去的 100 多年中，书面语中使用的定语从句一直在减少，of 以外的其他介词使用增多，同位语的使用明显增多，形容词和名词做定语的用法以及名词的使用激增，且名词化是现代学术写作的突出特点。基于此，他们对之前的研究(Biber & Gray，2010)提出的结构压缩性手段进行了部分修改，将之前做状语的介词短语删除，取而代之将名词化作为另一个重要的压缩性手段。见下表 2.7。根据表 2.7，学术写作中的压缩性结构特征体现在以下 5

种语法手段的运用上：(1)名词化,(2)定语形容词,(3)名词作为修饰语,(4)介词短语做后置修饰,(5)名词短语做同位语。

表 2.7 压缩性的语篇风格(Biber & Gray, 2011：229)

名词化	consumption, comparison, sustenance
形容词修饰名词	gradually expanding cumulative **effect**
名词修饰名词	baggage inspection **procedures**
介词短语做后置修饰	a high **incidence** of heavy alcohol consumption amongst patients
同位语名词短语	Dallas **Salisbury**, CEO of the Employee Benefit Research Institute

从后来的部分修改可以看出,Biber & Gray(2010,2011)完全将以前置形容词、名词修饰和后置介词短语修饰、名词性同位语作为压缩性结构的体现,认为压缩性名词短语的使用是学术写作的语篇风格。Biber & Gray(2016)指出,尽管从整体来看,所有的短语修饰都是比小句修饰更压缩的结构,然而,两大类别所包含的不同结构之间是有一定差异的,例如,在小句修饰这一大类中,非限定小句比限定小句更具压缩性,同样,在短语修饰这一大类中,前置修饰比后置修饰短语修饰更具压缩性。正因如此,小句修饰和短语修饰不应被视为二分体,而应视为一个压缩渐变体(cline of compression)(Biber & Gray, 2016)。Biber & Gray认为名词的修饰结构可以按照压缩梯度排序如下：

最不具压缩特征

限定小句修饰的名词短语
非限定小句修饰的名词短语
后置短语(介词短语、同位语)修饰的名词短语
前置短语(形容词、名词)修饰的名词短语

最具压缩特征

纵观历时语言使用,语法复杂性正在经历一次"漂移",驶向更具压缩特征的结构,其终点是带有前置修饰的名词短语(Biber & Gray,2016)。压缩性名词短语的普遍使用源于学术论文的创作过程的特殊性:作者可以对文章进行删减、增字、修改和编辑,在反复修改之后,终稿可能完全没有了首稿的痕迹。这种反复修改的结果产生了大量压缩名词短语,它们以信息密度大为特点,所以学术写作的结构复杂性正是体现在复杂的名词短语使用而不是小句结构使用上。同年,Biber et al.(2011)通过对口语和书面语语料库对比发现,书面语不同于口语的最大特点是名词短语的使用,研究者将压缩性名词短语的使用视为高级语言能力。较早时期,Halliday(1989)在专著 Spoken and Written Language 中曾指出,书面语和口语都以不同的方式表现它们的复杂性,书面语的复杂是静态的、紧凑的,口语则是动态的、交错式的,口语以语法上的错综复杂取代了书面语词汇密度大的特点。Iria(2011)也指出,名词短语的语用功能表现在通过一种静态(static)和紧凑(compacted)结构承载大量信息。而 Biber 等研究者基于大型语料库的历时语言发展和共时语域对比研究,用客观的数据证实了口语和书面语中的结构复杂性体现在不同的句法层面上。

本研究一部分是基于 Biber 等研究者提出的学术语篇以压缩性名词短语使用为特征的这一观点,对研究生毕业论文中的学术名词短语使用展开研究。学术写作条件的特殊性会对语言特征产生直接影响,写作者和读者在没有语言输出和理解的时间限制的情况下可以输出复杂的句法结构(Fox,2007,转引自 Biber & Gray,2011)。句法复杂性的研究者也一再强调,高级水平写作者往往通过短语使用而不是小句来增加书面语的复杂性,所以一定要重视名词短语的研究(Lu,2011;Yang et al.,2015)。因此,通过压缩性名词短语的研究,才能真正观察书面语体中的中介语发展情况。对修饰语使用频数的考察很大程度上体现名词短语在"量"这个层面上的使用，要深入了解高级英语学习者书面语表达中的名词短语使用质量，即在应用语言学论文写作中能否体现学科特色和表达准确性，还需要从短语学角度进行进一步研究。

2.5　短语学

短语学(phraseology)可以追溯到 20 世纪 30 年代俄罗斯学者的短语研究(卫乃兴，2011)。21 世纪初，短语学被确立为语言学一个专门的学科领域(Granger & Meniu，2008；Granger & Paquot，2008)。得益于语料库语言学的发展，短语研究形成了以频数驱动为特色的语料库短语学研究(何安平，2013)。语料库驱动的短语学研究认为短语单位是语法和词汇的界面，高频使用的短语是一种完整的意义单位(孙海燕，2013)。短语学在我国已经作为一种理论用以指导实证研究，例如卫乃兴(2011)，陆军、卫乃兴(2014)。陆军、卫乃兴(2014)以短语学为理论框架对中国学生的词语知识进行研究。接下来将讨论模式语法、搭配和复合词，因为它们都研究词项的结合和词汇语法关系(lexico-grammar)，且名词短语都是其研究的重要内容。实际上，按照 Granger & Paquot(2008)、何安平(2013)的说法，习语、惯用语、搭配、复合词等等都属于短语模式。

2.5.1　模式语法

模式语法(pattern grammar)，国内有时也称之为型式语法。这一概念最早是由 Hornby(1954，转引自 Huston & Francis，2000)提出来的，他认为学习者要知道如何说句子，就要知道英语句子的模式(patterns of English sentences)，并且了解哪些词进入了哪些模式(which words enter into which patterns)。Huston & Francis(2000)在 *Pattern Grammar* 一书中详细论述了词汇的

语法模式的建立。和 Biber et al.（1999）的 *Longman Grammar of Spoken and Written English* 一书一样，*Pattern Grammar* 同样基于语料库研究，通过观察那些习惯共现的词项结合从而建立一个词的使用模式。Huston & Francis 这样界定一个词的语法模式：

"一个词的模式可以被定义为通常与某个词结合使用并有助其意义形成的所有的词和结构"（Huston & Francis，2000：37）。

当满足三个条件时，一个词的模式就可以确立了：（1）词与词的结合相对频繁出现，（2）这种结合取决于一个词的选择，（3）这一结合存在明确的意义联系。后来，Huston（2013）简单地称，当一些词项习惯性共现时，它们就成了模式中的成分。从 Huston 的定义可以看出，这种词汇的语法模式实际上包含了搭配中的类联接（colligation）这一抽象语法关系。模式语法中，名词的模式包括它前后的词和结构，名词前后的模式又可以细分为很多类别，例如：

名词前置成分的语法模式（N 代表名词）

（冠词）a N; the N　　　　　a standstill, the blues

（所有格）poss N—　　　　her possessions

（形容词）adj N　　　　　　smart dresser

（名词）n N　　　　　　　　window cleaner

（介词）from N, on N, to N 等—from birth, to school

名词后置成分的语法模式

N to-inf(不定式)　　　　　a desire to win

N that(that 从句)　　　　　suggestion that the whole thing was a joke

N n(名词)　　　　　　　　umbrella body

N prep(介词)　　　　　　　acts of violence, threat from terrorists

　　何安平(2013)认为模式语法是从语料库词汇语法理论延伸出来的一个短语形态,并且这种短语形态的表意优势在于它既能把共享一种模式特征的词汇聚合在一起,又能以不同的模式将一个词的不同意义区分开来。王勇(2008)认为,所谓型式,就是受动、形容词或者名词控制、由经常与其一起出现的一串词(包括介词、词组及从句等)组成的相对稳定的短语。型式语法是语法和词汇的交汇点,是一种意义单位。语言教学非常重视模式语法正是因为词汇语法模式频繁出现,掌握这些稳定的词汇模式对接近本族语表达具有重要意义。正如 Huston & Francis(2000)所言,对于二语教学领域的研究者,词项短语的意义在于它们能帮助语言学习者流利地输出与本族语者相似的短语结构。

2.5.2 搭配

　　搭配是指词项之间的结合关系。某些词项总是习惯性地出现在一起这一现象被认为最早是由教育学家 Palmer 注意到的。早期短语学对搭配的研究关心词项搭配的语义关系。短语学传统的学者 Benson(1985)认为搭配是固定的、重复出现的词项结合,在这种词项结合里,每个词保留基本的意思不变。

　　在《BBI 英语组合词典》(BBI Combinatory Dictionary of English,以下简称 BBI 词典)中,Benson et al.(1987,2010)区分了两种搭配:语法搭配(grammatical collocation)和词汇搭配(lexical collocation)。语法搭配是由包含名词、动词、形容词这类主导词(dominant word)和介词或者诸如不定式及小句构成的短语结构,例如 decide on(做出⋯的决定)、account for(对⋯做出解释),如果说成了 decide at 和 account over 就违背了搭配规则。词汇搭配通常不包括介词、不定式和小句,典型的词汇搭配包含了名词、形容词、动词、副词。例如,句子"I send warmest regards"中的 warmest regards 就是常见的"形-名"搭配,如果说成 I send hot regards 或者 I send hearty regards 就违背了词汇搭

配规则。BBI 词典中区分了 8 类语法搭配和 7 类词汇搭配。BBI
词典包含的搭配也是常见的、熟悉的、高频的搭配。

我国学者卫乃兴(2000)认为,Benson 等人的语法搭配和词汇
搭配实质上就是类联接,即比词汇更高一级的抽象语法框架。卫
乃兴认为从理论上来说,不应该有语法搭配和词汇搭配之分,因
为所有的搭配都是词语搭配,所有的搭配实例都可以使用类联接
进行描述。Durrant(2009)也认为,严格意义上的搭配不区分词
汇搭配和语法搭配。

搭配研究的一个重要传统是基于统计。基于统计的搭配研
究往往更关心常用搭配,从而有利于语言学习。这一传统的研究
在确定典型搭配时须基于数据。最简单的方法就是频数统计,例
如计数 strong tea 在语料库中出现 28 次,而 powerful tea 出现了
3 次,说明前者比后者使用频繁。Church & Hanks(1990)提出了
互信息(MI, mutual information)作为确定搭配的依据。MI 值
会更突出那些词项低频使用但是倾向共现的搭配,更突出典型性
而不是常用性(Li & Schmitt, 2010)。也正是因为 MI 值容易将
低频搭配确定为较常用的搭配,研究中常常将其与频数信息结合
使用,设定频数最低值排除频数低的搭配。Stubbs(1995)建议同
时排除 T 值低于 2 和 MI 值低于 3 的搭配。实际上,研究者的处
理不同,研究结果就会存在一定的差异(Li & Schmitt, 2010;
Durrant & Schmitt, 2009)

Sinclair(1991)把不考虑语法意义的词项共现视为本原意义
上的搭配。有学者提出词项的共现关系是一种广义的搭配(杨惠
中,2002; Liu, 2012)。我们通常关心的搭配是狭义上主张指将
词性和语法结合起来,也就是体现句法关系的词汇共现。这种搭
配也是词典编撰所认可的搭配。搭配的使用被视为是区分本族
语者和英语学习者的重要标志。要熟练掌握一门语言,就必须掌
握这门语言中的搭配使用(Hawarth, 1998; Granger, 1998)。

Gledhill(2000)强调,学术写作中使用搭配无疑是表达概念的最好办法,准确的搭配使用在很大程度上体现了一个"话语共同体"(discourse community)所接受的规约性表达。

2.5.3 复合词

Bauer(2003)将复合词定义为由两个或两个以上的独立的词构成的词。实际上,对于英语复合词包含哪些类型并没有一个结论性的观点,但是一般的归类都包含"形-名""名-名"两种形式。例如,Jackson & Amvela(2000)对复合词的归类中,涉及的形容词和名词之间的组合就有这样几种,"名-名",如 text book;"形-名",如 blue collar;"名-形",如 colour blind;"形-形",如 dark blue。

复合词能将大量的信息融合(integrate)进短小的语言结构,也正因这种造词的"随意性",Bruthiaux(1996)评价说,英语语言在通过曲折变化和连字符两种方法创造名词和动词这一规则上过分地"慷慨"。Bruthiaux 在谈到广告语篇中的复合词使用时认为,复合词的普遍使用是语言的经济性和交际效果最大化结合起来的产物。

如果说搭配(包括类联接)和模式语法体现了词项和语法的结合,那么复合词究竟是词还是体现句法关系则是一个尚有争议的概念。对于"名-名"这种搭配形式有两种观点:复合词和名词短语。前者实质是形态复合词(morphological compound),后者属于句法结构(syntactic construction)。Murphy & Hayes(2010)将名词复合词等同于名词短语,认为复合词通常由中心词和一个修饰语构成,中心词是复合词中右边的词,用来定义复合词的所指,修饰语位于中心词之前,用来说明中心词的意义。尽管 Bauer(1998,2003)对"名-名"究竟是复合词还是名词短语进行了讨论,并提出了区分二者的方法,例如阅读时的重音在左边,也有学者对之进行种种补充,但是都无法适用于所有的复合词。对于名词复合词的性质最终没有定论，有些学者则避开名词复合词是构词还是句法结构这一问题而使用"名1-名2"这种书写形式，仅体现二者的共现关系。

Durrant & Schmitt(2009)从搭配的角度解释这种高度固定化的复合词，认为它们是搭配的一种极端形式。Ravid & Berman(2010)认为复杂的名词短语还包括复合词，例如 homeroom teacher，conflict management 等，以及其他的所有格结构，例如 the teachers' agenda。Ravid & Zilberbuch(2003)认为复合词介于句法和词汇层面之间，可以允许说话者将词汇结合起来以清晰、高效的方式表达复杂的意义。Halliday(2004)在对名词前的修饰语进行功能划分时，认为"类别语-事物语"这一序列结合得非常紧密，这种情况下类别语常常带有一种突出声调(tonic prominence)的情况，听起来可能会像复合词，例如 train set，有别于 chemistry set、building set。Halliday 还指出，复合词和名词词组(特别是类别语-事物语)之间的界限非常模糊、难以把握，这也造成人们对于两词构成的搭配书写无确定统一的形式，例如 walkingstick、walking stick、walking-stick 都是可以使用的书写形式。对于复合词的书写，Baufer(1998)也曾指出英语复合词写法非常不一致，girlfriend、girl friend、girl-friend 这三种形式都是字典中的写法。在 Baufer 看来，在某种程度上，其中一种书写相对更加标准，其它写法则是由于规约性而被接受，并非因为语法规则产生了作用。

由此看来，对名词复合词究竟是词还是短语并无定论。这也正如 Lieber & Stekauer(2009)指出，人们对复合词的认识就像盲人摸象一样不全面。但是从根本上来说，英语复合词体现了将两个或者两个以上的词项组合在一起整合并构建信息的一个过程，在这一点上，无异于压缩性名词短语。

词汇的使用和词项的结合具有鲜明的语域特点，可以反映特定语体内的语言使用。Hyland & Tse(2007)发现学术词表中的很多词在不同的学科领域内意义差别很大。例如 volume 在理工科和社会学学科中分别表示不同含义。因此,对学术词汇的研究应该体现具体化,这样对语言学习者才能产生指导意义。Gledhill(2000)在对癌症为主题的学术论文进行研究时指出,科学论文写作中使用的搭配体现了这一领域可接受的、恰当的规约性表达,具备了短语知识,写作者就掌握了表达观点的最佳方式。同时,相关程式语研究表明,程式语的准确使用标志着使用者在特定的语篇环境中是个"内行人"(Wray,2002);相反,若使用不当,语言输出会让内行人听起来"不够味道"(Kjellmer,1990)。搭配所表现出的话题和体裁特殊性(topic- and genre-specificity),使得一个学科里独有的搭配不能对其它学科学习产生帮助;研究者不可能创建、归纳出适合任何学科的习惯性搭配(Durrant,2009)。本研究基于 Biber & Gray(2011)提出的压缩性名词短语语篇特征和短语学理论框架对应用语言学这一具体领域内的学术名词短语使用进行研究,也真正落实了在具体学科内进行搭配研究的观念。

2.6　中介语对比分析

中介语对比分析方法(CIA,Contrastive Interlanguage Analysis)(Granger,1996,2002)是对比分析理论(CA,Contrastive Analysis)和语料库语言学在二语习得领域的结合,它是利用语料库对比中介语和目的语的研究方法(Gilquin,2001;邢红兵、辛鑫,2013)。

CA 最早在二战后得到应用,并且作为一种研究方法确立下来。CA 主要依据学习者母语和目标语的差异来预测学习者语言错误,其理论基础是行为主义理论(behaviorist theory)——将语言学习等同于习惯培养(habit formation)。CA 主张,通过将目标语和学习者的母语语言和文化进行系统和仔细的分析,可以预测或者描述产生学习困难的语言结构以及那些不会产生困难的结构(Lado,1957)。CA 的方法还可以对不同的语言使用进行比较,例如,源语言和翻译语言、儿童语和成人语、本族语语言和学习者语言,即中介语(Interlanguage)。中介语的对比分析正是 CIA 所关心的内容(Gilquin,2001)。中介语理论(Selinker,1972)的提出说明研究者对学习者语言的研究角度开始转向学习者的语言本身,而不是基于两种语言的差异来预测学习者语言错误,因此学习者语言得以被客观看待。

CIA 之所以能够发展,主要得益于计算机技术和语料库语言学的发展(Gilquin,2001)。Biber,Susan & Randi(1998)将语料库分析的特征做了以下描述:

——实证性质的研究,分析自然语篇中使用的语言模式;

——使用系统收集的自然语篇构成的大型语料库作为研究和分析的基础;

——广泛使用计算机技术进行分析,包括自动生成技术和交互技术;

——采用定量和定性的分析手段。

语料库分析作为语言分析和描述的实证性手段,能发现语言使用的概率性、趋势、模式和共现、特征以及特征群。进行 CIA 研究创建的学习者语料库可以让人们接触到大量的学习者语言输出,我国的中国学习者英语语料库 CLEC(Chinese Learner English Corpus(桂诗春、杨惠中,2003)和中国学生口语和笔语语料库 SWECCL(Spoken and Written English Corpus of Chinese Learners)(文秋芳等,2008)都属于学习者语料库。

CIA 有两种形式:本族语和非本族语(学习者)语言输出的对比,也可以用于不同学习者的中介语对比(Granger,1996,2002;

Paquot，2010)，见下图 2.1。前一种比较用来找出学习者语言输出中的非本族语特征或者语言表达中的"异腔"(foreign-soundingness)(Granger，1996)，这也是 CIA 的核心;后一种比较可以比较不同母语背景的语言学习者的中介语或者母语相同学习者的中介语不同阶段，可以考察母语对中介语发展的影响，例如 Parkinson(2015)研究了包括中国学习者在内的不同母语的学习者习得"名-名"短语的情况。这一研究方法在我国也已经得到较多的应用(参考邢红兵、辛鑫，2013)。

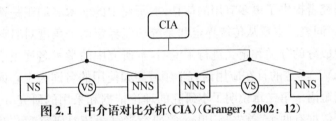

图 2.1　中介语对比分析(CIA)(Granger，2002:12)

　　要实现中介语对比分析，必须要有具有可比性的本族语语料库(Granger，1996)。Granger 还指出，为了保证对比结果的可信度，在进行中介语对比分析时应该做到以下几点:(1)定量研究必须基于大型语料库;(2)重视原始频数，原始的频数虽然比较简单，但是非常有意义;(3)定量和定性分析相结合。卫乃兴(2000)和杨惠中(2002)一致认为利用语料库进行研究时，应当将定量和定性方法结合起来。数字不能代表一切，定性分析和定量分析相结合才是更为科学的研究方法，定性分析可以使研究更具有语言学理论的深度和广度，便于适当的抽象和概括(杨惠中，2002)。

　　中介语对比分析是本课题依据的研究方法。通过对比分析来研究我国高级英语学习者的中介语可以帮助他们直接观察中介语与目标语的差异，有助于他们明确语言中的隐形的差异，从而提高语言意识。频数信息也是本研究在分析时使用到的重要参考和界定高频名词短语的标准，本研究也将定量和定性两种分

析手段结合起来,力求全面客观地呈现学术名词短语的使用
情况。

2.7   本章小结

第二章对本研究中的重要概念和理论进行了论述和界定。
本章详述了学术词汇表 AVL 的创建,AVL 在编写形式、创建词
表使用的语料库等方面更具有优势,其中的词频信息、词类划分
为研究者提供了更多有用的信息,本研究中的学术名词正是选自
AVL 词表。本章从传统界定和系统功能界定两个角度对名词短
语中成分的分类和定义进行了说明,本研究中的学术名词短语是
指 AVL 界定的且在应用语言学领域高频使用的名词为中心词的
名词短语。第二章说明了本研究的理论依据和采用的研究方法。
理论依据有两个,首先是 Biber 等研究者基于历时研究和共时研
究提出的学术语篇的语法特点体现在压缩性名词短语使用上的
观点;其次是短语学,本章说明了短语学的重要内容:模式语法、
搭配、复合词,名词短语层面是三者覆盖的重要内容;本课题的研
究方法依据的是中介语对比分析。

第三章　国内外相关研究

　　本章将围绕国内外对名词短语的研究进行归纳和总结,内容涉及到语域对比研究、具体语域内的使用研究、功能研究、多项修饰语关系研究、名词短语心理学研究、母语习得研究、二语习得研究及学术词汇的研究。国内研究主要包括语体特征研究和对具体短语模式的研究,以及对学术名词的关注。在综述国内外研究的基础上,指出前人的研究成果和研究空间,并提出本研究的分析框架。

3.1　国外研究

3.1.1　名词短语的语域对比研究

　　名词短语的语域对比研究包括基于语料库尤其是大型语料库对名词短语使用进行的对比研究,语域对比研究涉及到两个维度的对比:历时的和共时的对比。实际上,在进行语言的历时发展研究时,共时的语域对比也不可避免。下面将分两个小节分别对这两个角度的文献进行梳理,以更精确地把握名词短语的历时发展特征及不同语域使用的差异性。

3.1.1.1　历时研究

　　在名词短语使用的历时变化这一领域,Biber 本人及与其他研究者合作进行的研究最具有代表性,包括 Biber & Clark (2002)、Biber & Gray(2011,2016)、Biber(2004)。这一小节将重点回顾他们进行的相关研究和发现。

Biber & Clark(2002)利用历时英语代表语料库 ARCHE (A Representative Corpus of Historical English)中的医学论文写作、戏剧、小说、新闻写作四个语域对名词短语自十七世纪以来的历时发展进行研究。首先,在前置修饰方面,定语形容词的使用在戏剧和小说中一直以来没有变化,而在新闻和医学写作中逐渐增多,尤其是新闻写作①。医学写作中使用的"形-and/or-形"序列,例如 male and female workers, racial or religious cohesion 自十八世纪以来开始增多,从原来的不到 2‰增至 19 世纪的 12‰,在 20 世纪回落至 10‰左右,而这种序列的使用在其他语体中无明显变化。新闻语体中,十九世纪以来使用的"名-名"序列,如 bus station 持续增多,涨幅大于医学论文,而在戏剧和小说中无明显变化;并且新闻语体中使用的"名 1-名 2"序列中,名 2 为普通名词的用法明显增多出现在 20 世纪五十年代,而在此之前,名 2 作为专有名词的用法和作为普通名词的用法数量相当。在医学和新闻报道中,名词作为修饰语的用法和形容词同样重要,名词占到前置修饰的 30%—40%。在后置修饰方面,定语从句的使用一直没有变化,而介词短语修饰在十八世纪以来就已经变得非常普遍,尤其是在新闻和医学写作中;在介词短语使用方面,of 以外的其他介词使用自十八世纪以来明显增多。在医学论文中,后置定语从句、V-ing 和 V-ed 分词修饰自十七世纪以来无大的变化,基本上稳定在 5‰及以下。

---

① 对于新闻报道中的定语形容词使用和后来 Biber & Gray(2011)的研究结果有所不同。Biber & Gray(2011)的结果表明,在形容词修饰语的使用上,新闻写作从十九世纪初至二十世纪出现平稳下降,而在学术写作中无变化。

　　通过上述分析,医学和新闻写作的历时变化的结果便是产生了更多的压缩性语言表达,Biber & Clark(2002)认为名词修饰语可以按照压缩等级进行排序,他们把形容词、名词、介词修饰一起视为压缩性结构的一端,其中形容词和名词前置修饰最能体现结构压缩的特征,非限定小句则更具有拓展表达(expanded expression)的特点,或者称作拓展性结构(Biber & Gray, 2010, 2011),定语从句则是拓展性结构的极致体现。这也是后来 Biber 等提出的名词短语压缩性结构这一观点的雏形,具体如下:

压缩式表达	前置修饰语	<后置短语性修饰	<非限定小句	<关系小句	扩展表达
COMPRESSED EXPRESSION	-premodifier	<phrasal postmodifier	<non-finite clause	<relative clause	... **EXPANDED EXPRESSION**

　　对于新闻语体,Biber(2004)专门进行了深入的分析,指出十八世纪的名词修饰语主要修饰头衔类的专有名词,例如 Cardinal Corsini, Lord Richar Edgcumbe。二十世纪的新闻写作中,名词不仅广泛地修饰普通名词,而且出现了更长的名词序列。在后置修饰方面,非限定关系小句和同位语使用非常普遍,这两种用法比学术语篇更加突出(Biber et al., 1999; Biber & Clark, 2002)。

　　Biber & Gray(2011)对比了戏剧、小说、报纸、学术写作四个语域的语言自十八世纪到二十世纪的变化情况。需要说明的是,从 Biber & Gray(2011)给出的语料信息来看,使用的语料和 Biber & Clark(2002)有重合,也增加了新的内容,例如学术写作方面,新增了天文学以及医学之外的其他已刊发研究论文。Biber & Gray 的研究结果显示,在学术和报纸文章中,名词的使用出现明显的持续性增长,而在戏剧和小说中一直没有什么变化,其中名词作为修饰语的使用在自十九世纪以来的学术写作中急剧增多,新闻语体也有同样的倾向,在小说和戏剧中则相对稳定。为了进一步解释名词做修饰语的使用变化,Biber & Gray(2011)又进一步专门对 1725 到 2005 年间的科学研究论文进行了历时变化研究。结果表明,1725 年到 1875 年间名词修饰语的使用基本上没有变化,急剧的增长变化始于 1875 年,这种增多一直持续到 2005 年;自十八世纪以来,定语从句在学术、戏剧、小说三个语体中的使用却在减少,尤其是在学术写作中,这种减少自十九世纪表现的更加明显;学术写作中的名词化的使用逐渐增多,其次是新闻语体,小说中则下降,戏剧语体中无变化。另外,较之十八世纪和十九世纪两个时期的学术写作和新闻报道,二十世纪的学术写作中名词同位语使用更加突出。在形容词的使用上,学术写作中的定语形容词使用自十八世纪以来一直稳步增长至二十世纪,十九世纪到二十世纪这段时间相对稳定,新闻报道中的形容词使用自十八世纪到十九世纪小幅增多,十九世纪以来出现小幅减少。这一结果和 Biber & Clark(2002)的研究有相同之处也有差异,相同之处是形容词自十八世纪到十九世纪这段时间都呈现增长趋势,而自十九世纪以来的发展情况,两次研究结果有所不同。我们认为,这可能是源于使用语料的差异。介词短语做后置定语是其常见的句法功能,并且在过去两个世纪,后置介词短语修饰的使用也大量增加,是从句做后置定语的 15 倍之多;介词短语中,of 引导的介词短语自十八世纪以来变化不大,而其他介词(包括 in、on、with、for)的使用自十九世纪以来则明显增多,这一点和 Biber & Clark(2002)的研究一致。

　　Biber & Gray(2011)将之前研究(Biber & Gray, 2010)提出的压缩性结构中的介词短语做状语这一语法特征删除,补充了名词化的使用(见 2.4 节)。可以看出,Biber & Gray(2010,2011)更加重视名词短语的研究,认为被形容词、名词、介词短语等修饰的名词短语是压缩性结构的重要体现。名词短语的使用在很大程度上是学术写作的特殊语言输出条件产生的,在这个过程中,作者可以对文章进行删减、增字、修改和编辑，产生了大量信息密度高的压缩结构。

从历时角度来看，名词短语的使用不仅在"量"上发生巨大变化，而且在意义表达上也和以往有所不同，主要体现在名词化的使用、作为修饰语的介词短语的意义和功能有了拓宽、加长的名词短语使用、介词短语用来表达抽象意义的用法突出（Biber & Gray，2011）。在名词化和抽象名词使用方面，由形容词和名词派生而来的词汇开始作为修饰语使用，尽管很难确定这一变化出现的具体时间，但是在二十世纪的学术写作中已经较为显著，例如 freedom movement，intelligence agencies，还出现了一些"名-名-名"序列，例如 air force machines，fighter pilot training，甚至更长的序列，例如 life table survival curves。在二十世纪的学术写作中，介词短语作为修饰语在功能和意义上也得到拓展，可以和抽象意义名词一起使用。in 引导短语表示抽象意义的用法远远超过了其表示具体意义的用法，例如，在下面的表达中：

具体意义：those kids in California

抽象意义：an increase in efficiency

不仅是介词，定语形容词在多样性和功能上也有类似的变化，尤其是当今的理工科写作，运用了大量的具有话题性的类别形容词。Biber & Gray（2016）对比了十八世纪和二十世纪的理工科写作中高频使用的 100 个形容词，结果表明，十八世纪有描述功能的形容词使用普遍，占到 65%，其中描述物理特征的形容词使用最多，而到了二十世纪，使用最多的前 100 个形容词中的 75% 用来表达类别功能，其中关联类形容词（relational adjective）使用最多，其次是话题类形容词（topic adjective）。

Biber & Gray（2016）对短语性修饰的功能演变研究还表明，同位语的使用在过去的一个世纪中大量增加，尤其是在近几十年，其使用变得很普遍。在功能方面，在十八世纪写作中，同位语被用来确定人物(也就是中心名词)的头衔和职位。自十九世纪以来,同位语的主要功能变化体现在两点,首先,同位语可以给中心名词补充更多的描述信息,其次,同位语可以出现在括号内。尽管在今天的报纸文章中同指意义关系仍然是同位语的主要作用,但在学术研究语篇中,它们表达的信息与中心名词可能有多种非直接的意义关系,例如:

Comparison of these scores to the studies in our meta-analysis reveals that they are all of moderate quality (scores of 2 to 4 on a scale of 0 – 5).

括号中的同位语与中心名词并非严格意义上的同指关系,而是进一步呈现实际结果。有些情况下,同位语与中心名词的关系甚至更加疏远,如:

Numerous variables were measured, including case status, sex, race, date of enrollment (date of first visit to the cohort with the pertinent diagnosis), age at first visit,…

同位语与中心名词的这种含蓄意义关系也是学术语篇语言不明晰的一个方面。

根据 Biber 等人所进行的一系列历时研究,在名词短语修饰语使用上,前置名词修饰、后置介词短语修饰结构爆发式的增长基本上都集中在十九世纪,而形容词的增多开始得更早。这也是学术写作不同于其他语域语言使用的地方。学术写作非常依赖短语性修饰来增加信息量,将小句表达的信息压缩进短语性修饰中,以形容词、名词作为前置修饰和后置的介词短语修饰为主导的名词短语也成了学术语篇信息传递的重要手段和独特语篇风格。

3.1.1.2 共时研究

Aarts(1971)被认为是第一个对名词短语语篇风格进行研究的学者(Maestre, 1998; Sånglöf, 2014)。Aarts(1971)对包括小说、写作、正式演讲、正式口语和笔语构成的语料库中的名词短语在句中的分布进行了研究,语料库库容量为 72,000 词。他的研究表明名词短语在句中的分布不仅是由其在句中的句法功能决定的,同时还受到使用语体的影响。轻名词短语(无修饰语或者仅有限定词的名词短语)在各种语篇中主要充当主语;而重名词短语(有修饰语的名词短语)更多地充当主语之外的其它功能,且在理工科写作和正式写作中比小说和非正式写作中使用得更多。

在《朗文口语和笔语英语语法》这本基于语料库研究的语法词典中,Biber et al. (1999)对口语对话、小说、学术写作和新闻四种语体的语言使用进行了对比,他们发现"修饰语-名词"这种搭配在新闻和学术写作中非常普遍,且前置修饰语的使用比后置修饰语使用要更频繁。学术写作中,有近 60% 的名词使用有不同形式的修饰语,25% 的名词会带有一个前置修饰语,12% 的名词同时兼有前置和后置修饰。在口语对话中,仅有 15% 的名词带有前置或者后置修饰语,比例远远少于学术语篇,因此,可以说名词短语的使用是学术论文写作不同于口语对话的鲜明特征。

Biber & Gray(2010)反驳了一直以来认为学术写作语篇特征体现在小句使用上的观点,他们基于语料库的研究结果表明,学术语篇以压缩性结构为突出语篇特征。他们将包括医学、教育、社会科学(心理学)、和人文学科(历史)这四个学科在时间跨度为 1965—2005 年之间的学术论文和口语语料库进行了对比,结果显示,拓展性小句结构的使用在口语中远远超过了在学术论文中的用法。相反,在压缩性语法特征的使用上,即在形容词、名词、介词短语作为修饰语的用法大幅度多于口语。在学术语篇中,除了 of 介词,其它介词的使用自十八世纪以来逐渐增多;名词做同位语的用法在二十世纪写作中非常明显;同时,Biber & Gray(2010)还发现,对于拓展性结构,例如定语从句的使用,在学术语篇中要多于口语,尤其是非限定性小句(例如 the concept of society proposed here)。同时,他们还指出学术语言并非没有口语特征,例如,自 1965—2005 这段时间,代词 we 在论文中的使用增加非常明显。基于这些发现,Biber & Gray(2010;2011)认为,学术论文写作在语篇特点上,是以压缩性结构为特征的,而不是小句的使用,也正是这种压缩性的名词短语,造成了学术语言并非传统上认为总是表意明确的(explicit),相反可能是隐晦的(implicit),例如"名-名"结构,两个名词之间的关系可能是多样而复杂的。

名词短语及修饰语的使用在不同学科的论文写作中也有差异,对这方面进行深入研究的是 Gray(2011)。Gray(2011)的博士论文研究了生物、语言学、物理、哲学、政治、历史六个学科中的名词短语使用。名词是使用最多的词性,其所占比例在各个学科之间也存在差异,例如生物学科中最频繁,哲学学科最少。六个学科中,应用语言学中的名词使用居于第五位。尽管名词使用频率因学科而异,但是差异并不大。压缩性的名词短语,即"形-名""名-介词短语""名-名"这三种短语模式的使用情况如下:在六大学科中,形容词作为修饰语使用最频繁,达到 60‰—75‰;of 短语作为后置修饰语比例为 30‰—40‰,约为形容词修饰的一半;并且在六个学科中形容词和介词短语修饰的使用没有大的变化。名词作为修饰语的比例达到 30‰—40‰,且其使用比例在六大学科中的差异较大,表现为越是偏向理科的学科论文使用名词修饰语就越多,同一学科中定量的研究论文比定性的研究论文使用名词修饰语更多,六大学科中以物理学科使用名词修饰语最多;在定性的语言学研究和定量的语言学研究中,形容词作为修饰语的使用比例最大,of 短语作为后置修饰在定量和定性的语言学研究论文中几乎一致,约为 30‰。

Ni(2004)基于对媒体报道、学术语篇、小说和对话的对比分析,得出如下结论:(1)学术语篇中使用的名词短语最多,新闻语篇中名词短语使用比例仅次于学术语篇。(2)兼有前置修饰和后置修饰的名词短语能更有效地表明信息焦点(information focus),在兼有前置和后置修饰的名词短语使用比例上,新闻报道仅次于学术写作。(3)新闻报道和学术语篇一样,多使用类别形容词,其次是经验描述类形容词。

共时语域对比研究表明,名词短语是学术写作形成的突出语言风格(Biber & Gray,2010),并且具体学科之间也存在某种差异(Gray,2011)。Biber & Gray(2011)曾指出,在学术写作这一特殊的创作过程中,作者可以进行写作规划和大面积的修改,反复斟酌之后的语言必然有所不同。另外,从文化视角来看,学科的繁荣和发展是学术语言特征形成的另一个重要因素,学科主题和读者日益专门化,由此产生的"信息爆炸"对有效地和经济地交流信息提出了要求——需要将大量的信息以简洁、高效的方式呈现出来,因此产生了更多的信息密度高的名词短语(Biber & Clark,2002;Biber & Gray,2010,2016)。名词短语的主要功能就是以紧凑(compacted)的方式传递信息(Levi,1978)。同时,从这类写作的读者群来看,他们也越来越具备专业性知识(Biber & Clark,2002;Biber & Gray,2011),名词短语作为语言的信息中心,有助于他们快速捕捉关键信息、促进有效阅读(Biber & Gray,2010,2011)。

3.1.2　名词短语在具体语域的研究

名词短语在具体语域的研究涉及广告(Rush,1998)、新闻标题(Maestre,1998)、新闻报道(Biber,2004)、医学论文(Wang & Bai,2007)。

Rush(1998)发现广告中的名词短语和一般英语使用有着重要差异。首先,广告英语中的名词短语习惯用作独立的小句,这在广告标题中非常突出。例如,倩碧品牌化妆品广告:Every Face. Every day. 其次,广告英语中的前置形容词修饰语也具有突出的特征,例如,普遍使用类别性和描述性形容词,目的在于一方面用来提供产品的具体信息,另一方面,描述性形容词通常用来对产品和服务做出多姿多彩的诱人描述,从情感层面上进行信息传递,达到劝说消费者的目的。形容词修饰语使用的另一个突出特征是大量使用比较级和最高级以及多种多样的复合词,例如副词短语 just-applied-new。广告语大量使用长而复杂的修饰语一方面是因为名词短语本身简洁,同时名词短语的意义压缩(compression of meaning)能产生一定的语言模糊性,让读者对修饰语和中心词之间关系产生隐喻联系(Leech,1966,转引自Rush,1998)。在多项形容词修饰语的使用上,Haggan(2004)指出,学术语篇和广告语篇存在差异,虽然学术写作的标题也需要通过呈现最丰富的内容来吸引读者,但是学术写作的标题并不像广告那样堆砌多项修饰语,这是因为修饰语太多无助于论文写作者直截了当地指出研究中心。

　　和广告一样,新闻报道也依赖名词短语压缩信息、传递意义。Maestre(1998)对 1970—1990 年之间的泰晤士报的新闻标题中的名词短语复杂性进行了研究,并将新闻标题划分为动词性标题(verbal headline)和名词性标题(nominal headline)。名词短语在这两种标题中的分布是不同的。在名词性标题中,最常见的是"名-后置修饰"(24.6%),如 Jewel in a flawed crown,这种情况下,中心词主要是利用介词短语做后置修饰,其前面通常没有任何修饰语;第二种常用的是"前置修饰-名"(23.38%)这一短语模式,例如 insurance losses;第三种是"前置修饰-名-后置修饰"(19.21%)短语模式;第四种是"限定词-名-后置修饰"(8.56%),例如 the problems of growing up;使用较少的是"限定词-修饰语-名-后置修饰"(5.6%),例如 a rhythmic grace in repetition。可见,名词性新闻标题中通常也使用较为复杂的名词短语。Maestre(1998)认为简单的名词短语无法覆盖大量的信息,而复杂名词短语中的前置和后置修饰语可以在囊括信息的同时激发读者的好奇心。与此相反,在动词性标题中,简单名词短语(即一个中心词或者"限定词-中心词")却占到了大部分,约为56.52%,复杂名词短语比例为43.29%,复杂名词短语使用相对较少,原因在于在动词性标题中,报纸设定的标题空间限制了修饰语的使用,而句子的其他成分可以提供更多信息,使得名词短语中的修饰语使用不那么必要。Maestre(1998)的研究还表明,从分布上来看,动词性标题中的主语位置多为简单名词短语,比例为36.28%,复杂名词短语做主语占到25.39%。关于简单名词短语和复杂名词短语在新闻语体中的分布,相关研究结果基本上都是以简单名词做主语为主。例如Quirk et al.(1985)的研究中,主语是简单名词短语的比例为58.7%,复杂名词短语的比例为21.1%,Jucker(2012)的研究结果显示,简单名词短语占主语的43.4%,复杂名词短语占27.5%。Maestre(1998)认为,新闻报道中的很多名词短语的中心词是国家名称、人名等,这些名词比普通名词更具体,因而不需要使用太多修饰语,然而,也应看到主语位置也使用了一定量的复杂名词短语,这是因为新闻标题中的主语位置非常重要,复杂名词短语可以突出主语信息。

Biber(2004)对新闻语体进行研究时指出,60%的名词都有修饰语,而口语中几乎85%的名词没有修饰语。从历时的角度来看,新闻语篇中的名词短语使用在过去的300多年间持续增加。和学术语篇相比,新闻报道更多地使用有多个修饰语的名词短语,例如a quaker-run training college for teachers。新闻语言中,像school和water这样的具体名词在作为名词修饰语时也非常具有能产性。Jucker(2012)对新闻报道中的名词短语修饰语做了这样的区分:当一个名词有多项修饰语时,不管是前置还是后置修饰语,只要是修饰同一个中心词就称之为"串联式修饰语"(concatenated modifier);如果名词短语中还包含下一级名词短语,这种修饰语称之为"嵌套式修饰语"(embedded modifiers)。这两种名词短语在严肃性程度不同的新闻报章中的分布存在差异,例如,有嵌套式修饰语的名词短语在高端市场报纸中使用最多,在低端市场报纸中最少。

具体学科的研究还涉及到医学研究论文中的名词短语使用,Wang & Bai(2007)对 417 篇医学论文的标题进行了研究。他们发现,99%的标题使用名词性词组(nominal group)作为开头,而其中大多数中心词前没有使用前置修饰语,这主要是因为医学论文标题中的很多名词都是专有名称,无需进一步解释。作者基于前置修饰语的数量对名词短语进行了三类划分,分别是:一个前置修饰语、两个前置修饰语、三个前置修饰语。三种情况的使用比例分别为 74.6%、21.8%、6%。一个中心词通常还带有各种后置修饰,例如介词短语占到后置修饰的最大比例(91.6%)、其次是过去分词(3.9%)、不定式(2.3%)和现在分词(1.3%)。医学学术论文前置形容词修饰语通常表达类别概念,例如 a randomized comparison of … 这个短语中的类别形容词 randomized 的使用增强了写作的准确性。

Yolanda & Pascual(2019)创建了字数为 822,755 的卡塔赫纳军事潜艇语料库(Cartagena Military Submarine Corpus,简称 CMSC)对潜艇英语中使用的名词短语进行研究,并将其与已有相关研究进行对比。作者从语料库中选取最常用的 10 个名词作为研究对象。结果表明,61.6%的名词使用都带有前置修饰,其中名词作为修饰语的使用最为频繁,58.7%的名词使用有名词修饰语,33.6%的名词使用有形容词修饰语,介词短语修饰占到 29.3%。这一点和之前研究以形容词占主导的结果不同,说明潜水英语有着自己的修饰特点。同时,不同名词也有着自身的修饰特点,例如 class 和 missile 这两个名词使用名词做定语的比例最高,分别为 94.1%和 83.3%。同时,"名-名"修饰结构也较普遍,这给理解造成一定的障碍。前置形容词多表示类别,这与新闻和学术语篇研究一致;多项形容词修饰语和形容词后置定语的用法在潜艇英语中不多,这一点也不足为奇。在后置方面,33.6%的使用带有后置介词短语修饰,同位语名词使用占到后置修饰的39%,是语料库中使用最普遍的后置修饰,高于介词短语29.3%的使用,这一点同样不同于之前的研究,例如 Biber et al.(1999)发现,学术语篇和新闻中的同位语占到15%。这是因为在潜艇英语语料库中,诸如组织团体等缩写名词(acronym)的用法比较频繁,需要用同位语名词短语进行解释并列举其中成员。Biber et al.(1999)发现学术写作和新闻中使用的同位语占到后置修饰的15%,而其中90%的同位语用来说明另一个专有名词。另外,Yolanda & Pascual(2019)还发现潜艇英语中,后置形容词的作用往往是对中心词进行解释,而非描述。

以上对包括学术语篇、新闻、广告、医学和军事潜艇等不同语域中的名词短语使用进行了回顾,这些语篇之所以使用大量的名词短语与这类语篇的性质有关,它们均以信息传递为主要目的,因此都钟情于名词短语的使用。同时,不同语域的研究结果也表明,修饰语的使用会因学科差异而有所变化,这使得在一个特定学科内进行研究和对比更有必要。

3.1.3　名词短语的语篇功能研究

近十多年,研究者开始关注名词短语建构并表达学术写作者立场和观点的用法。相关方面的语料库研究有:Charles(2003,2007)、Jiang & Hyland(2015)、Jiang(2015)、Nesi & Moreton(2012)、Schmid(2000)、Flowerdew(2003)等。在名词短语的此类功能研究上,主要以抽象名词为中心词居多,根据这类抽象名词的具体作用,研究者使用了不同的术语和名称,见表3.1。在功能研究方面,修饰语结构多为限定词、后置补足语从句。另外,近些年随着对学术语篇客观性的重新审视,学术界开始关注评价形

容词,而这类形容词的主要句法功能也是用作定语(Swales &
Buke,2003;Carmen,2008)。

表3.1　抽象名词的不同名称

外壳名词 (Shell noun)	Huston & Francis (2000);Schmid (2000)
立场名词 (Stance noun)	Charles (2003,2007);Jiang & Hyland (2015)
信号名词 (Signalling noun)	Flowerdew (2003)
宣称性名词 (Assertive noun)	Vergaro (2015)
全括名词 (Catch-all noun)	Hinkel (2004)

Hinkel(2004)指出,使用动名词和抽象的名词化结构会使得
写作新手的文章看起来少些稚嫩、更显文字成熟。Hinkel 认为抽
象名词还有衔接功能,她称这些名词为全括名词(catch-all
nouns),例如下面两个句中的划线名词。

But social organization also changes. Change is easily as
important a topic in organization as order and stability. With all
the factors defending order in organization, how is change
possible?

How does economics relate to the problems discussed in the
previous chapters?

句中的划线名词 factors 和 problems 用来指前面提到过的
内容,具有概括功能。Hinkel(2004)认为全括名词在学术语篇
中的功能和语义较复杂,这种复杂的功能和意义表达不太容易
出现在口语语篇中。下表3.2是 Hinkel(2004)列举的部分全括
名词。

表 3.2　全括名词（部分）（Hinkel，2004）

advance	drawback	practice
approach	event	program
attempt	exercise	purpose
background	experience	scenario
category	fact	shortfall
circumstance	system	issue

德国语法学家 Schmid（2000）用一本书的篇幅论述了外壳名词（shell nouns），外壳名词能通过将语篇碎片信息囊括（encapsulate）进一个独立的概念中以达到处理复杂信息的目的，并将之前和之后的句子衔接起来。外壳名词通常出现在"This/These-外壳名词"结构中。下面句子中的 This result 通过将前一句的内容囊括进了一个简单的抽象名词中，界定了一个非常明确的句际关系。

PH decreases from 8.25 in the bulk medium to 9.07 at the shell surface. This result is in good agreement.

Whittaker et al.（2011）指出名词短语的功能体现在两个方面：（1）从信息管理的角度来看，使用名词短语可以引入或追踪语篇的参与者；（2）从语体适当性来看，名词短语承载了大量的信息。Whittake et al.（2011）从系统功能角度指出，名词短语是学习者在学习过程中为了进行高质量写作需要学会使用的语义资源（semantic resources），名词短语的信息概括功能在实现衔接上有着重要的作用（Whittake et al.，2011）。Charles（2003）指出"this-立场名词"搭配是一种建构有说服力观点和表达立场的重要语言手段，因此对于论文写作者非常重要。"this-名词"之所以能用来表达写作者的立场是因为这类搭配可以概括之前的命题，并通过信息概括起到组织语篇的作用，进而向读者表明理解语篇信息的方式，这样，作者就表达了自己在某个具体的学科领域中作为"知情者"的身份立场。例如下面的一段话：

As the applied field moves beyond its maximum and starts to fall the screening currents within the sample response, reversing their direction and changing the nature of the field profile within the sample response. **This process** continues as the field drops further until the state shown in ...

上述句中的名词短语 This process 短语概括了前面的整个句子，在起到语篇衔接功能的同时表达了作者对所描述的整个事件的理解，即写作者将整个事件视为一个完整相连的事件，这样就实现了对写作者观点和立场的表述，进而显示了写作者对本学科知识的掌握，体现了其"专家身份"。Charles(2003)对分别由英语本族语政治语篇和材料学科写作构成的两个语料库中使用"this-名词"短语的情况进行了对比研究。结果表明，政治语篇中的"this-名词"使用远远高于材料学科论文，说明"this-名词"搭配的使用具有语域性差异。Charles 又进一步对中心名词进行了两种分类：源语言（metalinguistic）名词和非源语言（non-metalinguistic)名词。源语言名词可以用特定的语言形式来对一段文字进行标签，写作者利用源语言建立语言内部关系，并引导读者朝着特定的方向来理解命题。源语言名词的例子有 point、distinction、expression，非源语言名词例子有 effect、result、observation。非源语言名词在两个语料库中的使用频数接近，但是政治语篇却更多使用了源语言名词构成的搭配，例如 this discussion。Charles 对此的解释是，政治语篇作为文科写作更加依赖语言资源来构建信息，而材料科学语篇则更多地使用表明物质过程的名词，如 procedure。

名词"中心词-补足语结构"也尤其受到关注。这一结构中的补足语从句主要有三种：that 从句、不定式（to infinitive）、of-小句结构。Jiang & Hyland(2015)认为写作者可以通过这三种短语选择恰当的立场名词,突出对后置补足语表达内容的态度和观点。Jiang & Hyland(2015)利用语言学论文中使用的"名词-of-小句"结构加以说明:

Criticism of genre-based teaching includes the potential **danger** of reifying the power structures in which genres are embedded.

上句中的中心词 danger 一词所表达的语义内容通过"of reifying the . . ."这一补足语得以说明,作者通过选择并事先亮出 danger 这个名词,表明其观点是将"of-小句"内容视为一种危险,达到提前阐明对这一语义内容的立场态度。这样读者在阅读时先接触到 danger 所表达的立场,再获取其所指的具体信息,作者的态度立场便得到了强化。

和"this-抽象名词"一样,名词补足语结构的立场功能往往因学科不同而有差异。Charles(2007)还对"名词-that 补足语从句"这一结构表达立场的学科差异性进行了对比研究。Charles(2007)使用的语料库与 Charles(2003)基本一致。Charles(2007)的研究表明,"名词-that 从句"在政治语篇中的使用大大超过了在材料学科中的使用,原因在于政治语料库中的许多名词来自一些政治命题和口号,需要通过后接 that 从句加以说明和定义。和之前他对"this-名词"短语的研究结果相近的是,在使用"名词-that 补足语从句"时,政治语篇选择使用的名词多数是源语言(metalanguage)性质的词汇,如 argument、assertion,而材料学科中的名词多为表示证据(evidence)这一语义的词汇,如 evidence、observation。他们的发现还包括:(1)"名词-that 从句"短语中的名词本身多用来表示态度和立场,其中立场名词占到 80%。(2)65%的短语形式是"the-名词单数-that 从句",定冠词 the 的使用可以将已给信息作为表达立场的背景。(3)作者将"名词-that"

中的名词进行了 5 种划分：思想类（如 belief、wishes、assumption 等）、观点类（如 argument、contention、claim 等）、证据类（如 evidence、indication、observation 等）、可能性类（如 possibility、probability、chance 等）、其他名词。这几类名词中，表示观点类名词和思想类名词在政治学科写作中的使用多于材料学科写作，表达思想类的名词在政治语篇中的使用高达 73.2%。

从语篇对比的角度对"立场名词-补足语从句"进行的研究还包括 Jiang & Hyland(2015)和 Jiang(2015)。Jiang & Hyland 使用的语料库包括了应用语言学在内的八个学科的 160 篇学术论文，库容量为 170 万词。不同于 Charles(2007)对立场名词的五种划分，Jiang & Hyland(2015)对名词进行了更加"严密"的功能归类，名词分为实物（entity）、属性（attribute）、关系（relation）三大类，每大类下面又做了更细致的区分，共产生 8 种次级分类，分别是：物体、事件、语篇、认知、性质、方式、状态、关系。在整个语料库中，使用最多的立场名词是 way、fact、ability、capacity、evidence，且"名词-不定式"的使用最多，占到 41.5%，其次是"名词-that 从句"(34.6%)，"名词-of-小句"占到 23.9%。各学科高频使用的前 10 个名词多属于方式和事件类名词。但是每个类别的名词使用频数、功能在八个学科中都存在较大差异。较之理工科学术论文，文科写作使用"名词-补足语"短语要更多。这个结果和之前 Charles(2003,2007)的研究一致，在文科领域，写作者更有可能对所讨论内容表明立场、评价其他作者观点。在应用语言学学科，最常用的 10 个立场名词依次是：way、need、fact、attempt、opportunity、approach、evidence、possibility、ability、process。语篇和认知类立场名词通常还通过前置修饰所有格和物主代词明确与立场名词的所属关系，在应用语言学论文中，使用最多的前置搭配词类是形容词性物主代词，占到立场名词总数的 25%，单是 our 的使用就占到 4%，其次是引用其他学者时使用的所有格形式,占到 5.4%。Jiang & Hyland(2015)还补充到,在"名词-补足语从句"这种短语中,名词前还可能通过增加前置定语来加强作者的立场表达,例如:

They are under the <u>false assumption that</u> many more people would commit more murders with only the threat of life imprisonment, than if the death penalty was implemented.

写作者通过前置修饰词 false 从一开始就可以对 assumption 所表达的立场进行强化,从而让读者明确并认可写作者自己的观点。

Jiang(2015)还对表达立场的名词作为中心词的名词短语在英语本族语者和英语学习者中的使用进行了语料库对比分析。英语本族语语料库是 LOCNESS,英语学习者语料库来自中国英语专业本科生写作语料库 WECCL(文秋芳等,2008)。首先,从使用频数上来看,中国学习者对"立场名词-补足语小句"的使用显著少于英语本族语者,同时,在表示实物和属性两种语义的名词上使用差异较大,例如,中国学生使用的实物类名词较少,说明中国学生在界定信息来源上做得不够理想。中国学生使用的名词类型(type)较少,且通常过度使用某一类名词,例如 conclusion、opinion、idea、view、thought。其次,在搭配使用类型上,中国英语学习者对"名词-不定式"和"名词-of-小句"短语模式使用和本族语者没有显著差异,而在"名词-that 从句"和"名词-wh-从句"这两种短语的使用上要远远少于本族语者用法。在"名词-补足语从句"这一结构的前置修饰语使用上,中国学生使用形容词和物主代词(如 my 和 our)都比本族语多,具体地说,中国学生使用"my/our-名词-补足语从句"这一短语模式比本族语高出九倍。在立场名词前频繁地使用这类限定词会偏离读者对议论文客观性的期望,甚至会让读者对论点的可信度产生怀疑(Jiang,2015)。

Nesi & Moreton(2012)对英语学习者写作和本族语者的刊

发学术论文中的 9 个外壳名词使用做了对比研究，这 9 个外壳名词分别是 effect、result、fact、factor、system、process、problem、change、method。他们的研究结果显示，两组英语学习者在外壳名词构成的短语模式上有差异。在作者考察的外壳名词的五种搭配形式上，包括"外壳名词-从句""th-＋外壳名词""a/the-外壳名词""a/the-外壳名词-of""the same-外壳名词"，本族语写作者使用更多的"外壳名词-从句"搭配，而非本族语写作者使用更多的"th-＋外壳名词"搭配。

　　上述研究表明，以抽象名词为中心词的名词短语模式在不同学科中会有较大的差异。同时，需要指出的是，研究者在讨论某一类名词时主要侧重其搭配形式的某个具体功能，但并不否认其它功能，例如，Charles 在强调"this-名词"表达作者立场的功能时并不否定其衔接功能。虽然对学术写作中使用的抽象名词的定义各有侧重，并不是说这些名词只能作为外壳名词或立场名词使用，而是在某种特定的搭配中，它更有可能起到这种作用，正如 Schmid(2000)所言，不是所有的名词都是外壳名词，problem 和 idea 经常用作外壳名词，而抽象名词 love 和 democracy 在不同的语境中所指都一致，就不具备外壳名词的特征。功能角度的研究通常将抽象名词置于与限定词等结合的名词短语模式中，因此抽象名词的这种语篇功能很大程度上源于限定词和补足语从句本身在句中的功能。

　　除了关注抽象名词及其名词短语的语篇功能，近两年学术界开始重视学术写作中的评价形容词(evaluative adjective)使用，这类形容词的主要句法功能也是用来修饰名词(Swales & Buke，2003；Carmen，2008)。一般认为，相对于动词和名词，研究者对形容词的使用更加谨慎，因为它们会增加评价性、主观性色彩(Martin，1976；Wiebe et al.，1999)。评价形容词作为修饰语开始逐渐吸引学者，这意味着学术界并不再完全以客观、无人情味

(impersonal)来看待学术写作,原因在于学术写作不只是简单地陈述事实,主观意见可以在写作中得以表达,例如态度和立场(Jiang,2015;Charles,2003,2007;Gray,2011;Kamps & Marx,2001)。学术写作中形容词的使用在很大程度上体现了写作者的观点、态度,写作者利用评价形容词来突出新信息,或者评价研究过程,从而说服专业的读者认可其研究意义,以此建立写作者自己的研究空间或领域(research space/territory)(Carmen,2008)。Kamps & Marx(2001)发现,书面语言中的定语形容词是表达主观性态度和观点的重要语法手段。Soler(2002)认为形容词修饰名词时,名词就成了信息中心,用来表达最关键的信息,因此,"形-名"短语的使用是写作者表达观点的需要。

　　Swales & Buke(2003)根据语义的强弱将形容词划分为两大类:中心形容词(centralized adjectives)和极点形容词(polarized adjectives)。他们所指的极点形容词和中心形容词实际上源于等级形容词(gradable adjectives)概念:越是语义中立的形容词就越处于等级的中间位置,因此被称作中心形容词,例如 pretty 和 unattractive。相对于 pretty 和 unattractive,beautiful 和 hideous 更趋向语义的两个极点,因此被称作极点形容词。Agcam,Ozkan & Mahmut(2015)对母语为土耳其语的英语学习者的博士论文与英语语言学期刊研究论文进行对比研究,其结果表明,博士论文中使用的评价形容词少于英语期刊论文,尤其在极点形容词的使用上偏少,这说明,英语学习者在表达立场时不够坚定和明确。Carmen(2008)的研究表明,作为前置修饰语是评价形容词主要的句法功能,它们通常可以用来描述中心词或者名词短语的性质。Carmen 的研究还显示,论文引言部分的常用形容词修饰词是 important,用来构成如下短语:an important assumption,an important difference,an important reason 等。另外,"评价形容词-名词"这一短语模式还具有指称和衔接语篇的作用,例如 <u>the major focus</u> of this study is to examine…这个句中的 the major focus 可以视为有此功能的名词短语。

3.1.4 名词短语内部语义关系和修饰关系研究

名词短语中的修饰语与中心词,或者修饰语之间可能会存在语义上的模糊性和修饰关系的不确定性。Biber & Gray(2011)曾指出当中心词有多个修饰语时,所有的修饰语都用来直接修饰中心词的情况极少,事实情况是,前置修饰语之间存在内嵌关系(embedded relation)——其中的修饰语会修饰其他的修饰语。有时候,修饰语之间的关系还很模糊(Biber et al.,1999)。

例如,对于有多个修饰语的名词短语 two more practical principles,就可能存在以下两种解释:

(two more) practical principles

two (more practical) principles

对于"形 - 名 - 名"短语模式,例如 hazardous waste management,读者无法获得时态和体等方面的信息,这些信息获取需要读者加以推断。介词短语做后置定语也会产生意义上的不明确,例如下面的句子:

Interest is now developing in a theoretical approach involving reflection of Alfven waves.

对于非本学科读者,也会产生两种理解:

A. Interest is now developing a theoretical approach which involves the way in which Alfven waves reflect something.

B. Interest is now developing a theoretical approach which involves the way in which something reflects Alfven waves.

学术界讨论最多的还是"名-名"之间的语义关系,Iria(2011)指出"名-名"短语在语义、句法以及类属概念上都存在模糊性。以 bath water 为例,从语义上来说,可以有以下三种理解。例如:

$$
\text{bath water}
\begin{cases}
\text{water for the bath} \\
\text{water in the bath} \\
\text{water from the bath}
\end{cases}
$$

相对于名词修饰语所造成的名词和中心词之间的模糊语义关系，小句或者其它后置修饰则更清楚，例如下面例子中，右边一栏的小句修饰就可以很好地解释"名-名"短语。

名词性修饰语-中心词	使用小句修饰的意义说明
heart disease	a disease located in the heart
computation time	the time required to compute
prison officials	officials who work in a prison
union assets	assets that belong to a union

上述例子中的名词做修饰语的名词短语可以有多种理解，而小句做修饰可以非常清楚地表明它们和中心词之间的关系。当多项修饰语存在时，修饰语、修饰语中的中心词、主中心词（major head）（Berg，2014）之间的修饰关系就会变得更加复杂，意义理解上的困难来自修饰语之间的修饰关系。

不仅修饰语和中心词之间的关系会存在难以确定的模糊情况，某些特定短语模式的使用还在发生着一些变化。例如 Arnaud et al.（2008）发现某些"形-名"序列正在经历意义转变和语义拓展的变化。Arnaud et al. 的研究利用基础形容词同时也是 BNC 中高频使用的 31 个形容词，例如：good、small、large、long、young、early 等，并提取这些形容词在 BNC 中的"形-名"序列。定性的分析发现，很多"形-名"序列已经词汇化——整体上可以视为一个词汇。例如下面句中的 long term：

Some abuse was very much more <u>long term</u>.

句中的 long term 作为整体被视为一个等级形容词用在比较级结构中，而不是使用 longer term。其次，"形-名"序列的修饰对象不仅限于名词，还可修饰形容词，此时作为副词使用。例如，下面句中的 long-term 用来修饰形容词 lovable。

I am looking for proof that I am <u>long-term</u> lovable.

"形-名"还演变出一些新的用法,可以用在主语和宾语的位置,用来表达具体的意义。例如下面句中的 long-term 用做主语,short term 用作介词的宾语,它们不再表示一个时间段概念,而是指那个时间段里发生的事件和活动。

... promoted the <u>long-term</u> and sees daily events within a larger ... context.

... instead of focusing on the <u>short term</u> and the next election⋯

种种迹象表明,"形-名"序列的功能和语义发生了延伸:不仅用作定语修饰名词,还可以充当其它句法类别,用作副词和名词。

在扩展型名词短语中,修饰语之间以及修饰语和中心词之间隐晦的语义关系还可能会随着前置修饰语的增多而变得更加难以捉摸。正如 Biber & Gray(2010,2016)指出,压缩性的结构很多时候没有小句修饰表达的关系直接,也正是从这个意义上来说,学术语言并非一贯认为的明确、清晰,而是存在意义表达不明晰的可能,也因此给学术语言的理解增加了难度。

对于修饰语之间究竟存在怎样的关系,Biber 等研究者开展的一系列研究更多是关注名词短语及修饰语使用的历时变化和语域对比,未深入到修饰语之间的关系,以及修饰语与中心词之间的关系研究。研究修饰语之间及其与中心词之间关系的主要是 Berg(2011,2014)。Berg 的研究囊括了数量不等的名词构成的复合结构,以及数量不等的形容词和数量不等的名词构成的复合结构。下面具体介绍的短语模式有四种:"名 1-名 2-名 3"、"名 1-名 2-名 3-名 4"、"形 1-形 2-名 1-名 2"、"形 1-名 1-名 2"或"形 1-名 1-名 2-名 3"。

首先,对于"名 1-名 2-名 3"这种搭配,存在两种主要的修饰

关系：名2可以和前面的名1关系更加紧密,也可以和后面的
名3关系更加紧密。如果名2和名1关系更近就称之为左分支
修饰,也就是说名1修饰名2,"名1-名2"共同修饰名3;如果名2
和名3关系更近,就是右分支修饰。Berg(2011)指出,如下图中
的 world record holder 就是左分支修饰：record 和 world 首先构
成搭配关系,再一起用来修饰 holder。而 bank interest rates 搭配
中,interest rates 一起由 bank 修饰,表示"由银行收取的
利息率"。

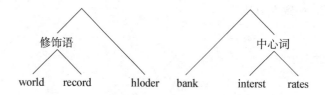

其次,对于"名1-名2-名3-名4"这个包含四个名词的复合
结构,名词与名词之间的修饰关系显得更加复杂。Berg(2011)通
过对 BNC 语料库检索到的这类复合结构的分析证实存在六种修
饰关系,分别是：A.层级对称修饰,B.左分支＋倾斜修饰,C.一致
左分支修饰,D.一致右分支修饰,E.左分支＋中心分支修饰,
F.右分支＋中心分支修饰。如下面 A-F 具体例子所示。

A. 层级对称

B. 左分支＋倾斜

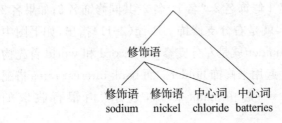

C. 一致左分支

D. 一致右分支

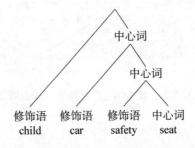

E. 左分支＋中心分支

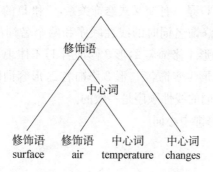

F. 右分支＋中心分支

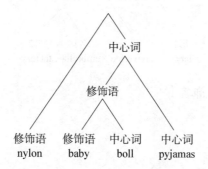

第三,"多个形容词-多个名词"搭配中的各成分之间的修饰关系。Berg(2014)研究的多个名词数量介于 2—4 个。对于"形 1-形 2-名 1-名 2",Berg(2014)指出,尽管形容词可能修饰两个名词中的任何一个,进而形成理论上的 4 种修饰关系(如下图 A—D),但不是每种关系都会存在于实际的语言运用中,有的修饰关系并不存在。下图中,A、B 两种情况下,形容词都用来修饰复合词中的同一个成分,所以被称为一致性(convergent)修饰。A 属于一致修饰中心词,B 则一致修饰名词修饰词(也就是名 1),A 与 B 的差别在于两个形容词是用来修饰名 1 还是名 2。C 和 D 两种情况下,两个形容词修饰不同的名词,是离散型的

（divergent）修饰。C 体现套叠式的修饰关系（nested modification），D 是一种交叉式修饰关系，C 和 D 的不同之处在于两个形容词在修饰名词时的线性顺序和两个名词的线性顺序是否一致：C 中，形 1 修饰名 2，形 2 修饰名 1，不体现一致性的匹配关，而在 D 中，形 1 修饰名 1，形 2 修饰名 2，形容词修饰名词时的顺序和两个名词的线性顺序是一致的。

A. 一致修饰中心词

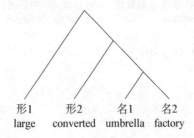

形1   形2   名1   名2
large   converted   umbrella   factory

B. 一致修饰名 1

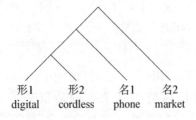

形1   形2   名1   名2
digital   cordless   phone   market

C. 套叠式修饰关系

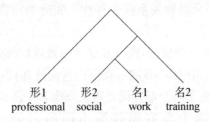

形1   形2   名1   名2
professional   social   work   training

D. 交叉式修饰关系(不存在)

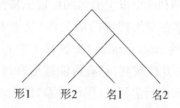

形1   形2   名1   名2

对于"形1-形2-名1-名2"中各项词汇之间的修饰关系,Berg(2014)对基于 BNC 语料库检索到的这种短语模式进行分析,结果表明四种情况中第一种情况 A 使用的最多,D 中的交叉型修饰的情况不存在。各项修饰关系具体使用见下表3.3。

表3.3 "形1-形2-名1-名2"中的词项修饰关系(Berg,2014)

修饰类型	百分比
一致修饰中心词	53.2%
一直修饰名词修饰词	5.2%
套叠式修饰	41.6%
交叉型修饰	0.0%

在"形1-形2-名1-名2"这种模式中,大多数情况下(53.2%)两个形容词都倾向于修饰名2,体现了主中心词优选原则,这是名词短语中无标记的典型修饰关系。这一点也是有认知依据的。Alegre & Gordon(1996)让3—5岁的英语本族语儿童对"形-名1-名2"短语中的修饰关系进行判断的研究结果表明,名1为单数时,儿童倾向于判断形容词用来修饰"名1-名2"这一整体。虽然 Berg 的研究没有强调名1的单复数形式,从他给出的例子中可以看出,名词修饰语通常为单数形式。套叠式修饰同样占了较大比例(41.6%),表明两个形容词修饰不同名词的倾向也十分明显,这证明两个名词之间以及两个形容词之间具有独

立性。

在两个形容词和两个以上的名词构成的搭配中,也表现出类似的特点,即不存在交叉修饰的情况,以及主中心词优选原则。Berg 从名词可及性(accessibility)来解释主中心词更易被修饰这一共性:名词的可及性越高,越有可能被形容词修饰。可及性很大程度上受到嵌入的句法深度(层级关系)的影响,一个名词被嵌入进复合词中的程度越深,其可及性就越低。主中心词比其它名词具有更大的可及性,体现在主中心词在词汇层面上更加突出。

第四,对于"形容词-数量不等的名词"结构,Berg(2011,2014)认为当有两个名词时,即"形-名 1-名 2"短语模式中,形容词和两个名词之间存在如下三组短语分别反映的修饰关系。

A. used car dealers; cold war years

B. a large sweet shop; a large hardware shop

C. a divisional command post; nuclear fuel cycle

上述 A、B、C 中,形容词与名 1 和名 2 会形成三种关系。第一种情况是形容词用来修饰名 1,例如上述 A 种的两个搭配:used car dealer 和 cold war years 中的形容词 used 和 cold 用来修饰后面紧邻的名词,构成的"形-名"短语又成为 dealers 和 years 的修饰结构。第二种关系是形容词用来修饰名词 2,也就是主中心词,如 B 中的两个例子: a large sweet shop 和 a large hardware shop;第三种情况是"名 1-名 2"作为一个整体不可分割,形容词用来修饰这一整体,例如 C 中的两个例子: divisional command post 和 nuclear fuel cycle,对于第三种情况,Berg(2014)认为,两个名词形成一个不可分割的复合结构,形容词修饰的是这个整体而不是其中的某一个名词。

对于"形容词-数量不等的名词"结构,Berg(2011)对 BNC 语料库中检索的此类短语进行分析,得到的使用情况见下表 3.4。

表3.4　一个形容词和多个名词构成的复合词中的修饰关系(Berg，2011)

复合词中的名词数量	复合词中的成分			
	名词1	名词2	名词3	名词4
2个名词	24.6%	75.4%		
3个名词	19.5%	6.7%	73.8%	
4个名词	15.5%	12.0%	3.8%	68.8%

　　表3.4中的黑体数据显示,在复合词结构包含2个、3个或者4个名词的情况下,形容词修饰主中心词都占了绝对的比例。形容词修饰主中心词的比例会随着名词数量的增加出现少量的递减,这可能是因为名词数量越多,主中心词以外的其他名词被形容词修饰的可能性就越大。同时,复合结构中的第一个名词被修饰的比例也出现递减。另外,对形容词修饰3个名词的复合结构的分析发现,复合结构中的任何名词都有可能被形容词修饰,但是无论如何,主中心词比其它名词被修饰的几率更大,因此在任何情况下,主中心词被修饰都是一种典型修饰关系(Berg,2014)。

3.1.5　名词短语的心理学研究

　　Potter & Faulconer(1979)的研究表明,人们在理解名词短语时,对中心词意义调取速度会受到修饰语的影响。在他们的实验中,被试首先听一个包含有某个可以画出的物体名称的句子,例如 The man saw the burning house ahead of him 句中包含了house,被试在听完这个句子后,被要求对呈现的物体图片是否反映了句中的名词短语进行最快速度的判断。图片上呈现三种情况:句中中心词的原型物体(一个房子)、句中名词短语的匹配物体(一间着火的房子)、其他物体。反应时分析结果表明,当给出的图片匹配了句中的名词短语时,被试对这个图片的判断比对原型图片的判断要快。这表明,人们在调取名词短语时,中心词的意义是和形容词修饰语同时调取的,而并非分开进行。他们提出假设：在语言处理过程中，名词短语极有可能是作为一个独立的单元整体加工的。Potter & Faulconer（1979）的这一假设得到Gagné & Shoben（1997）的支持，Gagné & Shoben 进一步指出，中心词意义的理解并非是脱离语境的，而是受到形容词修饰语的影响，这种影响极有可能是通过激活一种更常见的典型主题关系（thematic relations）产生的。

名词短语中形容词做修饰语比名词做修饰语更加原型化，大脑在处理"形-名""名-名"的反应时上应当存在差异。Murphy（1990）研究发现人们对原型化的名词短语理解得更快。他对被试理解三种不同的名词短语进行反应时测试和直觉判断分析，研究中使用到的三种名词短语分别是："名-名"短语，如 bear punishment，典型性"形-名"短语，如 painful punishment，非典型性"形-名"短语，如 pleasant punishment。反应时测试结果表明，被试理解典型的"形-名"短语时间最少，其次是非典型"形-名"短语，理解"名-名"短语需要时间最多。在时间有限的情况下，被试能判定 99% 的典型"形-名"短语为有意义短语，确定 88% 的非典型"形-名"为有意义短语，而只能认定 65% 的"名-名"短语是有意义的。对被试进行的问卷结果也表明：典型"形-名"短语最容易理解，其次是非典型"形-名"短语，最后是"名-名"短语。

心理学角度的名词短语研究可以很好地解释修饰语的语义复杂性产生的短语理解困难。Murphy（1990）从图式理论（schema theory）和特征附加理论（feature addition theory）来解释"名-名"为什么更难理解。根据图式理论，从概念指称来说，名词比形容词更加复杂、丰富，例如 bear punishment 短语中的名词 bear 可以产生与之相关的大量信息，包括力量、大小、气味、口味、外形、行为、饮食习惯等等，这些不同的概念可以通过和不同语境中的词项结合得到激活，如 bear hug。这个时候人们就需要对名词修饰语和中心词之间的匹配关系进行分析，确定最佳的结合。根据特征附加理论,名词表征比形容词表征包含更多的内容,因此,理解"名-名"需要更多的时间。当然还有句法上的原因,名词在名词短语中的典型句法作用是做中心词而不是修饰语,人们在理解名词修饰语时往往会经历"花园小径"(garden path),从而延长了语言处理时间。Murphy(1990)对非表语形容词(nonpredicating adjective)和表语形容词(predicating adjective)修饰的名词短语进行了心理学研究并揭示,被试在非表语形容词修饰名词时的短语理解上反应时最多,对非典型表语形容词修饰的名词短语的理解时间要少一些,对典型表语形容词修饰的名词短语反应时最少。这是因为非表语形容词语义上依赖名词意义,例如 corporate property,理解为 property owned by the corporation。这一点同样可以间接地证实"名-名"短语的理解难度,因为非表语性形容词通常由名词派生而来,例如 corporate 派生自 corporation。

Thornton,MacDonald & Gil(1999)的研究表明,名词短语的前置修饰语的具体性会影响后置修饰语的使用。研究者让英语本族语大学生对有具体修饰语的名词短语(或称具体名词短语)和不太具体修饰语修饰的名词短语(或称非具体名词短语)再进一步后接 with 短语进行修饰的可能性进行判断。非具体名词短语主要包括不带修饰语、修饰语为最高级的情况,例如,the lab、the largest lab;具体名词短语是指修饰语为物主代词,或者带有能明确短语所指的修饰语,例如 my front hall、his lab。结果表明,被试对已经带有具体修饰语的名词短语再后接 with 短语修饰的可能性判断更小。研究者进一步要求被试通过补充句子的方法,对"NP1-介词-NP2-with"(NP 指名词短语)这一短语模式中 NP2 为具体短语和非具体短语的两种情况进行补充,具体的 NP2 如 the computer down my front hall with,非具体的 NP2 如 the computer down the only hall with。结果表明,被试给出的 with 后置修饰语中有 80％都是用来修饰 NP1,并且 NP1 被修饰的可能性同时会受到 NP2 具体性的影响:当 NP2 有具体修饰语时,with 短语修饰 NP1 的比例要远远高于 NP2 的修饰语为非具体词汇时的情况。"NP1-介词- NP2-with"中的 with 短语可能修饰 NP1 也可能修饰 NP2,Thornton et al. (1999)对人们如何确定这一短语中 with 短语的修饰对象进行了进一步研究,自定步阅读实验表明,当 NP2 为非具体短语且 with 短语修饰 NP1 时,被试理解 with 短语修饰的中心词所需要的时间要更长,这表明本族语者在理解嵌套式的名词短语时更加倾向于局部修饰。

　　近些年,心理学角度的研究开始关注名词短语中的词项频数对语言加工的影响。Alario, Costa & Caramazza(2002)的心理学实验表明,在"限定词-形-名"短语模式中,形容词和中心词的频数分别会对图片命名产生影响。他们的实验使用了 32 张普通物体的图片,其中 16 个指称物体的名词是高频名词,另外 16 个是低频名词。研究者用电脑将每一张图片用高低频数的 8 个色彩词汇呈现给被试(高频色彩词汇:蓝、绿、黑、红;低频色彩词汇:橙、粉、紫、黄)。要求被试既准确又快速地使用"限定词-形-名"这一短语模式来描述看到的图片。实验结果表明,当图片中的物体需要使用高频名词表达时,命名时间要快于低频名词物体;同样,形容词修饰语是高频词时的命名速度快于其为低频词的速度,且不管形容词的词频如何,物体名词频数都会对命名产生影响。Siyanova & Schmitt(2008)通过反应时测试了英语本族语者和高级水平英语学习者对 31 组英语高频"形-名"搭配和 31 组非典型"形-名"搭配的常用性(commonness)进行判断。结果显示,本族语者在高频搭配和非典型搭配的判断上所用的时间均显著少于英语学习者;学习者不仅在反应时上多于本族语者,而且对常用性的判断准确性也不如本族语者。两组被试对高频短语判断的反应时均比非典型搭配要快。Siyanova & Schmitt(2008)认为本族语者对高频搭配有良好的直觉判断。

3.1.6 名词短语母语习得研究

Nelson(1976)的研究表明 2—2.5 岁的儿童语言使用到的表示大小的形容词中有 77%用来修饰名词,而不是用作表语形容词。儿童使用的表语形容词主要用来描述物体和人的瞬间状态或者谈论的具体物体。Nelson(1976)指出,这一点不同于成人语言中使用的形容词所具有的丰富功能,如描述情境、明确所指、归类指称等。Eisenberg et al.(2008)发现随着儿童接受越来越多的学校教育,他们使用的中心词会更具抽象性和范畴性(categorical)特点,例如 the bulk of the information in our textbook 中的 bulk。

Ford & Olson(1975)研究了平均年龄在 4.5 岁和 7 岁的两个年龄组的儿童使用名词短语的情况。研究者让两个年龄组的儿童对形状、颜色、大小不同的块状木制品进行描述。结果表明,平均年龄在 4.5 岁的儿童能够使用形容词区分相似物体的不同特征,例如对于大小不同的两个黑色的三角形,儿童会用 the big one 进行特征区分。大一些的儿童在对物体进行描述时使用的名词短语更长、更复杂,并表现出对英语多项形容词排序规则的掌握。例如,当描述物体使用的形容词超过三个时,稍大年龄组的儿童能够使用更多的形容词,并且他们能将形容词修饰语按照信息值(information value)进行正确的排序或者通过使用连接词 and 来增加形容词使用。Ford & Olson 认为儿童在名词短语的复杂性和长度上的使用差异与他们的理解能力发展有关。

名词短语是儿童在叙事文(narrative)中取得语篇衔接的重要语法和语义手段(Kastor,1983)。Kastor 对约为 2.3 岁和 5.5 岁两个年龄段的儿童的故事叙述中使用到的名词短语进行研究,结果表明,儿童早在两岁时就懂得利用名词短语实现叙事衔接。尽管两个年龄段儿童使用的名词短语主要都出现在主语位置,也就是故事的信息焦点,但是相对于年龄小的儿童,年龄大的儿童在重复使用这些名词时,作为主语使用的频数明显减少,他们对名词短语的句法位置表现出更强、更灵活的控制能力,可以使用名词短语做介词宾语、直接宾语,也就是说,他们会将这些已经出现过的名词短语和新引入的名词短语都融合进故事里,进而创造更多的故事情节。儿童叙事时使用的名词短语越多,他们在实现语篇衔接时所经历的认知负担就会越大,因为叙事者必须追踪并记忆引入的名词短语,特别是充当施事者的名词短语。从儿童发展的角度来说,只有当他们具备了成熟的认知能力,才能学会更好地使用名词短语。

对儿童口头叙事中使用的名词短语复杂性的研究还有Eisenberg et al. (2008),Eisenberg et al. 的研究目的是考察话语题材对使用语言结构的影响,研究对象是三个年龄段(5 岁、8 岁、11 岁)的小学生。研究者将名词短语划分为四类:第一类是"限定词-名词";第二类包括描述性名词短语,如"形容词或名词-名词",以及"限定词-名词";第三类是有复杂的前置修饰的名词短语,例如 this little weird house;第四类有复杂的后置修饰的名词短语,如 these aliens with lots of legs。研究者分别在两种语言环境下对被试进行考察,一种是描述 5 个连续的图片,第二种是仅对一张图片进行描述。结果表明,几乎所有的儿童都使用到第一类短语,而第二类短语会随着年龄段的增长使用的越来越多;对于第三种有多项修饰语的复杂短语,年龄段越大的儿童使用就越多,说明了复杂的名词短语使用是具有发展性特征的。研究者还发现,三个年龄段的儿童使用后置定语比复杂前置定语多。另一个有意思的发现是,复杂的名词短语往往出现在宾语位置,而不是主语位置。他们的解释是,相对于修饰句首名词,对接近句末的名词进行修饰要容易些。这一发现和名词短语在句中分布的相关研究结果一致(Aarts,1971;Maestre,1998)。

对于更高年级学生来说,例如,初中到高中阶段,名词短语结构的使用被视为是句法习得的重要方面(Ravid & Berman, 2010)。Ravid & Berman(2010)认为可以将使用复杂的名词短语视为评价语言使用复杂性的标准。Ravid & Berman 认为名词短语的使用可以反映出三个方面的发展情况:词汇选择、句法水平、交际能力。他们对英语为母语的中学生写作发展的研究表明,学生使用复杂的名词短语会随着年级的提高而变得更加频繁、修饰语也更加多样,并且学生在说明文中的复杂名词短语使用比记叙文要多。Eisenberg et al. (2008)和 Ravid & Berman(2010)的研究都证实体裁和叙事方式(包括口语和书面语)会对儿童使用名词短语产生影响。

一般来说,在"名1-名2"这种复合结构中,极少允许名1为复数形式,例如 claws marker 在英语中是不允许的,但是也存在一些例外,例如 publications catalogues 却又是可接受的。Alegre & Gordon(1996)认为这些短语之所以可以接受是因为名1和名2之间的关系是异质的(heterogeneous)。如果名1前有形容词,那么组合成的"形-复数名1-名2"在某些情况下可以接受,例如 equal rights amendment, new books shelf, American cars exposition。Alegre & Gordon(1996)的研究表明,年龄在3-5岁的儿童已经能对"形-名1-名2"这种短语模式中名1为单数和复数形式时的修饰关系进行区分。比如短语 red cats eater 和 red cat eater,当名1为复数时,名词短语表现为递归性的修饰关系,儿童基本能将其解读为(red cats)eater,而当名1为单数时,儿童则能理解为 red (cat eater)。另外,在表示类属性名词短语方面,Hallander & Gelman(2002)认为类属性名词短语有两个重要的语义特征:一是表示普遍的真实性,如 Bats live in caves,这一点不同于非定指名词短语,例如 I saw bats in the cave,二是类属性概念不是对于所有成员都是真实的,这一点不同于全称量词

(universal quantifiers)如 all、every、each 等修饰的名词短语。
Hallander & Gelman 的研究表明儿童从 4 岁开始具备区分类属
性名词短语的这两个语义特征的能力。

母语习得角度的研究表明,虽然二岁的儿童就能使用带有修
饰语的名词短语,但是对其更加复杂功能的使用则是个渐进的过
程,随着儿童认知能力的发展,他们能灵活使用名词短语的更多
功能。这也说明,名词短语同时作为学术语篇的重要语体特征需
要系统的学习,即使是英语母语者也不例外。同时,母语习得角
度的研究对诊断儿童和青少年语言问题、辨识语言困难具有重要
的参考意义。

3.1.7 名词短语二语习得研究

在名词短语二语习得角度的研究领域,本书区分了名词短语
语篇特征角度的研究和具体短语模式的研究,前者主要是基于语
篇或者语料库大小来衡量名词短语在语篇中出现的频数、修饰语
使用比例,这一层面的研究更加宏观,当然,很多时候研究者同时
进行定性的分析,对具体使用进行;具体短语模式的研究则关注
诸如"形-名""名-名"等更加具体的短语模式,强调学习者短语使
用的典型性、准确性等更微观的层面。区分两个角度的研究只是
为了更方便进行文献归类、梳理,实际上,两个角度不可能有明确
的界限,比如前者也会或多或少涉及到对使用的具体短语模式中
用词准确性的讨论。二语习得角度的研究文献包括了上述两个
角度的研究,以及名词短语作为学习者语言使用复杂性的衡量指
标的研究。

3.1.7.1 名词短语语篇特征研究

对名词短语语篇特征这一方面的考察往往涉及非本族语与
本族语使用的对比,如 McCabe & Gallagher(2009)、Wang & Pei
(2015)、Yang(2015)、Ruan(2018),对不同水平的学习者之间的
对比,例如 Yang(2015)、Parkinson & Musgrave(2014),在论文

不同章节中的使用对比,例如 Hutter(2015),双语者和多语者之间的对比,例如 Sanglof(2014)。对不同水平学习者进行的研究往往需要以本族语用法作为参照。

McCabe & Gallagher(2009)对比了美国本族语大学生(有经验的写作者)和母语为日语和西班牙语的大学生(写作新手)在英语议论文写作中的名词短语使用,并进行了系统功能角度的分析。他们的研究发现,非本族语者和高水平的本族语者都能够使用一个或两个修饰语,并且随着修饰语的增多,名词短语使用的频数会越来越少,这一点和 Berg(2011)之前指出的一致。McCabe & Gallagher(2009)发现,两个组的差异在于,写作新手使用一个修饰语的情况要更多,而本族语者使用多项修饰语的情况要更多,这说明本族语者的名词短语使用更加复杂。写作新手更多地使用后置修饰。McCabe & Gallagher(2009)认为这是因为学生对使用前置修饰语,尤其是名词做前置修饰不太习惯。从系统功能角度来看,在及物性(transitivity)上,写作新手使用名词短语时主要是用来描述关系过程(relation process),也就是用来描述事物的属性,而不是交代发生了什么,这使得他们的写作看起来更显静态化(static);在经验结构上,有经验的写作者更倾向于在前置修饰语中使用大量的后指称语(或者第二指称语)(post-deictic),如形容词 further 和 additional 等,或者数字来组织语篇,例如短语 three different interpretations。而写作新手则使用状语来衔接语篇,如 in addition。同时有经验的写作者使用大量表示类别意义的名词修饰语,这一点写作新手也有所不及,原因在于他们的母语(日语和西班牙语)里无此类用法。值得一提的是,McCabe & Gallagher(2009)的研究是将限定词、数量词、名词、形容词这些前置成分作为修饰语这一整体看待的,未加区分。

Yang(2015)以 16 名母语为日语、西班牙语、葡萄牙语和克里奥尔语的高级英语学习者和 16 名英语本族语大学生为研究对象,研究他们在限时写作中的语言特征,并和专家写作进行对比。结果表明,本族语者和二语学习者的修饰语都是以形容词、名词、后置介词短语修饰为主,同时,二语学习者使用的名词修饰语少于本族语学生写作者。和专家写作相比,本族语学生写作者使用的名词也偏少,并且对修饰结构的使用表现出口语化特点,比如省略关系代词的定语从句使用偏多。Yang(2015)对限时写作中的名词短语研究丰富了对不同条件下语言输出的考察。我们认为,要全面了解学生整合信息和复杂句法使用的能力,需要使用非限时条件下的论文写作,论文写作经过反复修改、删除、修正,最终成文的语言不同于其它条件下的语言输出(Biber & Gray,2011),而学习者在限时写作中的语言输出更容易表现出口语化特点。

　　Parkinson & Musgrave(2014)对比了攻读硕士学位预科班的英语学习者(简称 EAP 组)和已经在攻读硕士学位的学习者(简称 MA 组)的议论文写作中的名词短语使用,并与本族语者撰写的期刊研究论文进行了对比研究。Parkinson & Musgrave 研究的修饰语包括:前置形容词、前置分词形容词、前置名词、所有格、后置介词短语、从句、后置分词、同位语修饰。研究的语料来源是 EAP 组的 21 篇写作和 MA 组的 16 篇写作。结果显示,水平较低的 EAP 组过度依赖"形-名"搭配,名词短语中有超过一半(57.1%)是形容词做定语,而 MA 组的形容词修饰使用占35.1%;MA 组学习者在其它定语的使用上要多于 EAP 组,尤其是在名词及名词短语作为修饰语的使用上。与期刊研究论文相比,高水平 MA 组除了在名词同位语的使用上偏少,在其它修饰结构的使用上和期刊论文用法一致。这一结果表明,MA 组学习者在经历了预科班的学术课程学习后有了明显提高。就修饰语使用的正确性来说,高水平组的学习者在介词短语做后置修饰的使用上最理想,而在使用定语从句时会漏掉关系代词,出现如下错句:

But there are some countries use it for spiteful purposes.

英语水平较低的 EAP 组在使用"形-名"这一相对简单的短语时并没有出现错误。对此,研究者认为学生已经掌握了定语形容词的使用,EAP 课程教学就无须再给予其过多关注。另外,EAP 学生会在名词作为修饰语时的单复数上犯错误,例如 radiations leaks,正确形式应为 radiation leaks。EAP 学生会在应该使用介词短语修饰时错误使用了名词修饰,例如 cancer incidences,正确形式应是 incidences in cancer。学生还会在应该用所有格形式时而错误使用非属格形式,例如 people health,正确形式应为 people's health。

Hutter(2015)研究了应用语言学实证性研究论文的引言、研究方法、结果、讨论四个章节中六类修饰语的使用情况,这六类修饰语包括:前置名词修饰、前置形容词修饰、后置定语从句、介词短语修饰、后置 V-ing 结构和 V-ed 结构修饰。结果表明,学术论文的引言和讨论两个章节使用的"形-名"短语要多于研究方法和结果两章。造成这种差异的主要原因是引言和讨论部分使用了大量的具有描述、归类功能的形容词。"名-名"短语搭配在研究方法和讨论两个部分里使用更多,尤其是在研究方法部分。Hutter(2015)认为,名词作为前置修饰语可以表明所修饰的中心词的类型、功能、目的。其他三种修饰语在论文的不同部分的使用没有差异。另外,Hutter 考察了中心词的修饰语密度,对修饰语密度的分析是通过随机选取名词、人工计数进行的。从每篇论文的四个部分各随机抽取 5 个名词,共得到 600 个名词,再对每个名词作为中心词时的修饰语逐个进行统计。在 Hutter(2015)的研究中,多个修饰语的使用比较少见,例如兼有两个前置修饰语的名词短语在引言和研究方法部分的使用比例为 5%,这还是使用最多的情况;对于其它多项修饰语的使用情况,例如"前置修饰 1-前置修饰 2-中心名词-后置修饰",仅接近 1.3%。Hutter

虽然考察了选取的中心词的修饰语密度，但是没有区分修饰语词性和类别，这和 McCabe & Gallagher(2009)的做法一致，另外，Hutter 的研究旨在对比名词短语在学术论文四个章节的使用，对于名词短语在整篇学术论文的使用情况并未交代。

以上研究表明，英语水平对名词短语的使用有很大影响，整体上来看，水平越高掌握的情况越好(Yang，2015；Parkinson & Musgrave，2014)，但也同样存在不同的问题(Wang & Pei，2015；Parkinson & Musgrave，2014)，对于名词短语的使用，Ravid & Berman (2010) 认为目标语类型 (target language typology)是一个影响因素。当然，显性课堂教学可以改进名词短语的使用，例如 Cooper(2013)对中学生的研究发现，他们经过课堂学习和操练之后使用的前置修饰语多于后置修饰语，并初步表现出使用更加复杂短语的能力。同时，Sanglof(2014)对使用瑞典语和英语的双语者和使用英语、瑞典语及其他语言的多语者在描述性写作中的名词短语使用的研究结果还表明，语言背景对修饰语的使用有影响：双语者使用的修饰语最多，多语者使用的最少。

Ge Lan et al. (2019)对美国普渡大学一年级中国学习者的100 篇议论文写作中名词短语的 11 种修饰语(包括前置形容词和名词修饰，后置修饰包括：定语从句、-ing 小句、-ed 小句、of 介词短语、其他介词短语、名词补足语、不定式、同位语、介词＋v-ing 结构)进行对比研究。研究者根据学生的写作成绩区分了高分写作和低分写作。研究结果表明，这 11 种名词修饰语的使用可以解释约为 4.3％的写作水平。据此，作者认为，修饰语的使用和二语写作水平是有关联的。因为中低水平的学习者输出的名词短语要比高水平学习者少，因此非常有必要向他们教授名词短语知识。值得一提的是，在这 11 个名词短语种，形容词、名词、定语从句和 of 介词短语与写作水平的相关性最大，具体影响如下：1)高分作文学习者使用更多的形容词修饰；2)高分写作中的名词使用少于低分作文,原因很大程度上在于低分作文写作者重复使用主题名词。这也可以证明了写作话题对名词修饰语的影响;3)在定语从句的使用上,高分作文中定语从句的使用更多也更为灵活,比如省略关系代词,或在一个句子里使用多个从句,这在低分写作中都很少见;4)在 of 短语的使用上,低分写作使用比高分写作多,但是低分写作多用于修饰种别名词(species nouns),如 kind of,或者修饰数量限定词,如 number of,或者表示部分构成,如 part of,而在高分写作中,有很多是用来修饰抽象的中心词,如 importance、effect、development。

中国学者在论文摘要中的名词短语使用也是研究者关注的内容(Wang & Pei, 2015;Ruan, 2018)。Wang & Pei(2015)聚焦名词 effect 在国外权威期刊 *Language Learning* 和国内核心期刊《现代外语》的论文摘要中的被修饰情况。结果显示,中国学者使用后置修饰偏少,尤其体现在动词不定式做定语的用法上,同时,后置介词短语修饰使用单一,体现在以 in 引导的介词短语居于主导,而少用其它介词;中国学者使用的 effect 出现在简单名词短语中偏多。在前置形容词搭配词的使用上和本族语用法差异也较大,例如当要表示"好"和"大"的影响时,中国学者主要使用 good/large effect,国外作者则更多使用 facilitative/larger effect。

Ruan(2018)将选自《外语教学与研究》和《中国应用语言学》两份期刊的 100 篇摘要与来自国外期刊 *Applied Linguistics* 和 *TESOL* 中的 100 篇摘要进行对比研究。结果显示,中国作者摘要中的复杂名词短语(有一个前置或后置修饰的名词短语)使用明显多于国外期刊,而国外作者使用的简单名词短语(没有任何修饰或者只有限定词的名词短语)要明显更多。但是,在国外作者使用的复杂名词短语中,前置和后置修饰数语量明显比中国作者使用的更多。也就是说,尽管中国作者依赖数量众多的复杂名词短语作为整合信息的手段，而国外作者使用的名词短语的信息量更大。另外，国内外作者使用最多的修饰结构都是形容词、名词和 of 介词短语（总数占到所有修饰结构的 60%），但是他们在这些修饰结构的使用频率上有差异：中国作者使用最多的依次是 of 短语、形容词、名词，而国外作者使用最多的依次是形容词、of 短语、名词；同时，中国作者使用的名词修饰语显著多于国外作者，使用的 of 短语修饰显著少于国外作者。在前置修饰结构上，中国作者更善于使用连字符连接的复合词做定语，如 high-score stage，或者给形容词加前缀，如 non-English majors。Ruan(2018) 认为，这些用词是词汇化的结果，可以被视为一个独立词汇，使用比较稳定，所以，中国作者的这种用词特征反映了学术写作中的程式语(formulaic language)特点。本族语作者使用的复合词通常是分词形式，其中"名词/形容词-分词"结构非常丰富，例如 school-based literacy, powerful identity-affirming purposes，这类结构纳入了更多的名词和分词。也正是因为这类结构可以扩充为小句或者定语从句结构，所以更能体现作者整合信息并压缩语言结构的写作特点。另外，在国外作者使用的前置修饰中，还有一类修饰序列比较突出：副词-形容词/分词，如 semantically unrelated pairs，这类结构反映了复杂名词短语内部的逻辑结构：定语形容词有自己的修饰语，国外作者使用的副词意义更加多样，在这一点上，中国作者多使用 most/more，用在等级类形容词前表明程度。

在复杂名词短语的输出方面，对于英语学习者，甚至高级期刊作者都很难有完美的表现。不仅如此，名词短语的理解也会成为英语学习者的阅读障碍。Priven(2020) 对在加拿大进行 EAP 课程学习的不同母语背景的学习者进行了复杂名词短语理解的研究，以了解学习者在学术阅读中可能存在的障碍。研究者选择的这些名词短语来自不同学科教科书中对章节知识的介绍部分。

学习者被要求1)判断包含复杂名词短语结构中是否有动词,2)识别复杂名词短语的中心词,3)确定对复杂名词短语的正确改述。对上述问题的测试结果并不理想,对学习者构成难度较大的依次是：兼有前置和后置定语的名词短语、后置定语、前置定语,得分正确率分别为60%、52%、44%;并且对名词短语的理解和留学生学习的时间长短以及对学科的熟悉度都没有关系。之后的半结构性访谈表明,几乎所有的参与者对试题中不同学科的阅读都觉得很难,且学生之前对教材中的复杂名词短语结构知识甚少。Priven指出,要提高学生的学术阅读水平,需要在复杂名词短语上给予学生显性教学,如：明确中心词和修饰语之间的关系,提出问题引导学生分析修饰语的层级关系和中心词的关系。同时,教材的选择和使用应有针对性;以往的高级阶段的英语教学往往将重心放在论文写作的规约性教学上,而忽视了复杂名词短语的学习。Priven的研究从解析名词短语的角度揭示了压缩性结构给学生造成的阅读障碍,为教材的编写和选择指明了一个方向,同时也表明学生在学术语言的理解和应用上需要一定的教学指导,而中国学习者一直有着这样的呼声(Gao & Bartlett,2014)。

3.1.7.2　名词短语作为衡量中介语句法复杂性的指标

广义上的句法复杂性可以理解为语言输出中使用的语法结构数量和难度(Ortega,2015)。究竟怎样的语言才是复杂的语言？传统观点以T-unit(Minimum Terminable Unit,最小可终止单位)作为衡量标准。T单位最初由Hunt(1965)提出,用以评估儿童语言发展。后来T单位等相关指标被用于二语习得领域,衡量学习者的句法复杂性和中介语发展。基于T单位的指标包括两个主要的构体：主句以及它包含的一切从句。近几年,学术界逐渐开始对仅仅以T单位作为衡量高级语言水平的做法提出质疑(Biber, et al. ,2011;Biber & Gray,2016;Lu,2010;Lu &

Ai，2015；Orgeta，2003，2015)，并提出了体现语言使用多层面的新标准，这一标准里就包含了名词短语，并且将名词短语视为最重要和最具有区分力的一个指标(Lu，2011)。

Biber et al. (2011)指出基于 T 单位的衡量指标已经受到很多实证研究的质疑，Biber et al. 认为高级学习者的语言是更为复杂的，T 单位只看到语言的一个层面，即简单和复杂的对立，而无法对英语语言其它层面的复杂性特征做出评估，例如下面的两个句子：

A：Well，since he got so upset，I just didn't think we would want to wait for Tina to come back.

B：This may be part of the reason for the statistical link between schizophrenia and membership in the lower socioeconomic classes.

上述两个句子的句长(length)都是 20 个词汇，但是每个句子包含的结构是不同的。A 句中主句谓语动词是 think，T 单位包含 4 个小句，如下：

A 句：Well [since he got so upset]，I just didn't think
　　　[we would want
　　　[to wait for
　　　[Tina to come back]]]

B 中的句子只有一个主句，谓语动词是 be，不包含小句。尽管两个句子在小句数量上差别很大，但是两个句子相对于简单句来说都更加复杂。相对句子 A，句子 B 则更难以加工，它包含了大量的信息，学习者要输出和理解这样的句子更有难度。如果只用 T 单位这一单一指标来衡量显然是不够的。正因如此，Biber & Gray(2016)指出，使用 T 单位作为衡量语言复杂性的指标意味着被迫接受口语比学术英语复杂的观点，这一结论显然与任何一个大学生的认知都是冲突的。Lu & Ai(2015)、Yang et al. (2015)

指出，句法复杂性的测量应该使用多层面的构体（multi-dimensional construct），每一个层面都需要一个或者更多的指标。Biber et al.(2011)采用自下而上的方法，分别在学术写作和口语对话中挑选并确定一些常用结构，共计 28 个，再基于 300 万词的学术论文语料库和 400 万词的日常会话语料库对这些结构的标准数进行均值和标准差比较，进一步确定每个结构在两个语料库中的使用差异。研究结果发现，对话中使用的限定性独立小句明显多于学术写作，而学术写作频繁使用的是独立短语，包括名词短语和由 of、in、on、with、for 引导的介词短语；介词短语在句中做状语和名词的后置修饰语，做状语时，书面语和口语中的用法差异并不明显。因此，可以说，口语中的复杂性是指小句（clausal）层面的，而学术语篇的复杂性反映在短语（phrasal）层面上，尤其是名词短语使用上。口语对话和学术写作中的常用结构和功能见下图。

		对话中的常用结构	学术写作中的常用结构
参数 A：	结构类型	限定性独立小句	独立短语（非小句结构）
参数 B：	句法功能	句子成分	名词短语成分

对于书面语的复杂性体现在短语层面上的这个发现，强式角度的解释称，对学术写作中的名词短语的习得要晚于对口语中的常用语法结构习得，并且要通过正式的课堂学习才可以掌握，且不一定能成功掌握（Biber et al., 2011）。Biber et al.(2013)明确指出，可以通过限定性独立小句的使用预测早期写作能力，通过非限定小句的使用预测更高一阶段的语言能力，而对高级语言能力的评估则需要借助短语性修饰语（phrasal modifier）。

Lu(2010)通过整合现有的句法复杂性衡量标准，利用智能方式基于语料库创建了专门评估高级水平英语学习者语言复杂性的 14 个指标。Lu（2010）所界定的并列短语（coordinated phrases)和复杂名词短语(complex nominals)两个指标都分别覆盖了名词短语。Lu 界定的复杂名词短语内容包括:(1)有形容词、物主代词、介词短语、定语从句、后置分词、同位语修饰的名词短语;(2)名词性从句;(3)主语位置的动名词和不定式结构。复杂名词短语包括每个小句所包含的复杂名词短语(complex nominals per clause,CN/C)和独立句所包含的复杂名词短语(complex nominals per T-unit,CN/T)。Lu(2010,2011)的并列短语这一参考系数也包含了名词短语①。Lu(2010)利用 WECCL 对这 14 个指标的测试结果表明,高级水平者能输出更长的小句或 T 单位,不是因为使用了更多的非独立性小句或复杂 T 单位,而是他们使用了很多的复杂短语,例如并列短语和复杂的名词短语,Lu(2010:491)强调:

"对于 ESL 写作教学,……随着英语学习者水平的提高,应当将更多的注意力放在帮助学习者通过短语层面实现对复杂语言的使用,减少小句的使用"。

Lu(2010)的观点与历时共时的语料库对比研究所得出的压缩性修饰结构的使用这一结果一致。将名词短语视为衡量语言发展的研究包括 Lu & Ai(2015)、Lu(2011)、Mancilla,Polat & Akcay(2015)。在这些研究中,名词短语只是语法复杂性的一个重要层面,这里仅对研究中涉及的名词短语这一指标的研究结果进行汇报。

Lu & Ai(2015)将不同母语背景的大学生议论文与本族语者议论文写作进行对比分析,他们发现名词短语的使用会受到母语的影响。因为当把二语学习者作为一个整体来看时,他们和本族

---

① 我国有学者认为 Lu 的某些指标归类不利于观察紧缩句子的使用,例如徐晓燕等(2013:266)指出,"将复杂名词词组分为名词性从句和形容词短语,结果是这两类句型频率之和"。

语者在句长和短语的复杂性使用上没有显著差异，但当考虑不同的母语背景时，母语为日语和茨瓦纳语的学习者的名词短语使用明显少于本族语者，而中国学生和本族语者没有差异。Lu(2011)的研究表明，写作条件（限时和非限时写作）、写作体裁都会影响句法复杂性和写作水平的发挥。复杂名词短语在大学四年中呈现线性发展趋势，高水平的学习者会使用更多的短语结构而不是从句来增加句法复杂性。Lu 指出，未来研究应该重视短语层面的复杂性研究。在写作话题对句法复杂性的影响方面，Yang et al.(2015)发现，学生在进行以"外貌"为主题的写作中使用的名词短语会比以"未来"为主题的写作中多。Yang et al. 还发现高分组的写作比低分组写作使用更多的复杂名词短语和并列短语，名词短语的使用会使得文章更多呈现说明和描述的一面。Lu(2011)、Yang et al.(2015)以多层面的句法手段衡量了学习者的句法发展，尤其重视短语使用这一指标，这一点与 Biber 等所进行的语料库研究发现不谋而合，两个角度的研究都将名词短语视作一种更高级的语言能力。

Mancilla，Polat & Akcay(2015)对本族语者和英语学习者异步网上书面讨论的研究表明，非本族语者使用复杂的名词短语的数量多于本族语者，这说明，非本族语者在名词短语使用的量上已经接近本族语者水平；不同英语水平的学习者在名词短语的使用频率上无显著差异。作者认为，参加网上讨论的本族语者和非本族语者的语言使用更多体现日常口语特征，包含较多的并列句。所以学习者在使用偏向口语化的语言时，在名词短语这一层面上同本族语者没有区别。

在名词短语习得方面，正式的课堂教学可以产生积极的效果。Whittaker et al.(2011)对母语为西班牙语的 4 个年级的中学生阶段英语学习者在历史课堂中习得名词短语使用情况进行的发展性研究表明，更高年级的中学生使用多项修饰语的比例有所增加，并逐渐减少了代词的使用。对于高年级学习者，Mazgutova & Kormos(2015)研究了准备上大学和准备继续研究生教育的两组学习者在参加预科班课程之前和之后的议论文写作中的句法使用。结果显示，在经过预科班学习之后，准备大学课程学习的低水平组的学生增加了复杂名词短语的使用，名词的修饰语、后置定语从句等的使用频数更高；对于准备研究生课程学习的高水平组，名词短语、复杂名词短语使用增多，同时，定语从句和介词短语的使用频数减少。

以上研究在很大程度上表明，名词短语是英语学习者的发展性语言特征，英语水平越高，越有可能使用短语性修饰。Orgeta(2015)指出，当写作者越熟练地使用一门外语时，他们的语法使用也会变得更加复杂，写作也更加具有交际性并显示出修饰上的灵活性。Yang et al.(2015)指出，以名词短语为典型代表的短语应用已经成为句法复杂性研究要考虑的重要内容。Lu(2011)强调，名词短语的使用是高级水平英语学习者中最具有区分力的指标。研究结果也说明，要考察这种高级的语言能力就非常有必要研究在非限时条件下完成的写作，并且要考虑到写作体裁和话题的影响。

3.1.7.3 具体名词短语模式的研究

对高级语言学习者具体名词短语使用的研究更关注两大类实词修饰语，也就是"名-名"和"形-名"搭配，并且以典型搭配使用作为研究重点。"名-名"和"形-名"短语模式可能体现句法上的修饰关系，也可能反映的是构词原则，即复合词。Bauer(1998)在提到"名-名"搭配时，使用的是结构(construction)这一术语。本研究不区分复合词和名词短语，实际上，很多标准并不能有效地对二者进行区分。在本研究中，在有连字符的情况下，将其作为一个词处理，例如 high-frequency 就是一个词，而 high frequency 作为两个词计数。对于具体搭配词的选择，可以说没有不可能的搭配。McIntosh(1966)指出,一个词的意义是与人们在不同情境下的体验相关的,McIntosh 以"The lemon is sweet"为例进行说明,当人们谈论一幅儿童的油画作品时,将 lemon 和 sweet 关联起来是合适的。那么,对典型的确定就需要统计数据,这一做法源于对语言概率性的认识。基于统计的搭配研究包括 Siyanova & Schmitt(2008)、Durrant & Schmitt(2009)、Li & Schmitt(2009,2010)、Parkinson(2015)等。

Siyanova & Schmitt(2008)以语料库 LOCNESS 的子库作为参照,对国际英语学习者语料库 ICLE(International Corpus of Learner English)中的俄罗斯学生写作使用"形-名"搭配进行了研究。研究者首先统计了俄罗斯学习者使用的"形-名"搭配数量,共 810 个,统计 LOCNESS 子库中的"形-名"搭配,共得到 806 个,然后确定这些搭配在 BNC 中的频数和 MI 值,分别考察满足频数≥6 时和 MI 值≥3 时确定的典型搭配在学习者和本族语者写作中的使用情况。他们发现,按照 BNC 中的频数作为衡量标准的话,学习者使用的典型搭配占到使用搭配总数的 51.5%,本族语者为 53.2%,二者比较接近;如果按照 MI 作为衡量标准,学习者使用的典型搭配占 45%,本族语使用为 48%,同样比较接近。频数和 MI 值两个衡量标准都说明,学习者和本族语者使用的典型搭配数量接近,因此可以认为,学习者和本族语者一样可以输出高频和典型的"形-名"搭配。

与 Siyanova & Schmitt(2008)的方法相似,Durrant & Schmitt(2009)对本族语者和非本族语学习者使用强式搭配的情况进行对比研究。他们的研究使用的搭配测量值是 T 值和 MI 值。T 值反映的是出现频数高的常用搭配,它和搭配频数所代表的常用性基本一致,MI 值则更能突出那些词项很少单独出现的搭配。Durrant & Schmitt 将本族语者和非本族语者写作分为长篇写作和短篇写作。具体方法是:首先找出两组学生写作中的

"形-名"和"名-名"搭配,再确定这些搭配在 BNC 中的 T 值和 MI 值。结果表明,本族语写作者比非本族语写作者使用更多的低频搭配,尤其是在长篇写作中;对于 T 值反映的常用搭配,非本族语者倾向于过度使用此类搭配,而他们在 MI 反映的搭配上明显使用不足。这说明,非本族语学习者在语言输出中显得保守,不敢尝试新的可接受表达。Durrant & Schmitt 所发现的这些差异在长篇写作中比短篇写作更加明显,因此,他们主张在长篇写作中去研究语言使用,这样才有助于揭示规律性特征。

Durrant & Schmitt(2009)与 Siyanova & Schmitt(2008)的研究结果既有相似之处也有差异。对于 T 值和频数反映的常用搭配,学习者使用情况更为理想,而在 MI 值所代表的搭配使用上,两个研究结果则有差距。原因可能在于 Durrant & Schmitt (2009)使用的语料内容更加复杂,包括长篇写作和短篇写作,且修饰语包含了名词和形容词两个类别,而名词修饰语的使用似乎比形容词更加有难度,例如,Parkinson(2015)发现学习者在名词修饰语的使用上存在较多问题。她的研究使用的语料是 ICLE 中母语为汉语、西班牙语、茨瓦纳语的学生写作。Parkinson 的研究结果表明,从名词修饰语的量上来说,西班牙语和茨瓦纳语学生使用的"名-名"搭配要更少,中国学生使用到的高频"名-名"搭配(在语料库 COCA 中 MI>3,且频数>25)占使用搭配总数量的48%,均高于母语为其它语言的英语学习者,但同时,中国学生在典型和非典型搭配的输出上均多于母语为西班牙语和茨瓦纳语的学生。Parkinson(2015)将这种差异归结于母语的影响,因为汉语中存在名词做定语的用法。定性分析表明学生的使用问题主要包括两种:(1)该使用形容词时错误地使用了名词,如 capitalism manipulation,正确形式应为 capitalist manipulation;(2)前置名词修饰语的单复数使用错误,如 universities degrees (正确形式应为 university degree),sale volume(正确形式应为

sales volume)。Parkinson 还发现高水平写作者在修饰名词时会更多地使用名词做前置定语,使用介词短语、同位语名词做后置定语,而低水平学习者则过度依赖形容词。

在搭配附带习得(incidental collocation learning)方面的研究有 Durrant & Schmitt(2010)、Webb, Newton & Chang(2013),前者关注的是低频搭配,后者关注的是和学习者母语翻译语义一致性低的搭配。

Durrant & Schmitt(2010)研究了 84 名参加研究生课程学习的英语二语学习者习得 20 个低频"形-名"搭配的情况。"形-名"中的形容词和名词均挑选自 BNC 语料库,构成的搭配在 BNC 中低频出现或者未出现;这些搭配经研究者认定均是有意义的词项结合。研究者将这些搭配写入不同的句子中。学习者在三种条件下接触这些搭配和搭配词。第一种是一次接触目标"形-名"搭配,第二种情况下,学生有两次机会接触含有目标"形-名"搭配词的句子,研究者呈现句子并带领学生大声朗读,第三种情况下,学生也会两次接触到含有目标"形-名"搭配的句子,但是没有朗读这一环节。结果显示,第二种情况下两次朗读含有目标搭配的句子产生的记忆效果最佳,说明学习者重复的记忆对搭配习得有积极的影响。Webb et al. (2013)认为和母语翻译语义一致性低的搭配能更好地衡量学生习得搭配的能力。他们的研究对象是中国英语学习者。研究者首先确定研究中使用的搭配是一些和汉语翻译不存在一一对应关系,也就是一致性(congruence)不高的搭配,例如 blow nose(擤鼻涕),read thought(了解想法),搭配中的词项均选自 GSL 中的词汇。研究者让学习者边听边读含有这些搭配的语篇,并将学生遇到这些搭配的次数分别控制为 1、5、10、15。研究者对学生的搭配知识进行了一次前测试和 4 次中间后测试。前测试测量搭配形式的接受性知识(receptive knowledge),后测试测量搭配知识的两个方面:书写形式、形式和意义,例如,研究者给出节点词,要求学生写出测试听力中听到的搭配词。结果表明,这种边读边听的方式对学生提高搭配的接受性知识有明显的积极影响。同时,学生遇到搭配的次数越多,对搭配的形式和意义掌握得就越好。他们得出结论,重复搭配对于附带学习搭配的形式和意义具有积极效果。显然,这一研究对于教材编写有重要的借鉴意义,有用的搭配可以作为教材的一部分纳入分级阅读中。

Nesselhauf(2005)曾指出目标语中的搭配和母语翻译的一致性程度会对搭配学习产生影响,并且学习者的大部分搭配错误发生在一致性不高的搭配上。关于学习者搭配使用错误原因,Nesselhauf(2003,2005)在研究"动-名"搭配时指出,学习者语言输出中的相当一部分(50%)搭配错误来自母语的影响。在影响搭配习得的因素上,Webb & Kagimoto(2011)研究发现,搭配习得会受到节点词的搭配词数量的影响,增加节点词的搭配词数量可以提高搭配的学习效率,学习者在意义和形式的掌握上都有提高,这可能是因为学习者在输出同一个节点词的不同搭配词时的压力更小。这一发现对教学的启示在于,教师应该让学生更加关注一个节点词的多个搭配词,而不是去学习不同节点词的相同搭配词。Webb & Kagimoto(2011)还研究了跨距在+1、-1 的搭配词对搭配习得的影响,例如 time 作为节点词时和-1 位置搭配词构成的搭配:right time, difficult time, short 作为节点词和+1 位置的搭配词构成的搭配 short cut, short list。然而研究者并未发现跨距会产生影响。当然,仅研究+1 和-1 位置的搭配词并不能得出结论性的观点,未来研究还应该将更大跨距内的搭配词纳入研究范围。Siyanova & Schmitt(2008)还发现,能够接触到英语语言环境对学习者有效区分高频搭配和非典型搭配(atypical collocations)有积极影响。

学习者"形-名"搭配上的问题不仅发生在英语语言学习中,

其他语种的学习者也同样存在此类问题。Siyanova(2015)对36名母语为汉语的意大利语学习者写作中的"名-形"搭配进行了发展性研究。意大利语中的"名-形"搭配中形容词用来修饰名词。他们收集了学习者在一个学期中的第7周、第17周和第21周三个阶段的写作,并对三个学习阶段写作中的"名-形"搭配进行了对比。Siyanova(2015)对搭配强度的测量使用了频数和MI值。结果显示,以频数作为测量值时,学生在第21周写作中使用的高频搭配最多,低频搭配的使用比例较之前两次写作明显下降。当将搭配频数和MI值同时作为确定有意义搭配的标准时,结果显示,学习者在21周同样使用了大量的有意义搭配。这表明,随着学习的深入,学习者可以输出更多的本族语者高频使用的搭配并减少非本族语化的搭配使用。

同样,在短语使用的发展性研究方面,Li & Schmitt(2009)进行了为期10个月的个案研究。Li & Schmitt的研究对象是一名在美国某大学攻读硕士学位的中国籍高级水平英语学习者。在10个月的学习中,尽管学习者在搭配使用的多样性和频数上并没有明显提高,但是搭配使用的准确性有了很大的提高,例如,学生使用的"不太准确"的搭配比例从最初的51.7%下降至10.8%,准确搭配的使用比例从最初的40%增加至90%。与此同时,学习者对搭配使用的准确性上也表现出更大的信心。根据Li & Schmitt(2009),学习者后来完全掌握的搭配中的词项在更早的写作中也有所体现,据此,研究者认为学习者对搭配的习得并不是习得全新搭配的过程,而是对以前部分熟悉的搭配实现完全掌握的过程。

Huang(2015)发现词束的使用和英语水平之间的关系并不一定成正相关。Huang使用中介语对比分析的方法对两个水平段的中国英语专业学生(一、二年级和三、四年级)使用3—5词的连续词束进行了研究。结果显示,三、四年级学生使用的词束是

一、二年级的 2.5 倍左右。但是,类符/形符比的对比结果表明,低年级学生使用的词束范围更广、数量更大。两个水平段的学习者都倾向使用更简短的 3 词词束。值得一提的是,Huang 发现,高年级学生议论文写作中词束使用的准确性并没有显著高于低年级学生,他们使用的词束中有一半存在不同程度的语法错误。尽管 Huang(2015)的研究不是以意义完整的名词短语作为研究内容,但是对了解"形-名""名-名"这种连续的两词搭配研究有重要的参考价值。"形-名""名-名"搭配研究更多地关注了典型搭配,很大程度上忽视了 MI、T 值之外的低频搭配,而低频搭配的总体数量并不少,忽视低频搭配则会忽视使用的准确性等细节(Parkinson,2015)。

　　近年来,有研究者对名词短语的直觉判断进行研究。McGee(2009)让不同母语的 20 名英语教师分别给出 20 个高频形容词一个常用的名词性搭配词,研究者将教师给出的搭配词与这些形容词在 BNC 中＋1 位置的高频名词搭配词进行对比。结果表明,只有在 difficult、real、young 这 3 个形容词上,英语教师的直觉判断和 BNC 结果没有差异,例如,教师凭直觉给出的名词和 BNC 都将 task、time、times、situation 作为 difficult 的搭配词,将 world、life、thing、problem 作为 real 的搭配词,将 people、men、man、girl 作为 young 的搭配词。在其它 17 个形容词的名词搭配词上则差异非常大。对这种差距,研究者认为,教师凭直觉给出的名词往往与形容词构成意义完整的名词短语,而不是更大的词链(chain)中的一部分,例如,BNC 中的高频搭配 large number 是 a large number of problems 的一部分,而教师给出的是 problems、large problems 是一个意义完整的名词短语。基于此,McGee(2009)提出假设,真正具有程式语性质的是短语框架,而不是二词结构(dyad)。

　　搭配的直觉判断研究还涉及其他语言,例如意大利语

（Siyanova & Spina，2015）。Siyanova & Spina（2015）对语料库检索到的 80 个"名-形"短语按照频数进行了等级划分：高频、中频、低频、极低频。研究者要求意大利语本族语者和非本族语者对这些短语的常用性进行判断。结果显示，本族语者和非本族语者对短语的判断和这些短语在语料库中的实际使用频数关系很大。两组被试在高频短语上的判断一致性很高，而不同水平意大利语学习者对短语频数的判断差异较大；他们除了对高频短语的判断比较接近，对其它频数等级的短语判断几乎没有一致性。

　　在二语习得角度的名词短语研究文献综述中，包括名词短语语体特征、复杂性上的比较，这些研究往往更多地关注名词短语数量上的比较，通过衡量语篇中的名词短语使用或者修饰语使用的数量来实现，比如形容词或者名词作为修饰语使用的频数对比。可以把这部分研究看成是更偏向"量"的研究，而搭配角度的研究关注使用的典型性及准确性，更体现使用的质量这个层面。当然"量"和"质"并不能截然分开，Parkinson & Musgrave（2014）的研究中就有很多涉及短语使用的正确性的讨论。本研究将二者结合起来以对中国学习者的名词短语使用获得全面、真实的认识。

3.1.8　学术词汇研究

　　在对具体名词短语模式的研究文献中，很多研究并没有刻意地去界定所研究的中心词是 GSL 词汇还是来自某个学术词表，而更多的是基于所研究词汇在学术写作中的常用性和重要性来确定选词，有些词汇和学术词表有某种重合，有的则不在学术词表范围之内。专门以学术词表确定选词来研究学习者中介语使用的研究包括 Cons（2012）、Granger & Paquot（2009）、Durrant（2009）、Li & Schmitt（2010），其中 Li & Schmitt（2010）专门对学术名词进行了研究。

Cons(2012)对中学阶段未参加主课程学习的低水平组学生和已经参加主课程学习的高水平组学生使用 AWL 词汇做了对比。结果表明,高水平组学生使用的学术词汇的类符数是低水平学习者的近两倍(分别是 143 和 62),而两组学习者的使用频数都不高,不足 1%。在使用错误方面,两组学习者使用时态错误最多,占到错误总量的近一半,其次是搭配错误。定性分析表明,高水平组学生懂得使用学术词汇来实现衔接、引入细节和增强表达准确性。

Granger & Paquot(2009)利用学术关键词词表 AKL (Academic Keyword List)对比了学习者语料库 ICLE、本族语写作新手语料库 LOCNESS 和专家写作者使用学术词汇的情况,首先,学习者在近一半的 AKL 词汇上使用不足,尤其以名词和副词使用不足最严重;过度使用的 AKL 学术词汇占到了 21.4%。二语学习者对常见名词和形容词过度使用严重,例如 ideas、problems、difficult、important。相反,学习者对于日常英语中不太常见而在学术写作中较为常用的词和短语使用偏少,例如 hypothesis、validity、exemplify、advocate、conversely、ultimately、as opposed to、in the light of。其次,在 AKL 中的学术动词使用上,二语学习者使用不足情况也很突出,例如,学生少用 include、report、relate 这些词,而相反,学生过度使用诸如 think、like 这些会话性动词(conversational verbs),这说明学生对学术写作中哪些动词常用并不清楚而只能借助通用词汇。定性的分析还发现,学生使用的动词句法框架非常有限,例如,学生在使用学术动词 include 和 argue 时过度使用 to conclude 和 people argue 这样的搭配;对于学术动词后接补足语从句和被动语态的用法,二语学习者和写作新手的使用都少于专家写作,这表明学生未能完全掌握学术写作的表达惯例(conventions)。

Durrant(2009)的博士论文研究内容之一是创建学术词汇为

关键词的搭配词列表。他首先基于词频、词汇分布、词汇字母数量等选词标准确定学术论文语料库中的 112 个学术词汇,利用 WordSmith 检索到以这些词汇作为关键词时的搭配词,将跨距 +/−4 以内的 MI 值大于 4 的共现词确定为典型搭配词,最终确定的学术词汇搭配有 656 个,例如 absence of/or, according to/ criteria 等。Durrant(2009)本人指出,这种以学术词汇为关键词的二词搭配中,搭配词多以功能词为主。实际上,这种共现关系并不能反映词项之间的句法关系。

专门以学术名词进行搭配研究的是 Li & Schmitt(2010)。 Li & Schmitt 采用个案研究方法考察 4 名在说英语国家学习的中国学生在一年的 MA 课程学习后使用"形-名"搭配的情况。他们首先找出学生使用到的 AWL 中第一等级的 187 个学术名词的具体数量,以这些名词作为节点词,利用 Wordsmith 检索、确定它们在 BNC 中 +1 位置的高频形容词,得到 147 个搭配。结果发现,学生使用的"形-名"搭配在形符和类符上显著少于期刊论文用法;经过一年的 MA 课程学习,学生使用的搭配多样性(每个学术名词的形容词搭配词类符均数)减少,在搭配词使用上表现出集中的倾向;就搭配典型性而言,尽管在 T 值所反映的搭配使用上有少量进步,但是对 MI 值所反映的搭配使用上没有变化。作者认为,一年的 MA 课程学习,对于提高搭配的使用质量是不够的。

虽然学术词表,尤其是 AWL 在教材编写、词典编撰、覆盖率研究、具体领域的词表创建方面产生了极大的影响力(见 Coxhead,2011),但是从二语习得角度对词表中的词汇进行的研究还不多。本课题弥补了对学术词汇研究的不足。

3.2 国内研究

在国内,名词短语作为学术语篇语体特征及句法复杂性方面的实证研究还不多,少量相关研究包括梁新亮(2015)、李朔(2014)、赵秀凤(2004),作为衡量中介语复杂性指标的研究有徐晓燕等(2013),对具体短语模式的研究相对较多,如原斌华(2007)、张文忠、陈水池(2006)、张少林等(2012)、方秀才(2013)、孙海燕(2004)等。

3.2.1 名词短语作为语体特征和高级语言能力衡量指标

在语体特征方面,我国学者彭宣维(2000)做过理论上的讨论,指出名词词组的语体意义并说明了英语语言中名词增加语体意义的几种实现方式。一是构词方式,比如后缀法:perfection 比perfect 正式;二是通过在事物语之前加较长的修饰或限制成分;三是在事物语之后加修饰或限制成分;四是通过-'s 或 of 属格的形式;五是通过句法手段名词化,包括 the fact that 名词化方式和非限定动词结构,如-ing 手段。相对于英语,汉语的语体结构相对单一,需要分段作业,因此会出现很多流水句。在名词短语的理论探讨层面,王桂玲(2009)从英汉名词主位和述位层面进行论述。在做主位时,汉英名词短语都可以做普通主位或突出主位;在做述位时存在差异,汉语名词短语可以独立做述位,而英语名词短语则不能,例如,在"刘先生高高的个子"这一结构中,"高高的个子"可以充当谓语。汉语的名词短语在具有部分述位功能的同时,还具有完整述位功能。因此,王桂玲(2009)认为,汉语名词短语的信息传递能力比英语名词短语更强。

在实证研究方面,较早进行语体特征研究的是赵秀凤(2004)。赵秀凤认为,名词词组的语体功能决定了它可以作为一个参照变量有效地检测语篇的正式程度。赵秀凤(2004)研究了英汉两种语言中的名词词组结构上的差异对中国学习者使用英语名词短语的配置模式的影响,研究对象是非英语专业博士研究生和本科二年级学生,考察的修饰语包括单个前置修饰语和有两个及以上修饰语的名词短语,后置修饰语包括 of 短语、其他短语修饰、从句修饰。首先对两个水平组的学习者议论文写作中的名词短语的修饰语配置模式进行统计,再利用写作内容上具有近似性的英语语料库进行对比。结果显示,两个水平组的学习者在名词词组上的总体配置框架上和英语语料趋于相同,均以前置修饰成分为主,后置修饰为辅,但是汉语母语的影响也非常明显,表现在:两个水平组在前置修饰语的使用上超出英语语料库,且低水平组的前置修饰比例更高。中国学生在后置短语修饰使用上表现较差,主要依赖定语从句,而其他修饰成分,如介词短语、分词短语、形容词短语等后置修饰语的使用比例非常小。学习者的英语水平会影响修饰语的选择,这一点在李朔(2014)的研究中也得到证实,李朔(2014)对比了英语专业三年级学生的高分组和低分组限时写作中的名词短语使用情况。研究结果表明,高分组比低水平组使用更多的形容词修饰、名词属格修饰,以及 of 介词短语、分词做后置修饰;高分组还使用更多的非限定小句修饰和多项修饰语。

　　论文摘要和标题写作也开始得到国内学者的关注。梁新亮(2015)对中国英语专业研究生的 30 篇论文摘要中的名词短语特征进行了分析。他发现,研究生多使用限定词,例如 this result,这类搭配占到语料库的 49.1%,而形容词和名词做前置修饰语的数量较少。形容词修饰的名词短语,如 the significant difference占到 20.4%,名词修饰的短语模式,如 testing system 占到30.6%。在定性分析中,梁新亮(2015)还发现,学生使用的修饰语在三个方面不够理想:(1)缺少表示说话者客观态度的形容词,如 a careful consideration,a long tradition;(2)缺少描述事物特征的形容词,如 teachers' superficial understanding;(3)缺少类别语修饰语,例如 cohesion error。梁新亮(2015)指出,名词短语中如果缺少形容词或者名词作为修饰语会导致学术语篇必要的人际和概念功能等缺失。在论文标题写法上,姜亚军(2013)发现,中国英语专业研究生论文标题几乎都是由名词短语实现的,比例占到91%,而国际学生为 42%;国外学生使用的复合式标题占50%,但中国学生使用仅占 5.8%,同时中国研究生标题中的词汇多样性低于国际学生。

文秋芳(2009)使用八个书面语体特征群对我国英语专业学生的语体特征变化进行研究,这其中包括了名词、形容词、介词,这类词在很大程度上能反映名词短语的使用,见下表 3.2。文秋芳的研究表明,随着英语学习水平的提高,学生口语中的书面语体倾向会得到加强,口语语体减弱;同时,书面语体朝着接近本族语的方向发展,但是书面语体特征频次仍旧低于本族语者的笔语。相对于一年级学生,四年级学生的笔语特征增多,但仅限于名词、介词、词汇复杂性这三个语体特征。这说明,英语专业高年级学生的书面语体倾向增强的还不够(文秋芳,2009)。文秋芳虽然没有明确提及形容词修饰和名词修饰的名词短语,而是将这两个词类共同作为语体特征列出,但是可以推测,如果这些词的使用比例增多,那么它们承担的修饰功能也会增加。

表 3.5　书面语体特征群(文秋芳,2009:4)

1 第三人称代词	5 形容词
2 被动语态	6 限定词
3 名词	7 词汇复杂性
4 介词	8 词汇多样性

将名词短语视为句法复杂性的研究还不多,这方面的研究有徐晓燕等(2013)。徐晓燕等研究者将从句、非限定动词词组、复

杂动词词组、复杂名词词组、名词化句子都视为结构复杂的句型。徐晓燕等(2013)发现,中国英语专业学生对定语从句的使用在二、三年级升高,而到了四年级又下降到低于一年级的水平。中国低分组学习者的定语从句使用少于本族语者,而二、三年级和本族语使用则无显著区别。研究者还指出,中国学生形容词短语使用率低,对英语书面语以名词为中心的结构习得不够,以及学生对有意识地将句子转化成形容词、介词短语以加大名词的信息密度上做得还不够。

3.2.2　具体短语模式研究

国内对名词短语具体模式的研究多聚焦"形-名"和"名-名"搭配,同时,近一两年还出现了对"名-补足语"结构的实证性研究(姜峰,2015;姜辉、龚卓如,2014)。具体搭配词的研究往往是基于频数计算关键词和搭配词的 MI 和 T 值等确定典型搭配,相关研究主要围绕近义词和高频词进行。

孙海燕(2004)基于 CLEC 语料库对中国学生搭配使用的研究发现,在"形-名"搭配上,中国学生在常用搭配使用上和本族语者存在重要的差异,差异主要表现在两个方面,首先是搭配词选词不确切,例如形容词 large 作为关键词时,中国学生会使用 large changes/costs 这些在本族语表达中不常用的搭配。其次,多义词语义混淆,学生无法区分 average、common、ordinary 同义词,产生诸如 ordinary traffic jam 这类异常搭配,本族语表达应为common traffic jam。于涛(2010)基于 CLEC 语料库对同义词 effect、influence、impact 的使用研究发现,中国学生和本族语者在这三个词汇为关键词的类联接使用上,即"形-名"搭配上没有差异,但是中国学生对具体搭配词的选择非常有限,且有的选词缺乏地道性,例如中国学生会用 deep influence,而本族语通常使用beneficial、good 来修饰 influence。中国学生在这三个名词上的语义韵使用上也和本族语有区别,例如 effect,在本族语用法中呈现错综语义韵,而 CLEC 多将其与 bad、ill、negative 这些表示消极语义的词汇使用。陈建生、林婷婷(2010)研究了非英语专业大学生对高频词 good 的类联接和搭配词使用,结果显示,中国学生使用更多的搭配是 good reasons、good things、good jobs,而对本族语使用的一些典型搭配,如 good sense,却未加利用。潘崇堃(2011)对 SWECCL 语料库中的英语专业学生限时议论文写作的研究发现,学习者在典型"形-名"搭配上并没有随着英语水平的提高而有所进步,反而使用了很多本族语者不太常用的低频搭配。

原斌华(2007)对 CLEC 中的名词修饰语搭配词进行了错误分析。他的研究结果表明,中国学生的"名-名"错误最多,占到65%。学生使用的"名-名"短语一般都是直接根据汉语翻译而成的,例如 smile sound、high tide part 等,或者是由于对搭配词的意义掌握不充分导致的,例如用 average person 表示普通人。学生使用后置 of 介词短语造成的错误占到 20%,例如 my field of activity、a sound of laugh。还有一类是所有格形式使用不当错误,约占 9%,例如 math's test、our country's today。秦悦(2005)在其博士论文中基于 CLEC 语料库研究了本科生写作的搭配使用,指出"形-名"搭配和"动-名"搭配同样都是学生的一个学习难点。中国学生"形-名"搭配的使用不当体现在:(1)字面翻译普遍,这说明汉语母语产生了一定的影响;(2)学生容易在意义相近的形容词搭配词的选择上出现偏误,这也是"形-名"搭配最突出的错误。

上述研究表明,中国学生的具体搭配词使用之所以和英语本族语者用法有重大的差异,汉语母语都被视为一个影响因素。上述研究大多基于 CLEC 语料库开展研究,CLEC 所代表的英语水平毕竟有限,研究者还需要对更高水平的英语专业高年级学生的搭配使用进行研究,以对中国学生在"形-名""名-名"短语上的用法形成更全面的认识。

实际上,除了受到语言水平限制而使用错误或不恰当的名词短语外,中国高级水平英语使用者所使用的"形-名"搭配有不少是本土化表达。有的学者称本土化为 nativization 或者 nativized (Zhou & Feng,1987),有时也称 indigenization 或 indigenized (Gil & Adamson,2011)。在英语本土化表达方面,俞希、文秋芳(2010)基于国内的英语新闻语料和 BNC 中的新闻语料进行了对比研究,通过分析那些在国内新闻中频繁使用而在 BNC 中没有或者极少使用的评价形容词修饰的名词短语后指出,这类短语集中体现了中国社会文化特点。例如,great cause(伟大事业)、important thought(重要思想)、robust growth(强劲发展)、favorable environment(利好环境)。这些短语一方面体现了本土的政治概念,也反映了偏好正面评价的中国语言习惯(俞希、文秋芳,2010)。可以认为,这类中国英语(China Engligh)是英语在中国本土的一个变体(variety of English)。

张文忠、陈水池(2006)对我国不同水平的英语学习者在"形-名"搭配的产-接能力以及形容词的词义对习得的影响方面做了详细的研究,他们的研究对象包括三个水平组学习者:中级偏下的高三学生、高级偏下的英语专业本科生、高级水平的英语专业研究生。研究者参照 BBI 等词典中的搭配释义和举例设计了产出性测试和接受性测试,产出性测试让学生对句中的"形-名"搭配进行翻译,接受性测试让学生对给出的"形-名"搭配的可接受性进行判断。结果表明,在两项测试上英语水平越高的学习者表现得越好,但是整体情况并不理想,高水平组得分也不到 60%。三个水平组的学生在多义形容词和分词性形容词的掌握上好于同义形容词。三组学习者在接受性测试和产出性测试上均表现出较大的产-接能力差异,产出能力远远低于接受能力,高水平研究生组的产-接能力差异最大。

中国学生对"名-名"搭配的理解与短语背后的认知机制密切相关。认知机制是指名词短语中的组合词项所代表的概念在不同的文化中的内涵属性差异、概念外延。张少林等(2012)将"名-名"搭配划分为四类：相似属性映射搭配，例如 coat shirt(长而厚的衬衫)、apartment hotel(公寓式酒店)；高频关系连接，如 plastic toy(塑料玩具)、gas crisis(汽油危机)；相异属性映射，如 fork scarf(有流苏的围巾)、coffee sword(咖啡色的剑)；低频关系连接，如 plastic crisis(塑料污染危机)、mountain magazine(关于山脉的杂志)。张少林等(2012)的研究表明，中国学生更倾向于接受用于场景创建的关系连接，认为这种词类搭配有意义的达到70%，但是他们对属性映射不太认同，认为其是无意义搭配的比例高达66%。

在后置修饰研究方面，方秀才(2013)基于 SWECCL 和 LOCNESS 两个语料库对中国英语专业学生使用 V-ing 的非限定用法进行了对比研究。方秀才的研究发现，在 V-ing 短语充当形容词修饰名词时，中国学生的使用和国外学生没有差异。在非限定分句的使用上，徐晓燕(2010)的研究表明，学习者在接受了一个学期的显性语法教学后使用这一结构的比例增加，这说明有意识的操练起了作用，但是学习者的进步有限。

近两年，国内开始关注抽象名词在学术语篇中的功能，包括外壳名词和"名词-补足语从句"结构。姜辉、龚卓如(2014)论述了外壳名词在语篇中的基本功能，例如概括、概念构建、联系、以及在语用修辞方面还充当强调、平衡以及路标的功能。在实证研究方面，娄宝翠(2013)检索了库容量为 92 万词的语言学专业硕士研究生论文语料库中出现在句首的"This/These-外壳名词"结构。娄宝翠将结果与国外研究结果进行了对比。对比分析表明，中国学生使用外壳名词显著少于本族语者，外壳名词的形式上缺乏多样性，同时，中国学生对外壳名词的利用率低，绝大多数外壳名词只出现一次,这些发现说明中国学生还没有意识到这种结构在写作中的重要性,也不懂得去使用语言学这一所属学科常用的外壳名词(娄宝翠,2013)。姜峰(2015)基于 LOCNESS 和 WECCL 两个语料库中各约 97,300 词的部分语料研究了我国学生使用"名词-补足语从句"表达立场的情况。结果表明,中国学生使用这类结构显著少于美国学生,分别是每万词 45.6 例和 53.9 例。在补足语从句的四类结构上,即 to do、of-doing、that 从句、"介词-疑问词从句",中国学生在"名-to do"、"名-of-doing"的使用上和本族语者没有差异,但是使用 that 从句和"介词-疑问词从句"显著少于美国学生。在表达立场的名词选择方面,中国学生和本族语者存在普遍的差异,例如,中国学生更多使用特征类名词,如 loss、advantage,而美国学生使用最多的是本质类名词,如 essay、report。中国学生还倾向于在"名词-补足语从句"这一结构前使用态度评价修饰语以及 my、our 限定词,其中限定词使用是美国学生的 9 倍之多。在"限定词-名词-补足语从句"结构上,姜峰(2015)和 Jiang(2015)的发现一致,因为两位研究者使用的中国学生语料都是来自 WECCL。

3.2.3　国内对学术名词的关注

AWL 词表在我国受到关注的时间不长,相关研究包括吴谨(2007,2011)、许玉(2015)、甄凤超、王华(2014)。

国内最早对英语写作中的学术词汇使用进行词汇知识研究的是吴谨(2007,2011)。吴谨(2007)在其博士论文中研究了中国非英语专业研究生对学术词表 AWL 的词汇知识。研究发现,研究生对学术词汇的认知度达到 92%,但是只能产出 38% 的学术词汇,说明中国研究生的产出性词汇量要远远低于接受性学术词汇知识,他们对词汇的搭配掌握还不全面。吴谨(2011)利用了吴谨(2007)研究中的部分语料对学术名词 research 作为关键词的搭配行为进行研究。她发现,中国学生与本族语者相比,无论是在使用的"量"上还是"质"上都有一定的差距,例如学生倾向使用介词 on 和 about 引导后置短语,即 research on 和 research about,而本族语者只使用了 on;中国学生多使用名词搭配词,本族语者使用的搭配词词性要更加丰富。国内研究还涉及到学术词汇在医学论文方面的使用,例如,许玉(2015)利用各为约 26 万词的英国医学杂志语料库和中华医学杂志语料库对 AWL 词表中的 significant 和 occur 进行了研究,使用 Z 值确定 significant、occur 为关键词时的名词、动词、形容词、副词搭配词。许玉(2015)的研究结果表明,中国学者使用的搭配词在数量上较少;搭配使用不地道。中国学者议论文中的语义韵也和本族语表达有冲突。对于关键词 occur,中国学者多倾向使用消极语义韵的搭配词,忽视了本族语者使用的中性语义韵。甄凤超、王华(2014)利用 15 万词的小型语料库研究了语言学类期刊论文中的 evidence、research、result 三个较为常用的次技术词汇(即学术词汇)使用的修辞性特点。这些词汇在论文的摘要、前言、文献综述等不同部分的用法结构存在差异,例如,evidence 在前言中多与表达积极意义的词汇,如 purer、systemic 等连用,论文文献综述部分的常用结构包括了"THERE BE＋no＋evidence"。甄凤超、王华(2014)指出,了解学术词汇的使用特点并掌握其句法特征才有可能进行有针对性的次技术词汇教学。

3.3　国内外研究成果与研究空间

以上从国内外两个方面对名词短语的相关研究进行了综述。国外相关研究涉及到名词短语研究的各个方面,包括历时和共时的语域对比研究、特定学科中的名词短语使用、功能研究、内部的语义和修饰关系、心理学研究、母语习得角度的研究、二语习得角度的研究以及对学术词表开展的语言习得研究。国内研究主要包括,围绕名词短语所进行的语篇特征、句法复杂性研究、具体名词短语模式研究以及少量对学术名词的关注。前人所做的研究表明,名词短语是母语习得中渐进习得的语言形式,随着儿童的认知能力逐渐成熟,名词短语使用就会表现出一定的复杂性。相对于其他语体,如小说和口语等,学术写作中的名词短语使用突出表现出以短语性修饰为主的特点。同时,名词短语的修饰语使用比例与具体学科有密切关系。名词短语之所以普遍使用是因为它满足了学术语篇的信息传递和简洁表达的需要。名词短语在语篇中起到信息概括和传递功能的同时,还承载了其它多样化的语篇功能,比如立场表达、衔接、评价功能。学习者对名词短语的使用已经成为衡量英语写作复杂性的一个重要指标,并被国外研究者视为是最具有区分力的指标。在具体短语模式的使用上,例如"名-that 从句",以及名词和形容词作为前置修饰语的"形-名""名-名"搭配研究上,本族语写作新手的使用与专家写作者还有种种差距。另外,名词短语的习得会受到母语、课堂教学、语言环境和语域的影响。国外背景下的研究表明中国学习者在"名-名"短语的使用量上并不少。在国内,名词短语研究开始得到重视,以英语本科生和非英语专业学生为研究对象的研究结果表明,中国学生在名词短语修饰语、功能使用上和本族语者使用还有差距;中国学生语体意识欠缺、复杂句法的使用尚有不足。在具体短语模式使用上,尤其是"形-名""名-名"的使用往往会受到母语、语义等诸多方面因素的影响而不够地道。我国英语专业研究生在论文的摘要和标题中使用的名词短语还存在很多问题,即使是国内重要期刊的摘要写作也与国际期刊有一定差距。

本研究的研究思路和方法正是在对国内外的研究成果和研究空间的基础上确立的,国内外在名词短语的研究上还存在以下研究空间:

(1)多以语篇字数来考察一定语篇内的名词短语使用数量,

一定程度上过度关注了通用名词;基于频数的搭配研究聚焦通用名词,功能角度的研究多以部分抽象意义名词为侧重点。对学术名词缺少专门研究。虽然学术词表自创建以来一直备受关注,但是专门对其中的学术名词进行短语研究的甚少。即使现有文献中研究的名词偶尔与学术词表中的名词重合,对于学习者在高频学术名词的使用上仍需要系统的研究。名词是学术写作中的重要词类,可以说学术名词又是重中之重,其被忽视的现状与其重要性严重不符。

(2) 目前,国外针对英语二语学习者的名词短语研究所使用的语料多为课程写作、课堂写作、限时写作,文章字数几百到上千字不等,而所参考的语料库是刊发的学术论文语料库或本族语大学生写作,在写作内容上存在较大差异,这在很大程度上忽视了短语和搭配使用的学科特点。写作条件的不同势必影响名词短语的输出,引用 Biber & Gray(2011)的话来说,论文需要反复的修改、删除、完善,以至于终稿都没有了首稿的影子。即使是对中国语言学期刊和国际期刊中研究论文的摘要研究所覆盖的中心名词也很有限。对名词短语使用的研究需要建立在能真实反映学生书面语言能力的写作之上,在长篇写作中去研究学习者的高级语言能力目前也受到鼓励(Ravid & Burmen, 2010;Durrant & Schmitt, 2009)。

(3) 笔者仔细研读相关研究,尤其是其中的研究方法部分,发现研究者对名词短语的实际操作存在不一致。有的研究将诸如"名-名"序列视为名词短语,这种情况下,兼有多项修饰语的名词短语很可能存在重复计算的情况。这影响了研究结果的可比性。对于多项修饰语,相关研究只是附带提及,而对其具体使用,如短语模式未做深入分析;同时,修饰语的实际处理也不一致,有的研究未区分修饰语和限定词,不同的定义所产生的研究结果也就削弱了其可比性。对有多项修饰语的名词短语模式研究的系统性、深度还不够。

（4）国内对名词短语的研究停留在非英语专业大学生写作上，且研究所得出的结果还不完全一致。对英语专业研究生毕业论文中的名词短语使用的少量研究仅限于摘要和标题写作，毕业论文正文中的名词短语使用研究还未触及。这些都需要建立更大型的语料库、基于能真正体现研究生英语写作能力的学术论文之上进行。

（5）对名词短语使用的语体特征的研究往往以语篇大小来衡量名词短语使用的比例、修饰语使用比例这些更体现"量"的信息上，而另一方面，具体短语模式的研究则侧重功能、典型性、准确性这些更体现"质"的信息上。学习者使用的量达到了不代表他们能使用得很好（Huang，2015）。本研究也将表明，仅考虑"量"不能全面反映学习者名词短语的使用特点，最佳的做法是将二者结合起来。

3.4　本研究的分析框架

本课题建立在前人研究成果和研究方法基础上，并弥补一些不足。本研究以国外权威期刊作为参照，对中国英语专业硕士研究生在应用语言学这一特定学科内的学术名词短语使用进行对比研究。为实现这一目的，本研究创建了学习者语料库（中国英语专业研究生毕业论文语料库）和参照语料库（国际期刊研究论文语料库）。国际期刊研究论文是中国英语专业研究生学术性语言输入的重要来源之一，可以视为"教科书"似的学术语言使用，以此作为参考，能真实了解研究生在名词短语使用上的特点和不足，并有助于实际教学。本研究考察内容涉及中国英语专业研究生毕业论文中的学术名词短语的压缩性结构特征、小句修饰及有多项修饰语的学术名词短语模式的使用，并构建应用语言学研究论文中形容词和名词作为修饰语时的高频"形-名"、"名-名"短语列表,在深入、全面对比分析的基础上考察研究生在学术名词短语使用上的特点与不足。

本研究的分析框架可以用下图来表示:

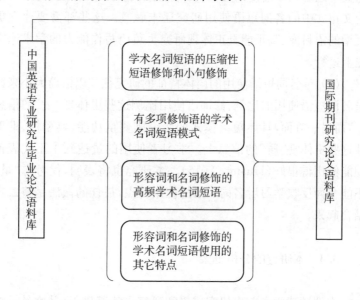

本研究是国内首个对基于大型语料库创建的学术词汇表AVL中的名词进行名词短语角度的研究。选取的学术名词不仅在跨学科领域的学术写作中高频使用,同时也是在应用语言学学科高频使用的学术名词。本研究将在应用语言学这一学科内基于大型语料库开展研究,这样能无限地接近这一学科的总体语言运用特征。毕业论文作为一种"字斟句酌"的语言输出,更能真实体现学习者的高级语言能力,同时,使用同一学科的研究论文作为参照语料库进行对比分析可以保证结果的可比性。本研究从四个大的方面来实现对比分析。第一,分析学术名词短语的短语性修饰和小句修饰特点。短语性修饰是学术写作赖以使用的语法手段,能反映研究生使用压缩性结构的语言能力以及学术写作

的语体意识。这一对比将通过语料库工具提取名词短语中的短语性修饰类别和小句修饰类别、对比各类修饰语使用频数来实现。第二,对比分析有多项修饰语的学术名词短语模式的使用。有多项修饰语的名词短语是一种扩展型的短语结构,整合了更多复杂的信息,也更能反映研究生加工语篇信息和对复杂句法的使用能力。本研究设计了八种复杂短语模式,将通过语料库工具获取它们在学习者语料库和参照语料库中的使用情况,结合定性分析进行对比。第三,本研究的一个重要目的还包括构建应用语言学论文中以形容词和名词两大词类作为修饰语时的高频学术名词短语列表,考察中国研究生使用应用语言学常用名词短语的情况。这包括两个方面,首先是研究生能在多大程度上使用期刊研究论文中的高频名词短语,其次是研究生使用的高频名词短语是否"有据可依",体现应用语言学论文写作的语言特点。高频短语频繁地出现在国外期刊研究论文中,可视为这一学科的典型搭配,掌握这些短语能体现研究生对专业知识的掌握和本学科语言特色。第四,关注名词短语使用相对微观的层面,对短语中的形容词和名词两大重要修饰语进行多角度观察、分析,明确中国研究生在名词短语上的使用特点和不足,这一做法体现了在进行中介语研究时,要观察纷繁复杂的细节的做法(Larsen-Freeman,2006)。

第四章　研究设计

　　第四章是本课题的研究设计部分,将交代课题的主要研究问题、中国学习者语料库和参照语料库的创建、学术名词的确定、语料库的检索工具和分析工具、研究过程等相关方面。

4.1　研究问题

　　前一章提到,目前在二语习得研究领域,对于学习者,尤其是高级英语学习者使用名词短语的研究都不是基于大型语料库开展的,国内外对"形-名""名-名"这种常见短语模式研究也聚焦于少数通用类名词,国内对名词短语这一语体特征还没有足够的重视。从语言教学的角度来说,确定名词在多大程度上使用修饰语有助于确定词汇的学习目标以及名词短语重要性的语体意识。名词在名词短语中的句法行为有两种——做中心词或修饰语。本研究关心的正是学术性名词在作为名词短语的中心词时的用法,我们称之为学术中心词(Academic Head),本研究使用 AH 指代做中心词时的学术名词。学术词汇表 AVL 中的高频名词作为学术语篇的重要基石,它们的修饰语使用情况体现了学术语篇的写作质量和写作者处理复杂信息的能力。

　　名词短语的使用是学术写作的独特语篇风格,并且具有学科差异(Gray，2011；Jiang & Hyland，2015)。国内对应用语言学这一学科论文写作中的名词短语使用研究还属空白。Biber & Gray(2011,2016)指出,学术写作中典型的语法形式在很大程度上依赖短语性修饰(phrasal modification)结构,这一语篇风格具体体现在两个方面:多用名词(相对少用动词)、多用短语性修饰(相对少用小句修饰)。短语性修饰将小句表达的信息压缩进简洁的名词短语中,体现了名词短语的"压缩性"特点。

鉴于名词短语在学术写作中的重要性,本研究将以国际期刊研究论文中的名词短语使用作为参照标杆,对研究生使用名词短语进行对比研究。本研究的第一个大的研究目标是考察我国英语专业硕士研究生毕业论文中学术名词短语使用的压缩性结构特点和小句修饰的使用特点,以及多项修饰语使用情况。多项修饰语的使用有助于更深入考察应用语言学论文对扩展型名词短语(extended noun phrase)的使用,它们更能体现写作的信息焦点(information focus),具有更高的认知和加工难度,因此更能反映写作者"打包"(package)和管理信息的能力。本研究的第二个大的研究目标放在由形容词和名词这两大重要类别的修饰语限定的名词短语使用上。形容词做定语是一种典型用法,名词做定语是近代学术写作中使用比例增长最快的修饰语。这两类修饰语与学术中心词构成的短语(或称之为搭配)有助于构建应用语言学中学术名词使用的典型搭配。熟悉这些搭配能体现写作者的学者身份以及被这一特定话语共同体认可的程度。此外,本研究还将基于详尽的观察和对比从不同的角度考察研究生在使用这两大类修饰语的学术名词短语上的特点。

基于以上,本研究提出的具体研究问题如下:

(1) 英语专业硕士研究生毕业论文中的学术名词短语是否具有压缩性结构特征? 如果有,有什么样的特征? 研究生使用小句修饰的情况如何?

（2）英语专业硕士研究生对有多项修饰语的学术名词短语模式的使用情况如何？

（3）英语专业硕士研究生能在多大程度上使用国外期刊研究论文中的高频学术名词短语？研究生毕业论文中的高频学术名词短语使用情况如何？

（4）英语专业硕士研究生在学术名词短语使用上有什么其它特点？

4.2　语料库的创建

4.2.1　创建高级英语学习者语料库及参照语料库的必要性

无论是词表的创建，还是词项结合的研究，这些都离不了语料库。通过语料库研究词汇行为已经成为一种必要的手段，也是国内外通行的做法。Granger(1998)指出，一个符合标准的语料库将大大有助于对比研究。Sinclair(1991)强调，只有在自然语言形成的大型语料库中才可以观察到语言中无处不在的短语。有了语料库，研究者就可以考察以前不可能研究的问题。本研究基于语料库来实现对名词短语使用的研究。要了解学生的名词短语使用情况必须从收集他们的写作开始。因此，必须要有计划、有针对性地收集特定学科的自然语言材料(杨惠中，2002)。近十几年来，我国在语料库建设上有了很大的发展，如桂诗春、杨惠中(2003)编著的中国学习者英语语料库(Chinese Learner English Corpus，CLEC)；文秋芳等(2008)建设的中国学生英语口笔语语料库(Spoken and Writtern English Corpus of Chinese Learners，SWECCL)；杨惠中、卫乃兴(2005)建设的中国学习者英语口语语料库(Chinese Learner Spoken English Corpus，CLSEC)。此外，专门用途的语料库方面有服务翻译教学和研究的中国大学生英汉汉英口笔译语料库(Parallel Corpus of Chinese EFL Learners，

PACCEL)等。然而,这些语料库对于本研究要实现对高级英语学习者中介语中的名词短语使用研究都不是最理想的语料。Ravid & Berman(2010)等主张在长篇写作中去研究后期发展的语言能力。Biber & Gray(2011)在解释为什么学术语篇中会大量使用名词短语时指出,论文写作经过反复的修改,其语言必然不同于一般条件下的语言输出。Durrant & Schmitt(2009)指出在长篇写作中才能发现有意义的搭配。毕业论文是研究生长期努力创作的结果,可以说体现学习者书面语言使用的最高水平,能完美地实现本研究的研究目标。然而,根据作者的了解,在本研究确立选题、收集语料之时,国内并没有公开的英语专业研究生毕业论文语料库可供使用。研究者往往根据研究的需要自行创建语料库,例如,徐昉(2012)在研究本硕博阶段学习者的词束使用时,创建的研究生毕业论文语料库,库容量为534,560词;贾冠杰、乔良文(2014)研究英语专业研究生语言使用错误时创建了含230篇毕业论文的350万词左右的语料库。本研究使用的研究生论文来自贾冠杰、乔良文(2014)研究使用的部分语料。

在进行中介语对比研究时要识别、判断学习者的中介语在哪些方面不同于本族语者,还需要有本族语语料库,将其作为基准参照(baseline)(Huston,2002),也就是参照语料库(reference corpus)。国内可用的英语本族语语料库常见的有LOCNESS、BNC、COCA等。LOCNESS来自英美大学生写作,有30万字的库容量,在写作内容上以及库容量上都无法满足本研究需要。BNC在英语学术写作方面同样还存在库容量和语料时间的问题。COCA中的学术语料正是创建AVL学术词汇列表使用的语料,但是COCA仅供在线使用;即使是购买的COCA语料,也存在重要的问题——为了保护论文作者的版权会每间隔一定数量的词汇删除一部分词汇,其不完整性严重影响语料的可利用度。因此,这些本族语语料库在不同程度上、不同方面都无法满足本研究需要。为了保证研究结果的可比性，必须保证参照语料库的来源具有权威性，在学科内容、库容量上以及写作时间上尽量与学习者语料库一致。

4.2.2　语料库创建的标准

本研究在选题时明确了以中国英语专业硕士研究生毕业论文为研究语料。对于学习者语料库和参照语料库的创建，需要从以下几个方面进行考虑：(1)语料库的大小，(2)语料库的代表性(representativeness)，(3)语料库的来源，(4)语料的时间，也就是论文的发表时间。

对于语料库的大小，Granger(1996)强调，在进行中介语对比分析时为了保证结果可信，定量研究必须基于大型语料库。李文中(2012)指出，大型语料库才能无限接近语言使用的总体特征。Biber等人所开展的名词短语的相关研究都是基于大型语料库。因此，参考相关研究并结合实际情况，本研究拟创建的学习者语料库和参照语料库库容量分别为 2,000,000 词左右。对于第二个考虑，语料库的代表性是指语料须代表要研究的语言。要保证有代表性，就要确保语料库应当避免个别写作者带有偏见的语言使用，就要包含多个不同作者的文章(Sinclair, 1991)。就本研究而言，学习者语料库要能代表应用语言学专业研究生这个群体的写作。本研究从研究生所就读学校分布上来平衡代表性的问题，确保论文来自我国 985、211 和普通院校的英语专业，并确保来自三类院校的研究生论文数量一致，最大程度避免不同院校研究生语言使用上的差异性(见贾冠杰、乔良文，2014)。关于语料库的来源，本研究对学习者语料库的定位从一开始就非常明确，即国内英语专业硕士研究生的毕业论文语料库，那么作为参照的语料必须来自国外权威期刊中正式刊发的论文。显然，中国研究生在进行论文创作时离不开对国外权威期刊的阅读，期刊研究论文中的语言使用既是他们重要的语言输入又是学习的参照，利用这种近似"教课书"似的语料，对于比较、分析短语的使用并指导中国学生论文写作具有实际意义。对于最后一个标准，语料的时间问题在一般性的研究中，研究者似乎强调的并不多，而在本研究中却是要尤其注意的，因为学术语言在近 20—30 年间在某些方面都经历了大的变化，尤其是本研究关注的修饰语使用上（Biber & Gray，2011）；AWL 和 AVL 两个学术词表基于不同时代的语料（前者使用的是上世纪 60 年代至 90 年代的语料，后者是近 20 年的语料）所产生的不同覆盖率结果（见 Gardner & Davies，2013）也可以说明这一点。所以本研究中的学习者语料库和参照语料库的论文写作时间必须是同时期（至少不能相差超过 10 年）的论文。

4.2.3 研究生毕业论文语料库的创建

本研究使用的学习者语料库和参照语料库均利用应用语言学学科内的论文写作创建，确保了语料在学科性质上的一致性和结果的可比性。英语专业硕士研究生毕业论文来自 2008—2010 年这 3 年的研究生毕业论文。研究生论文共计 135 篇，平均分布于 985、211 和普通院校。研究生毕业论文均在中国知网上下载。在本研究中，硕士研究生毕业论文语料库简称 CCEPT（Corpus of Chinese English Postgraduates' Theses）。在确定好建库所需的论文后，利用工具 Finereader 进行格式转换。Finereader 是一款专业的光学文字识别软件（Optical Character Recognition，简称 OCR），可以将扫描图像、图片型 PDF 转化成可编辑的文本。利用此工具将 CAJ 格式的研究生论文转换为 EditPad 可编辑的 txt 格式文本，再删除论文中的致谢、目录、表格、图表、参考书目、附录。最终建成的 CCEPT 语料库库容量为 2,058,108 词。表 4.1 是 CCEPT 语料库的具体构成。

表 4.1   CCEPT 语料库构成

年份-院校	篇数	库容量
2010 - 985 院校	15	256,343
2010 - 211 院校	15	226,895
2010 其它院校	15	226,332
2009 - 985 院校	15	236,515
2009 - 211 院校	15	229,700
2009 其它院校	15	229,010
2008 - 985 院校	15	238,806
2008 - 211 院校	15	203,202
2008 其它院校	15	211,305
共计	135	2,058,108

4.2.4   国外期刊研究论文语料库的创建

参照语料库论文从 6 大国际权威应用语言学期刊上下载,包括 *Applied Linguistics*(Oxford University Press),*Language Learning*(Blackwell Publishing),*Studies of Second Language Acquisition*(Cambridge University Press),*the Modern Language Journal*(Blackwell Publishing),*TESOL Quarterly* (*Teachers of English to Speakers of Other Languages*)(Wiley Publishing),*Second Language Research*(SAGE Publications)。要在短时间内找到这些国外期刊中的大量研究论文并非易事。显然,因为国内高校图书馆并不是都能下载到上述 6 大权威期刊。最终建库使用的论文来自多方面的努力:一部分论文来自笔者本人已下载的论文,为避免研究内容的个人倾向性,作者以每三篇选取一篇的随机方式使用了其中的一部分,数量接近 100 篇;还有部分由作者分次从网上下载,以及在同学的帮助下完成。

理想的国外学术论文也应当均匀地分布于这 6 大期刊,实际情况是,这些刊物上的论文很难在短时间内全部获取,所以各大期刊的论文数量并非完全相等,这一点无法像下载国内研究生论文一样做到均衡分布,例如 *Second Language Research* 这一期刊中能获取到的仅有 16 篇,词数不到 12 万。这也是本研究难以在短时间内克服的缺憾,下载的国外论文刊发时间均介于 2009—2012 年之间,论文共计 250 篇。国际权威期刊中的研究论文构成的语料库简称为 CRAIJ(Corpus of Research Articles from International Journals)。同样,在确定好论文之后利用工具 Finereader 将 PDF 格式转换为 txt 文本,再删除表格、图表、参考书目、附录。最终建成的 CRAIJ 库容量为 2,055,545 词。CRAIJ 和 CCEPT 在库容量上非常接近。表 4.2 是 CRAIJ 语料库的具体构成。

表 4.2　CRAIJ 语料库构成

刊物名称	篇数	库容量
Applied Linguistics	50	359,479
Language Learning	45	426,239
The Modern Language Journal	39	360,764
Studies of Second Language Acquisition	50	438,053
TESOL Quarterly	50	352,108
Second Language Research	16	118,902
共计	250	2,055,545

4.2.5　语料库的标注

标注(annotation)是对语料库文本附加解释性的语言信息(李文中,2012),对文本的各种属性加以标记。基于标注文本,研究者可以展开不同目的的研究(梁茂成等,2010)。根据本课题的研究目的，需要实现对语料库的词性附码（POS tagging，即 part of speech tagging）。词性附码用来给每个词添加一个标签，表明其句法上的属性（syntactic word-class properties）。通过语料库附码才有可能实现一些利用生文本无法实现的操作（Biber，2006）。词性附码也是常见的语料库标注方法，它呈现了文本使用中最有用、最基本的信息，是对语料库进行句法分析的必要前提，可极大地拓宽语料库研究范围（王莉、梁茂成，2007）。目前，学术界一致公认，任何词性附码的准确性都不可能达到 100%。尽管如此，词性附码被视为是一种比较成熟的技术（梁茂成等，2010）。

　　语言学研究中使用较多的两款附码工具是 CLAWS 和 TreeTagger，前者是商用的付费软件，由兰卡斯特大学计算机语料库研究中心开发，后者是由德国斯图加特大学计算语言研究所开发。CLAWS 附码器目前已经升级到 CLAWS7，也是本研究使用的附码器版本。我国学者王莉、梁茂成（2007）研究证实 CLAWS 附码器附的可信度达到 95%，这和国外研究结果（De Haan，2000）一致。王莉、梁茂成（2007）指出，CLAWS7 主要根据句中词类共现概率来判断词性，做出正确判断的概率较之其他附码软件（如 Brill）要高。CLAWS 也是很多研究者使用的附码工具，例如，桂诗春（2009）所著《基于语料库的英语语言学语体分析》一书使用了 CLAWS7，Gardner & Davies（2013）为创建 AVL 这一学术词表使用的也是 CLAWS7。

4.3　学术词汇的确定

　　本节将介绍拟使用的 AVL 词表以及对其适用性进行的检验。实际上，最初笔者将 AWL 和 AVL 都列为了本研究学术名词的拟选词表。AWL 因创建时间更早，受到的关注非常多，有效性也得到很多研究的证实。尽管 AVL 具有不可否认的优势,但还未有更多的研究对其进行专门的有效性研究。因此,本研究在确定使用 AVL 之前,对 AVL 进行了有效性检验,确保其适用性。以下先介绍拟选择 AVL 的依据,再交代对其进行的有效性分析结果。

4.3.1 拟选 AVL 词表的依据

本研究中的学术名词来自 AVL 中的名词性学术词汇。本研究选择 AVL 的依据有以下三点。

首先,从创建词表使用的语料来说,正如创建者 Gardner & Davies(2013)所言,创建 AVL 的语料库库容量是创建 AWL 语料库的 35 倍,建立在如此庞大的语料库之上的选词无疑对学术词汇的界定更全面、更具权威性。这一点得益于今天语料库建设和技术的进步;创建 AVL 所使用的语料更新、更具有时代意义,最能反映当下的学术语言使用特点。创建学术词表的语料时间非常重要。Biber 等人所进行的一系列研究表明,学术写作中的名词短语使用绝对不能忽视撰写学术论文的时间因素,因为在上世纪 80 年代至本世纪初短短的时间里,名词修饰语的增加都非常明显(Biber & Gray,2011)。尽管 AWL 创建于 2000 年,AWL 语料却相对陈旧,其中所有的学术文章都来自上个世纪 60 年代至 90 年代末。

其次,AVL 创建过程中,没有预先排除通用词汇,获取的学术词表完全是依据统计结果客观呈现出来的。这一做法是有实际意义的,特别是对于中国英语学习者,通用词汇 GSL 中所包含的基础词汇对中国各个水平层次的学习者都会构成难点。国内学者经常将各类基础词汇作为研究对象(濮建忠,2003;李素枝,2011;孙海燕,2004)。对于中国英语专业研究生,他们当然已经熟悉了基础词汇的意义,但是对于如何在搭配中使用这些词却存在相当多的问题。我国高级英语学习者对于 effect 和 ability 这样的基础词汇使用还有问题(李素枝,2011),即使对于 big 这样简单的形容词使用都不尽如人意(孙海燕,2004)。正如 Valipouri & Nassaji(2013)所指出,将 GSL 作为一般词汇排除在学术词汇之外并不可取,因为这些词对阅读学术论文也至关重要,即使学生处于高级英语学习阶段,他们也不一定熟悉这些词汇在学术论文中的意思和用法。另外,也有学者对 GSL 词表能否代表今天英语使用中的通用词汇提出质疑。Brezina & Gablasova(2013)指出,从 GSL 的创建时间和理念来说,它也并不能完全代表今天使用的通用英语词汇。

最后,AVL 提供了词频信息并区分了词性。词频信息和词性区分为其他研究者进行各个角度的研究提供了重要信息。词频信息体现了创建词表的透明性,也是词表能被推广使用的重要原因之一(Brezina & Gablasova, 2013)。研究者在对学术论文进行研究时,不仅需要对学术词汇使用有整体印象,更需要了解某个词被使用到的概率,据此可以判定某个词的重要程度。实际研究中,这些频数信息也是相当有用的。同样,较之按照词族编写词表的做法(如 AWL),AVL 基于词性编写词表有助于明确学术词汇的学习目标(Gardner & Davies, 2013)。词族编写纳入的很多派生形式并非对学生有益,反而会加大学生的学习负担。比如develop,按照传统词族归类就包含了名词 development 等,但实际上中国学习者使用时,问题往往出现在"develop-名词"这一搭配上,而对 development 的使用问题要少,那么就无需将过多的精力放在这类词汇的学习上。也正是因为 AVL 提供了具体的词频和词性信息,才有助于本研究初步确定学术名词。

4.3.2 AVL 的有效性检验

国内外研究普遍把词表的覆盖率作为其有用性的重要参考,覆盖率是指词表词汇在语篇或者语料中所占的使用比例。Gardner & Davies(2013)在创建词表之后将 AVL 的有效性与

AWL进行了对比。研究者将AVL转换成词族编写形式,并使用了和AWL数量一致的词族对二者基于语料库进行检验和比较。结果表明,AVL在COCA学术子库中的覆盖率为13.8%,在BNC学术子库中的覆盖率为13.7%,且高于AWL在两个子库中分别为7.2%和6.9%的覆盖率。这个结果证实AVL以更少的词汇在学术论文中达到了更高的覆盖率。但是,因词表有效性的检验并非当前研究主流,或因创建时间问题,还未有研究对AVL在语言学论文中的覆盖率进行专门的研究。因此,有必要对AVL在本研究使用的语料库中的覆盖率情况进行检验,确定其在应用语言学这一特定领域中的适用性。

稍早一些对AWL有效性的研究非常多,与本研究相关的是对应用语言学领域使用AWL学术词汇的研究,进行这一方面研究的是Vongpumivitch et al.(2009)。Vongpumivitch et al.也是自行创建应用语言学语料库,语料库论文同样选自国际权威语言学期刊,这一点上,本研究和其非常相似,因此,本研究中的有效性检验结果可以与之进行对比。Vongpumivitch et al.(2009)的研究结果表明,AWL在应用语言学论文中的覆盖率达到11.7%。

有了Gardner & Davies(2013)、Vongpumivitch et al.(2009)这两个研究结果,就可将本研究中的检验结果与它们进行对比。理想的结果是:AWL在CCEPT和CRAIJ中的覆盖率接近Vongpumivitch et al.(2009)的11.7%,且AVL在CCEPT和CRAIJ中的覆盖率高于AWL覆盖率结果(Gardner & Davies,2013)。

研究过程:和Gardner & Davies(2013)的做法一样,本研究选取和AWL同样数量(570个)的词族,并创建成RANGE工具可以运行的词表。RANGE是由Nation和Coxhead两位学者设计的,可以统计词表覆盖率,也是创建AWL所利用的工具之一。更多关于RANGE的使用可参见鲍贵、王霞(2005)、梁茂成等

(2010)，或者在 Paul Nation 的个人主页 http：//www. vuw. ac.
nz/lals/staff/下载软件及用法指南。本研究使用的 RANGE 工
具就是从此网站下载的。RANGE 所能识别的格式是 txt 格式。
以 develop 为例，它所认可的可运行词表（或称为底表 baseword）
格式为：

Develop 0

Develops 0

Developing 0

Developed 0

Development 0

Developments 0

覆盖率结果分析：下表 4.3 显示，AWL 在本研究中的学习者
语料库和参照语料库中的覆盖率为：CCEPT 中为 11. 36％，
CRAIJ 中为 11. 54％，接近 Vongpumivitch et al. (2009)的结果，
并且在本研究的两个语料库中也比较接近。AVL 覆盖率结果
为：CCEPT 中为 15. 86％，CRAIJ 中为 14. 80％，这两个结果均高
于 AWL 的覆盖率，这一点和 Gardner & Davis(2013)检验 AVL
的结果一致。这一结果和我们理想的结果一致，可以认为，AVL
在应用语言学论文中的适用性优于 AWL。

表 4.3   AWL 和 AVL 在 CCEPT 和 CRAIJ 中的覆盖率

词表	CCEPT(％)	CRAIJ(％)
AWL	11. 36	11. 54
AVL	15. 86	14. 80

同时，我们也注意到 AWL 在 CCEPT 中的结果低于在
CRAIJ 中的结果，而 AVL 在 CCEPT 中的结果略高于 CRAIJ 中
的覆盖率结果。这一点在意料之中。AWL 纳入的词汇无一例是

GSL 词汇,并纳入了很多曲折和派生词汇,其中有的词汇在应用语言学文献中并不常见,如：rejection、establishment、unapproachable 等。那么,中国学生的语言输出能力、词汇的使用多样性与国外研究论文必然存在一定的距离,所以这一结果是合理的。不同于 AWL,AVL 本身在创建过程中不排除 GSL,也就是说,AVL 包含了某些 GSL 词汇,例如 knowledge、basis、result、factor 等。而学生对这类"基础性"词汇的依赖比期刊研究论文要更大,这就可以解释 AVL 在 CCEPT 中的覆盖率更高。这些词汇很可能在研究生写作中更频繁得到使用。这也表明 GSL 所包含的很多基础词汇成为学术写作中表达意义的重要手段。我们认为,AVL 减少了词汇数量仍然有很好的覆盖率,从实际教学来说,AVL 更利于英语语言学教学。

4.3.3　确定本研究中的学术名词

基于对 AVL 词表有效性检验的结果,下一步对本研究中的语料库使用的 AVL 高频名词进行提取。名词的确定依据两个原则：首先也是最基本的一点是,这些词汇是 AVL 中的高频名词；其次,是应用语言学研究论文中使用的高频名词。本研究不是简单地以 AVL 提供的词频信息来确定研究对象,这是因为即使是学术名词,也存在很大的学科差异(Hyland & Tse, 2007；Ward, 2007；Vongpumivitch et al., 2009)。AVL 是基于九大学科的学术论文创建的词表,所以 AVL 高频使用的名词在应用语言学论文中不一定同样高频使用,而不太高频使用的名词又有出现频数更高的可能。表 4.4 列出了 COCA 学术语料子库中使用最频繁的前 50 个 AVL 学术名词。依据论文写作经验,排在靠前的名词,如：study、group、system、research、level、result、process、development、data 等也属于应用语言学常用词汇,但是对于其它词汇,如 image、policy、science、history 等则不太可能在应用语言学论文中高频使用,还有一些并不太确定的名词,如 material、

relationship、value、need 等。排列稍微靠后的词汇，如排名在第
39 的 type，以及之后的 subject、condition、performance、
response、approach 又极有可能是应用语言学论文中的高频词汇。
为了尽量将应用语言学论文中高频使用的 AVL 学术名词纳入本
研究范围，我们将供筛选的范围扩大至前 200 个 AVL 名词，提取
这 200 个学术名词在语料库中的频数，从中选取使用频数最高的
名词。

表 4.4　AVL 中的前 50 个高频名词

序号	名词	COCA 学术子库	序号	名词	COCA 学术子库
1	study	137208	14	table	59158
2	group	122011	15	policy	58987
3	system	110176	16	university	57835
4	research	83325	17	model	57310
5	level	78162	18	experience	56541
6	result	72083	19	activity	55151
7	process	66382	20	history	53474
8	use	64527	21	relationship	50744
9	development	63509	22	value	49900
10	data	63480	23	role	49426
11	information	61931	24	difference	49081
12	effect	60078	25	analysis	48500
13	change	59284	26	practice	47915

续 表

序号	名词	COCA 学术子库	序号	名词	COCA 学术子库
27	society	47060	39	type	38893
28	control	45690	40	image	38020
29	form	45275	41	subject	37608
30	rate	44493	42	science	37253
31	figure	44084	43	material	37206
32	factor	43871	44	condition	36933
33	interest	43498	45	knowledge	36633
34	culture	42561	46	support	36597
35	need	42193	47	performance	36344
36	population	40902	48	project	36260
37	technology	40104	49	response	36231
38	individual	39359	50	approach	36092

利用这些名词在国际期刊研究论文中的频数信息确定本研究的学术名词。关于频数的提取,见下一节 4.4 研究工具的使用。这样,得到了 AVL 中频数排在前 200 的名词在 CRAIJ 中的使用频数。鉴于本研究创建的语料库库容量多于 200 万字,词频在 1000 以上的学术名词将被确定为本研究使用的名词。CRAIJ 中频数使用达到 1000 的学术名词有 47 个,见表 4.5。表 4.5 还提供了这些名词在 CCEPT 中的使用频数,以及在两个语料库中的使用频数差异对比。

表 4.5　CRAIJ 中频数 1000 以上的学术性名词在两个语料库中的使用

序号	学术名词	CCEPT 频数	CRAIJ 频数	卡方值	P 值	O/U
1	language	15813	10847	963.96	0.00	＋
2	study	8158	8846	44.42	0.00	－
3	group	5979	6465	29.96	0.00	－
4	task	5261	4430	60.55	0.00	＋
5	research	5029	4291	48.66	0.00	＋
6	form	2597	3749	236.40	0.00	－
7	effect	2205	3740	435.30	0.00	－
8	result	3847	3561	6.94	0.00	＋
9	level	3119	3519	32.45	0.00	－
10	data	2179	3413	301.83	0.00	－
11	analysis	2659	3372	99.78	0.00	－
12	difference	2668	3273	74.48	0.00	－
13	knowledge	4928	3218	343.62	0.00	＋
14	context	2393	2915	62.21	0.00	－
15	type	2262	2893	90.62	0.00	－
16	use	2773	2777	0.49	0.92	
17	meaning	2350	2383	1.17	0.60	
18	structure	1606	2031	58.20	0.00	－
19	condition	611	1989	763.54	0.00	－
20	development	1971	1913	0.16	0.37	
21	interaction	1520	1849	38.62	0.00	－
22	finding	1097	1800	185.38	0.00	－

序号	学术名词	CCEPT 频数	CRAIJ 频数	卡方值	P 值	O/U
23	process	3861	1789	744.86	0.00	+
24	factor	2041	1775	14.54	0.00	+
25	production	684	1728	475.37	0.00	−
26	pattern	933	1702	240.78	0.00	−
27	measure	450	1697	753.46	0.00	−
28	performance	1707	1689	0.04	0.79	
29	response	748	1656	362.81	0.00	−
30	information	2816	1654	288.67	0.00	+
31	model	1599	1626	0.94	0.61	
32	article	407	1594	731.55	0.00	−
33	system	1180	1551	57.69	0.00	−
34	feature	816	1546	240.98	0.00	−
35	error	3044	1538	480.05	0.00	+
36	subject	3781	1487	984.78	0.00	+
37	researcher	1704	1485	11.71	0.00	+
38	example	984	1429	90.89	0.00	−
39	role	1896	1401	67.15	0.00	+
40	strategy	7891	1370	4686.93	0.00	+
41	relationship	1255	1288	1.19	0.49	
42	approach	2102	1286	185.83	0.00	+
43	practice	1701	1206	77.11	0.00	+
44	activity	2388	1162	409.63	0.00	+

序号	学术名词	CCEPT 频数	CRAIJ 频数	卡方值	P值	O/U
45	aspect	1466	1160	31.01	0.00	+
46	hypothesis	1269	1135	5.42	0.01	+
47	discussion	981	1011	1.12	0.48	

注：(1)table 在语料中多表示"表(格)"，国外期刊研究论文中的频数为 1636。在研究生毕业论文的表格删除过程中，因为不同人的参与，导致在表格删除时，可能存在不一致的操作：有的保留了在表格上方的名称文字，有的则删除了文字，致使 table 的具体频数可能并不精确，所以本研究将 table 一词排除。(2)O/U 表示 Overuse/Underuse(过度使用与使用不足)。

　　这 47 个学术名词在两个语料库的使用频数上既有共同点，也有很大的差异。language、group 都是最高频使用的两个名词。研究生在这 47 个名词的使用上，有 38 个频数在 1000 以上，7 个名词在 600—1000 之间，仅 measure 和 article 频数在 400—500 之间。这说明，在期刊研究论文中高频使用的名词在研究生论文中也基本上得到频繁使用，但是在两个语料库中的使用频数却有着较大差异。仅有 7 个名词在两个语料库中没有差异，这 7 个名词分别为：use、meaning、development、performance、model、relationship、discussion。研究生过度使用的名词有 18 个：language、task、research、result、knowledge、process、factor、information、error、subject、researcher、role、strategy、approach、practice、activity、aspect、hypothesis。研究生使用不足的学术名词有 22 个：study、group、form、effect、level、data、analysis、difference、context、type、structure、condition、interaction、finding、production、pattern、measure、response、article、system、feature、example。通过卡方值可以看出，研究生在这些词汇的使用频数上与期刊有很大的差异。其中，language 均为两个语料库使用最多的词汇，但是研究生使用比期刊用法多出近 5000 例。

某些词汇的使用频数差异反映了论文的写作内容集中,例如研究生使用 strategy 的频数多达 7981,参照语料库只有 1370 例。Strategy 也是两个语料库使用差异最大的词汇。作为二语学习者,强调策略的使用,往往将其作为论文研究内容,这样就导致strategy 这个词汇使用过于频繁,也说明研究生写作主题较为集中的特点。这 47 个词汇在学习者语料库中有 10 个名词使用频数低于 1000,其中 measure 和 article 低于 500,这就说明学生需要加强这类词汇的使用频数。实际上,名词的频数使用差异也应成为中国研究生在进行论文写作时需要关注的内容;即使是作为应用语言学领域最高频的词汇,研究生对其的使用超过期刊论文使用很多,说明研究生对主题词汇的重复太多。

需要指出的是,本研究对学术名词短语使用的比较是基于标准数的对比进行的,因此,AVL 学术名词在两个语料库的频数差异并不会影响短语及修饰语的使用比较,任何词汇及搭配使用的比较都没有必要确保关键词的频数一致。另外,本研究中的学术名词的确定以期刊研究论文中的使用频数为准,而不是以研究生使用频数来确定词汇。原因在于,这些词汇是应用语言学论文写作中高频使用的名词,国外期刊研究论文中使用的词汇应当成为英语学习者的参照,值得中国研究生去学习,成为他们非常有必要掌握的高频名词;另外,作为应用语言学学科的“关键性”学术名词,这些词汇对中国学生来说并不陌生,以上分析结果已表明,大多数名词(38 个)在研究生论文中的使用频数都高于 1000。

4.4　研究工具

本研究使用的语料库检索工具是 PowerGREP,为生成可读性文本还使用了附码删除工具,其它分析软件包括卡方检验工具

(Chi-square Calculator)、Excel。

4.4.1　对比分析

本研究对研究生论文中的学术名词短语使用研究是通过将国外期刊论文用法作为参照进行对比分析实现的。对比分析是学习者语言错误分析和中介语研究的一个重要手段。本研究将从以下两个大的方面进行对比分析。首先是学术名词短语的压缩性结构特点和小句修饰特点以及有多项修饰语的名词短语模式的使用对比,这一部分主要基于它们在学习者语料库和参照语料库中的使用频数实现。其次是将研究生论文中的学术名词短语及修饰语使用与期刊研究论文进行对比,将观察两个语料库在名词短语使用上的具体细节,并进行归纳和总结。

4.4.2　PowerGREP 的使用

PowerGREP 是强大的文本处理软件。PowerGREP 支持元字符(metacharacter),其功能的实现主要因为它支持正则表达式(regular expression,或者 regex),实现了快速在附码语料库中的查找和收集功能,所以它也是功能强大的正则表达式工具。正则表达式是一种匹配文本中的字符序列的字符模式,可以让使用者找到想要的文本块(Watt, 2005)。元字符用来表达"非字符自身的含义"(meaning other than itself)。元字符和一些修饰符(modifier)组合使用,形成更加复杂的表达式。修饰符用来限定表达式的应用。有关 PowerGREP 这款工具的使用可以查看其网站 http：//www. powergrep. com/,或者相关文章,如权立宏(2010)、薛学彦(2005)、Liu & Cui(2012),也有关于正则表达式使用的相关书籍。Watt(2005)的著作 *Beginning Regular Expressions* 详细说明了正则表达式在具体工具和程序中的应用,该书也是笔者最初接触正则表达式重点学习的工具书。PowerGREP 支持的元字符有很多,例如\w 匹配任何一个字母字符、数字和下划线字符。

PowerGREP 的功能主要包括查找（search）、替换（replace）、收集（collect）。后两个功能也是目前使用较多的 WordSmith 所不能实现的（关于 WordSmith 的不足，见许家金、贾云龙，2013）。对于词性标注的语料库，在查找某个词性的一个词或者多个词时，PowerGREP 可以一次性检索到这一个或几个词汇的不同曲折形式。这也是 WordSmith 无法实现的。在 4.3 节中讲到提取学术名词在 CCEPT 和 CRAIJ 中的使用频数，就是利用了这一功能。本研究主要使用了这款工具的查找和收集功能。图 4.1 是PowerGREP 默认的界面。

图 4.1 PowerGREP 默认界面

（1）实现词汇频数信息的查找

例如，在查找高频学术名词 language 和 study 时，可以在界面的 Search 一栏中写入表达式：

〈w pos="NN. "〉(language|languages)〈/w〉或〈w pos="NN. "〉languages? 〈/w〉

〈w pos="NN. "〉(study|studies)〈/w〉

也可以一次同时写入两个或者多个词：

〈w pos="NN. "〉(language|languages|study|studies)〈/w〉

表达式中 NN. 代表了作为名词单数 NN1 和复数 NN2 的两

种情况。对于本研究中的 data 这种单复数同形的名词可以使用
NN(可参考 CLAWS 的码集 Tagset7)。此时，PowerGREP 的优
势就显现出来了，可以得到 language 和 study 的频数，也可以得
到不同曲折形式的频数，如下：

	CCEPT	CRAIJ
language	15279	9505
languages	534	1342
study	6147	5278
studies	2011	3118

这样可以更具体地观察到，两个语料库在不同曲折形式使用
上的差异。大致可以得出结：CCEPT 使用复数形式 languages
要远远少于 CRAIJ；对 study 的使用，CCEPT 中也更多使用单数
形式。

PowerGREP 这种强大的查找功能，省去了使用其它工具的
繁琐程序，而且在选择众多文本时，只需选定文件夹即可，这些细
节在实际操作中非常高效、省时。当然，在本研究中，词频的查找
仅仅是一种最基本、最简单的应用。

(2) 收集功能

在查找到相关词汇或者词项搭配之后，需要再进一步借助工
具删除附码，生成可读性强的文本。而利用 PowerGREP 具备的
收集功能也可以一次性实现对所要考察词汇的提取。例如，要对
"形容词-study"这一搭配形式进行提取，并实现在 Excel 中的编
辑时就需要利用这个功能。

<w pos="(J[^"]+)">([^<]+)</w><w pos="
(NN.)">(study|studies)</w>

要实现对上述表达式所检索的"形容词-STUDY"序列(此时
有可能 study 后面还接名词，study 作为修饰语)的收集，可以在
界面 Collect 一栏中输入以下条件：

\1\t\2

这个条件表达式中的数字表示要收集第几个括号中的词汇，得到这一短语形式在语料库中的所有"形容词-study"短语。下图为 CRAIJ 中排在前五个的用法。

```
762    present  study
362    current  study
205    previous          studies
99     Other    studies
70     future   studies
```

上述 Collect 条件中的 t 用来分隔收集到的词汇。用了这个符号之后，再将结果复制到其它编辑软件中就可以实现数据整理和统计的目的。本研究的数据分析包括在 Excel 中实现对学术名词不同曲折形式的归类。另外，因为本研究中 CLAWS 附码会出现不准确的情况，在 Excel 中进行修正就需要使用收集功能。

可见，对长度有限的具体短语可以通过在 Collect 一栏中写入条件实现。这也是收集功能中比较基本的应用。而有时还需要实现对某个具体的词或者某个节点词的一定跨距内的搭配词汇使用的观察，如"形容词-study"后接分词修饰语，即 V-ing 或者 V-ed 结构。仅仅通过写入这三种词性的表达式，很难确定 V-ing 或 V-ed 是否作为修饰语，例如，仅得到 complex language using 是不够的，要判断 using 的具体功能，还需要观察删除附码后的可读性文本中 V-ing 或者 V-ed 的具体使用语境才能确定。这时，也可以通过 Collect 写入更复杂的条件，利用更加高效的附码删除工具实现[①]。

4.4.3　其他软件

本研究使用到的研究工具还包括附码删除工具、Excel、卡方检验工具。附码删除工具用来删除 PowerGREP 检索结果中的词

---

① 非常感谢薛学彦教授提供的技术帮助和相关软件。

性附码,生成可读性文本。Excel 工具的使用主要用来计算标准化频数以及表格和图形的生成。因为每个学术中心词在 CCEPT和 CRAIJ 中的使用频数不同,要知道它们的修饰语使用差异,首先要将每个具体的中心词的定语形容词建立在一个共同基数上,例如 100、1000、10000 等。本研究使用的是 1000,也就是每千字学术中心词,这样原始的频数有了一个共同的基数后就可以进行比较。通常用的百分比频数实际上就是一种标准化频数(或频率)。本研究使用的卡方检验工具(Chi-square Calculator)目的是用来计算某个短语模式或者修饰语在两个语料库中使用的差异。这款工具是由《语料库应用教程》的三位作者梁茂成、李文中、许家金研发的专用工具(梁茂成等,2010)。这款计算器在 Excel 中运行,支持一次性完成多个卡方检验运算,非常高效。例如,对于上面的问题,在对每个中心词的定语形容词的使用频数进行了标准化之后,就有了共同的基数,要知道每个学术名词的定语形容词使用频率是否具有显著差异,就可以应用卡方计算器的批量处理功能,只要将这些名词的修饰语频率输入到卡方计算器中,就可以一次性得到处理结果。

4.5　研究过程

本节交代为了回答研究问题所进行的具体研究步骤,包括三个方面:学术中心词频数确定、回答研究问题的具体实现、对检索数据的人工检查及修正。

(1) 确定本研究中 47 个学术名词做中心名词时的频数

本研究是以做中心词的名词性学术词汇作为研究对象,而其作为修饰语的用法不在研究范围之内。本文研究的学术中心词简称为 AH(Academic Head)。在 4.3.3 小节里,确定了本研究中的高频学术名词,这里需要再进一步确定中心词的频数。根据

Aarts(1971)、Biber et al.(1999)，名词短语可以是一个独立的名词，所以学术名词独立使用时也作为中心词计数，所以 strategy 一词在 learning strategy 和(the)strategy 中出现时都视为名词短语，而在 learning strategy use 中，strategy 是作为中心词 use 的部分修饰语，尽管它同时也是 learning strategy 短语的中心词，这种嵌套式修饰语中的中心词不属于本书的研究内容。本研究利用 PowerGREP 工具检索到 4.3.3 小节中确定的高频学术名词作为中心词时的频数。见下表 4.6。

表 4.6 CCEPT 和 CRAIJ 中 47 个学术名词作为
中心词时的使用频数(首字母顺序)

序号	学术词汇	CCEPT	CRAIJ	序号	学术词汇	CCEPT	CRAIJ
1	activity	2238	1086	15	factor	1935	1623
2	analysis	2330	3172	16	feature	783	1423
3	approach	2010	1264	17	finding	1016	1748
4	article	378	1497	18	form	2433	3562
5	aspect	1449	999	19	group	4791	5958
6	condition	580	1945	20	hypothesis	1097	1073
7	context	2211	2732	21	information	2345	1481
8	data	1580	2890	22	interaction	1289	1696
9	development	1840	1814	23	knowledge	4490	2945
10	difference	2630	3207	24	language	6230	5522
11	discussion	812	779	25	level	2908	3276
12	effect	2146	3474	26	meaning	2227	2165
13	error	2489	1134	27	measure	417	1535
14	example	919	1392	28	model	1465	1522

续　表

序号	学术词汇	CCEPT	CRAIJ	序号	学术词汇	CCEPT	CRAIJ
29	pattern	876	1649	39	role	1763	1321
30	performance	1595	1504	40	strategy	6105	1136
31	practice	1440	1073	41	structure	1516	1844
32	process	3624	1716	42	study	7552	8453
33	production	559	1193	43	subject	3254	921
34	relationship	1239	1274	44	system	1135	1409
35	research	3291	2737	45	task	4442	3930
36	researcher	1673	1395	46	type	2202	2698
37	response	686	1377	47	use	2667	2704
38	result	3753	3359	共计		106410	104607

　　这 47 个学术中心词在 CRAIJ 中的共计频数是 104607,在 CCEPT 中为 106410。这个总的频数将成为本研究数据分析的基础,每个中心词的频数也成为衡量修饰语使用类符/形符比的基本数据。之前强调过,以词汇频数而不是以语料库库容量作为比较的基础,这样更容易明确研究生在学术词汇使用上与期刊研究论文的差距和不足,并确立未来的词汇学习目标。

　　(2) 回答研究问题的具体实现过程

　　研究问题一中的压缩性结构特征是指名词短语以名词、形容词、介词短语做修饰语,也就是短语性修饰。要确定短语性修饰的特点需要对常用的后置修饰进行统计。前置修饰比较容易确定,而后置修饰包含的内容要更加复杂,包括限定小句和非限定小句修饰结构。本研究的修饰语包括前置形容词和名词修饰,后置修饰包括 of、in、on、with、for 这几个常用介词引导的介词短语、

wh-定语从句、that 从句、V-ed 和 V-ing 引导的分词短语以及不定式结构。为了回答研究问题一，将分别检索以下短语模式。

　　A. 形-AH

　　B. 名-AH

　　C. AH-介词短语。介词短语包括 of、in、on、with、for 引导的短语

　　D. AH-限定小句。限定小句包括 that 从句、which 定语从句及其它 wh-定语从句

　　E. AH-分词修饰。分词修饰包括 V-ing 和 V-ed 结构

　　F. AH-不定式修饰（可分为主动和被动两种形式）。

　　通过对比上述修饰结构在两个语料库中的使用，研究中国英语专业研究生在名词短语修饰语使用上的压缩性结构特征以及小句修饰使用情况。上述修饰语的提取通过 PowerGREP 的查找和收集功能实现，数据经笔者仔细校对确保了准确性。

　　研究问题二中的有多项修饰语的短语模式能反映出修饰语的使用密度和复杂性。要实现在有多项修饰语使用的名词短语模式上的对比，本研究分三个层面来考察。首先，考察学术中心词前使用形容词或名词修饰语时对后置修饰的使用情况，即"形-AH"、"名-AH"两种短语模式使用后置修饰的情况。此时的后置修饰包括了研究问题一中的全部后置修饰结构。通过考察学术中心词前使用的不同修饰语类别，可以反映前置修饰语类别对选择后置修饰的影响。其次，将对学术名词短语中前置修饰语的不同配置模式进行深入考察。形容词和名词作为重要的修饰语，它们的配置模式使用能进一步体现应用语言学学术语篇的信息整合特点，也有助深入了解中国研究生对复杂前置修饰语的句法使用能力和他们对语篇信息的管理能力。考察的修饰语配置模式包括三种："形-名-AH""形-形-AH""名-名-AH"。第三个层面是研究有多项前置修饰时对后置修饰的使用情况，此时的后置修饰

同样包括研究问题一中的全部后置修饰结构。这是对第二个层面的深入分析,具体来说包括"形-名-AH"、"形-形-AH"、"名-名-AH"三种短语模式使用后置修饰的情况。越是扩展的名词短语越能反映出短语的复杂性、体现信息焦点,同时可以观察汉语以前置为主导的修饰语配置模式对中国研究生使用英语后置修饰的影响。

　　研究问题三和研究问题四将集中考察由形容词和名词修饰的学术名词短语的具体使用情况,即"形-AH"和"名-AH"短语。这两大类词性作为重要的信息压缩手段,所修饰的名词短语在语篇中大量存在(Durrant & Schmitt, 2009),搭配角度的研究也表明学习者在这两种搭配上存在较多的问题(Durrant,2009;Parkinson,2015;Parkinson & Musgrave,2014)。要考察研究生利用期刊研究论文中的高频学术名词短语的情况,以及研究生论文中使用到的高频短语的质量,首先要将 47 个学术名词在两个语料库中的高频短语进行提取和统计,按照频数确定高频修饰语。通过在本族语语料库中,生成某个词性的词汇频数,确定高频研究词汇,并确定其类联接和搭配词,Tsai(2015)称这种方法为自上而下的方法(top-down approach)。本研究从两个方面来回答研究问题三。一是 CRAIJ 中的高频学术名词短语能在多大程度上在 CCEPT 中得到体现以及被充分使用。CRAIJ 作为权威语言学期刊论文语料库,它所使用的高频短语可以代表应用语言学中较为典型的名词短语,研究生如能使用其中的绝大多数,甚至全部高频短语,说明研究生对这一学科的短语知识掌握较好。二是 CCEPT 中使用的高频短语是否能在 CRAIJ 中得到体现。研究生的学术英语语言输入很大程度上来自阅读国外期刊论文,他们使用的名词短语如能在 CRAIJ 中得到体现,可以说明语言输入发挥了重要作用,并且他们能将所阅读到的知识转化为有效的语言输出。这里考察的"形-AH"和"名-AH"短语,只纳入了左一位置出现的名词和形容词,而不包含基于频数的搭配研究传统通常考察的跨距+/－4以内的搭配词。本研究的这一做法和Durrant & Schmit(2009)、Li & Schmit(2010)一致,他们的研究也聚焦紧邻的前置修饰语的使用。不考虑跨距+/－4内的形容词和名词的原因在于,关键词一定跨距内的搭配词并不能表明和关键词之间的句法关系(Zhou, Zhang & Zhu, 2007;Seretan,2010);而且MI值和T值等反应搭配力的数值主要是基于词形计算出的,而不区分同形异类词。另外,根据Berg(2011,2014)的研究,即使是在多项修饰语中,还存在一定比例的修饰语用来修饰下一级中心词,而不是主中心词(详细内容见3.1.4节),本研究是要确定直接修饰中心词的修饰语。频数是确定典型搭配所依据的最重要信息。基于以上,本研究对高频修饰语的确定基于频数。

本研究借鉴Li & Schmitt(2010)研究中对"形/名-名"搭配的处理方法,他们指出衡量搭配典型性的MI值和T值应该视为一个连续体概念,他们的研究区分了不同频数等级的搭配。本研究将两个语料库中的修饰语划分为4个不同的频数等级以得到更具体的使用信息。划分如下:

等级1	大于等于15(M≥15)
等级2	大于等于10且小于15(15>M≥10)
等级3	小于10且大于等于5(10>M≥5)
等级4	小于5(M<5)

注:M表示修饰语modifier,用来表示与中心词共现时的频数

通过划分学术名词短语的不同等级可以更细致地观察它们的使用情况,频数≥15的学术名词短语是高频短语。期刊研究论文中的高频短语是应用语言学领域的常用搭配,通过观察研究生使用CRAIJ高频短语的情况不仅可以了解他们的短语知识,还可

以了解他们对应用语言学学科知识的掌握情况。同样,研究生使用的高频短语如果都能在期刊研究论文中得到体现,则说明这些短语是"有据可依"的。等级 2 和等级 3 处于连续体的中间,可视为普通搭配,等级 4 代表低频使用的名词短语。本研究重点观察两个语料库中高频使用的短语(M≥15)在对方语料库中的具体使用频数等级分布,尤其是在频数等级两端,即 M≥15 和 M<5,这更能说明对高频名词短语的利用情况。对于研究问题四,将基于对大量数据的观察基础上,将定性和定量的方法结合起来,这样才能更加全面认识研究生在名词短语使用上的特点和差距。语料库检索结果提供给我们的只是冷冰冰的数据和事实,要实现对研究生对学术名词短语使用特点的分析,需要对两个语料库中这 47 个学术中心词的具体修饰语使用进行详细的、全面的观察和对比,将定量结果和定性分析结合起来,只有深入语言使用的纷繁复杂的细节才能真正观察到中介语使用特征(Larsen-Freeman,2006)。定量的研究将围绕学术名词短语的类符/形符比、修饰语使用的集中程度等方面进行说明,定性的分析将结合两个语料库使用的具体名词短语进行对比、说明。

（3）对检索结果的修正

Biber et al. (1998)曾指出,语料库标注中出现错误很正常,根据标注的语料库进行研究,检查工作是最基本的。就本研究而言,数据的检查包括对检索到的形容词、名词两大修饰语进行修正以及确定 V-ing 和 V-ed 形式是否做修饰语。本研究第五章回答的前两个问题主要对短语性修饰、小句修饰和修饰语使用密度进行语料库对比。第六章对两个语料库中的形容词和名词两大词类修饰的高频名词短语的对比研究完全基于回答问题一时所获得的数据基础之上进行的,所以数据的检查和修正将直接影响对比结果。笔者在核对、确定这 47 个学术词汇的各类修饰语时投入了大量的时间和精力,以保证数据的准确性。笔者对检索结果进行了如下的分析和修正。

首先是纠正并确定形容词和名词词性。CLWAS 附码结果表明，对形容词的附码不会出现大的分歧，但会存在将其它词类附码为形容词的情况，例如将 other 附码为 JJ，即形容词类。对于 other 的词性还有一些争议。例如，Biber et al. (1999：280—281) 在论述限定词时，将包括 other、same、former 等在内的一些词汇视为半限定词。他们在界定形容词时又将这类词作为类别形容词列出，下面是 Biber et al. 解释 former 一词举的例子：

He said the *former* Yugoslav republic could become a European Lebanon … (Biber et al. ，1999：506)

在对形容词进行语义归类时，Biber et al. (1999：514)将 the same physical unit 中的 same 归类为关系形容词（relational adjective）。可见，Biber et al. 在处理这一类词时也并非完全一致。出现这种附码上的争议时，本研究以 Collins English Dictionary(《柯林斯英语词典》)为准，该词典将 other 视为限定词。本研究更关注修饰语的"信息打包"能力，这主要由意义更丰富的词汇来完成，所以学术名词前的 other 全部排除在研究之外。另外，在检索"名-AH"时，会出现名词和学术名词不存在修饰关系的情况，例如 years study，这种情况逐一检查、排出。对于有些低频使用的"名-AH"，还需要回到原文中，依据语境确定是否存在修饰关系。

其次，V-ing/V-ed 后置修饰的确定。CLAWS 对学术名词前的 V-ing 和 V-ed 形式的词汇通常附码为 VVG 和 VVN，也就是动词的现在分词和过去分词形式。这种附码无法明确它们的句法作用。但实际上，这类词在名词前出现时，除了做动词和后面的名词构成动宾关系外，还可以做其后接名词的形容词性修饰语或者名词性修饰语。例如，learning、writing 出现在 strategy、research 等词前时就是名词性定语，以及 confounding factors、

occurring forms 中的 confounding 和 occurring 是做形容词性的
修饰语。为了使数据准确可信,需要对 47 个学术名词前所有的
VVG 和 VVN 附码分别进行检索,这种情况在 CCEPT 中有 2134
例,CRAIJ 中有 1070 例。笔者对这些结构逐一进行了检查、核
实,重新将其归类为名词和形容词。

　　最后,对于后置介词短语修饰,本研究和 Biber & Gray
(2011)的研究一致,考察几个常用介词 of、in、on、with、for。对于
介词 of 引导短语的检索结果不做进一步筛选。对于其它四个介
词,借鉴 Biber & Gray(2011)的分析方法,通过对检索到的"学术
名词-介词"序列进行概率性的统计以区分介词短语做状语和做
定语的用法。具体做法是:在 PowerGREP 中分次检索到学术名
词和每一个介词的搭配,进行收集、删除附码。这样得到每个名
词和介词搭配的具体语境。分别对每个介词引导的短语中的任
意 300 个例句样本做详细的分析,确定其中做后置修饰语的数
量,利用以下公式计算出修饰学术中心词时的数量。

　　　介词短语做修饰语的数量＝SN * CN/300

注:SN 代表介词短语在这 300 个随意样本(Sample)中做修饰语时的数量;CN 代表
"AH-介词"在语料库(Corpus)中的总的数量。

　　对于限定小句,本研究包括 that 从句、which 定语从句及其
它 wh-定语从句。that 从句包括定语从句和补足语从句两种,本
研究对这两种用法进行了进一步区分。"介词-which 定语从句"
结构也归为 which 定语从句这一类,例如以 strategy 为中心词的
名词短语"any strategy with which they feel comfortable"中的
"with which-从句"也纳入 which 定语从句计数。

　　在本研究中,对名词和形容词修饰语数量的确定以书写时是
否存在空格为依据,例如对于以 group 为中心词的短语模式 high
level group 中,中心词 group 前视为两个词,当论文中使用的是

带有连字符的书写形式时,如 high-level group,high-level 视为
一个词。在多项修饰语的词性确定上和 Arnaud et al.(2008)的
做法一致,即多项修饰语的词性界定以这些修饰语单独出现时的
词性为准。Arnaud et al.(2008)的研究中列举了很多"形-名"序
列,例如 real life(或者 real-life),long term(或者 long-term),
large scale(或 large-scale)。他们的研究对带有连字符的词也作
为两个词处理,这是和本研究不同的地方。仍以 high level group
为例,本研究以 high 和 level 单独出现时的词性为准,所以 high
level group 是一个"形-名-名"短语模式。对于拉丁文术语如
post hoc 或 post-hoc,本研究视为一个词;同样,诸如 NNS、CLEL
这类缩略词也视为一个词。本研究将缩略词作为修饰词纳入研
究是因为这类词在应用语言学论文写作中也较为常见。当学术
名词和其前面的词之间有连字符连接时,例如学术名词 form 在
focus-on-forms 中,此时的 form 作为复合词中的一部分,不属于
本研究范围,予以排除。另外,对于 CLAWS 词性附码存在质疑
的地方,本研究重点以《柯林斯英语词典》中对词汇的定义和例子
为准,同时参考其它语法工具书。例如《柯林斯英语词典》定义
follow-up 为名词并列举了 follow-up 作为前置定语的例子,如 a
follow-up letter。对于一个词的多种书写形式,本研究均作为一
个词处理,有很多 non-、meta-等前缀构成的词,如 nonnative 和
non-native,meta-linguistic 和 metalinguistic 这类词大量存在,词
缀构词的不同书写形式也视为同一个词。

第五章　结果与讨论(一)

在本章和接下来的一章里,将对 CRAIJ 和 CCEPT 在学术名词短语上的使用对比结果进行描述、分析和讨论。本章回答研究问题一和研究问题二,即研究生毕业论文中名词短语的压缩性结构特点和(非限定和限定)小句修饰特点,以及有多项修饰语的学术名词短语使用情况。

5.1　研究生论文中学术名词短语的压缩性结构特征

这一部分考察的修饰结构包括短语性修饰和限定小句以及非限定小句修饰。短语修饰包括形容词、名词、介词短语(由介词 of、in、on、with、for 引导),限定小句修饰包括 that 从句、which 定语从句及其它 wh-定语从句,非限定小句结构包括：V-ed/V-ing 分词短语、不定式修饰。表 5.1 是短语性修饰和小句修饰的使用情况。以下将主要基于表 5.1 中的数据及生成的图形来报告研究生使用名词短语的压缩性结构特征。

根据表 5.1,在短语性修饰结构上,CRAIJ 中的定语形容词、名词、介词短语分别为 292.1‰、194‰、241.7‰,限定小句和非限定小句修饰分别为 31.7‰、35.9‰。显然,短语性修饰占到绝对

表 5.1 CCEPT 和 CRAIJ 中的短语性修饰和小句修饰

修饰结构		CCEPT		CRAIJ		卡方值	P 值	O/U
		频数	千分比‰	频数	千分比‰			
前置修饰	形容词	29956	281.5	30551	292.1	28.65	0.00	—
	名词	21854	205.4	20297	194.0	42.47	0.00	+
后置修饰	of	16977	159.5	16547	158.2	0.73	0.39	
	in	5344	50.2	4291	41.1	102.48	0.00	+
	on	2158	20.3	1928	18.4	9.50	0.00	+
	with	808	7.6	933	8.9	11.33	0.00	—
	for	1107	10.4	1593	15.2	97.23	0.00	—
	介词短语共计	26394	248.0	25292	241.7	11.18	0.01	+
	限定小句共计	2598	24.3	3322	31.7	104.28	0.00	—
	非限定小句共计	2861	27.0	3755	35.9	140.99	0.00	—

注:(1)O/U 表示 Overuse/Underuse,以下表格中同义。(2)和 Parkinson & Musgrave (2014)对结果的处理一致,本研究省略 P 值在 0.05、0.01 和 0.001 不同显著水平上的比较。

的比例。在 CCEPT 中,形容词、名词和介词短语这三类修饰结构的使用分别为 281.5‰、205.4‰、248.0‰,限定小句和非限定小句分别为 24.3‰、27.0‰,CCEPT 同样以短语性修饰为主。下面用图将短语性修饰和小句修饰在 CRAIJ 和 CCEPT 两个语料库中的使用情况直观地呈现出来。

根据图 5.1,在两个语料库中,形容词、名词和介词短语修饰远远高于小句修饰。和期刊研究论文一致,研究生使用最多的前置修饰是形容词、其次是名词,使用最多的后置修饰是介词短语。所以,可以得出结论,研究生论文和期刊研究论文一样,在学术名

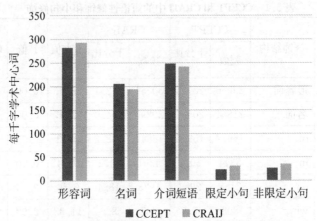

图 5.1 CCEPT 和 CRAIJ 中的短语性修饰和小句修饰

词短语的使用上是以压缩性结构为特征的,而带有动词的小句修饰结构只占了相对较小的比例。

Biber & Gray(2010,2011)称带有动词的小句修饰为阐释性修饰(elaborated modification),因为它们为中心词提供补充说明的信息,而将包括名词、形容词、介词短语在内的这些修饰视为短语性修饰(phrasal modification),因为它们将小句能表达的信息整合进更简洁的名词短语中,是高度压缩的结构,这正是学术写作中居于主导的名词短语模式。本研究结果表明,应用语言学论文写作主要使用短语性修饰,这一点和 Biber et al.(1999)、Biber & Gray(2000,2011)、Gray(2011)的研究结果一致。

再看研究生论文在压缩性修饰手段上的具体使用情况。

根据图 5.1,CCEPT 在形容词、名词和介词短语这三个类别的修饰语使用上和 CRAIJ 存在不同程度的差异。借助表 5.1 可以看出这种差异是否显著。表 5.1 的 P 值显示,CCEPT 的形容词修饰语使用频数显著低于 CRAIJ(P=0.00),CCEPT 在名词修饰语的使用上显著高于 CRAIJ(P=0.00),CCEPT 在介词短语的整体使用频数上也显著高于 CRAIJ(P＝0.01)。可以看出,两个语料库在不同介词引导的短语使用上也存在差异:在 of 介词短语上没有差异;CCEPT 中,介词 in 和 on 引导的短语显著多于CRAIJ,而 with 和 for 引导的短语使用则显著少于 CRAIJ。

在应用语言学领域,就前置修饰来说,CCEPT 和 CRAIJ 一样,形容词是学术中心词使用最多的一类修饰语。形容词能作为压缩信息的重要语法手段,这和形容词能表达复杂的语义关系密不可分。Biber et al.(1999)明确指出形容词是最主要的前置修饰语。Gray(2011)发现较之物理、历史等学科,英语语言学论文中的定语形容词使用最多。形容词的功能不仅体现在信息压缩上,在学术界重新审视学术写作中的客观性过程中,发现研究者使用很多评价类形容词来表明观点、立场、态度,以建立研究领域并突出研究的意义(Samson, 2006;Swales & Burke, 2003),而这些形容词的主要句法功能也是用作修饰语。中国研究生在形容词的使用上偏少,这可能受到一直以来被灌输的学术语言必须体现客观性这一观念的影响,而形容词总是让人联想到主观性,即学术论文中的形容词使用越多,给人的主观性感受越强烈(Wiebe et al., 1999)。这或许是研究生对形容词望而生畏的一个原因。CRAIJ 中大量使用了 significant、main、different 等形容词表达写作者对某个研究结果的判断和评价。CRAIJ 中的话题性形容词的使用也非常普遍,如 linguistic、statistical、qualitative、quantitative、communicative 等,这类形容词更能体现学科特点和表达的准确性。所以应用语言学论文中的形容词修饰语仍在前置修饰中占了主导地位,尽管研究生使用显著少于期刊研究论文,但仍是他们使用的最主要的前置修饰。

在本研究考察的学术中心词的定语形容词使用上,研究生论文和期刊研究论文一样,使用最多的形容词是 present,用来修饰study/studies,分别为 985 和 714。(关于学术名词的定语使用参考附录 6)。表达同样意思的短语,期刊论文高频使用了 current study 347 例,研究生为 120 例。其次,高频使用的形容词是 significant,用在 significant difference/differences 中,期刊论文和研究生论文使用频率分别为 539 和 626。而在其它高频使用的"形-AH"短语中,研究生论文中的频率往往远远高于期刊论文。在研究生论文中,普遍存在使用最多的形容词被过度使用的情况,例如,professional development 频率高达 204 次,其次使用的 cognitive development 频次为 42;communicative activity 频率为 102,其次是 interactive activity,频率为 53;lexical approach 频率为 132,其次为 interactive approach,频率为 47。其他高频使用的名词短语还有:experimental group(453),empirical study(329),metacognitive strategy(310),background knowledge(307),important role(264),cognitive strategy(253),linguistics knowledge(177),affective factor(173),affective strategy(167),metacognitive knowledge(165),major finding(141),new information(123),present research(114),social strategy(114)等。这些名词短语表达的概念已经普遍被接受,或是本土化表达(俞希、文秋芳,2010),这种集中使用某一个比较典型的修饰词的现象在英语学习者中比较普遍,因为"万无一失"的短语能给学习者带来安全感(Nesselhauf,2005),但也因此限制了多样化地使用其它替代表达的可能性,使得语言重复多、表达单一化。

名词修饰语的使用比例也不容小觑,CRAIJ 中约为 194‰,CCEPT 中比例更高。名词能成为重要的前置修饰,和名词本身表达简洁、经济有很大的关系(Biber & Gray,2010,2011;Ni,2004)。从历时发展来看,名词做定语在现代学术写作中的使用一直呈现上升趋势。本研究中 CRAIJ 的使用表明,名词修饰语的使用和定语形容词的使用还是有一定差距的,说明应用语言学作为文科专业,在很大程度上还需要更多地依赖形容词表达各种语篇功能，包括表达观点、描述和归类。但形容词和名词这两大词类结合起来时，所占到的比例接近一半，也就是说，每当一个学术中心词出现时，就有近50％的可能会被一个形容词或者名词修饰，所以应当重视这两大词类的修饰功能。

Musgrave & Parkinson(2014)曾强调，英语学习者要加强对名词修饰语的使用。我们似乎并不用担心中国学生会忽略名词修饰语的使用，本研究表明，中国研究生过度依赖了这一词类。这一点和国内外研究既有差异又有相同点。梁新亮(2015)基于研究生论文摘要部分的研究发现，中国研究生对名词和形容词修饰语的使用偏少，梁新亮(2015)是将名词修饰语使用和限定词使用进行对比得出这一结论的。本研究基于大型语料库的对比研究更具有说服力。赵秀凤(2003)研究发现中国学习者在前置修饰使用上超过本族语者，本研究中研究生论文使用的形容词和名词前置修饰与期刊研究论文中的使用分别达到486.9‰、486.1‰，使用比例相当。国外学者 Parkinson(2015)对不同母语的英语学习者习得"名-名"搭配的研究发现，从名词修饰语使用的量来看，中国学生比母语为其它语言的学习者（母语中没有名词做定语的用法）使用要多。因此，她认为这种差异可以归结于母语的影响。汉语中名词短语修饰以前置为主导，且名词修饰语使用也非常普遍。本研究结果支持了 Parkinson(2015)的研究。另外，除了汉语母语的影响外，另一个对本研究中研究生过度使用名词修饰的解释是，很多"名-名"短语已经被视为是结构非常固定的复合词，在研究生未能掌握其它指称表述时，对比较固定化的结构的重复要更多，当这些名词短语都已经成为比较固定的复合词时，会减少研究生在语言输出时所遇到的障碍，自然也就使用更多(Gagné, Spalding & Park, 2015)。当然，除了量上的过度使用，研究生在名词的使用上也存在"质"的问题，这一点将在6.3.1节进行详细论述。

在后置介词短语的使用上，CRAIJ 使用 of 介词短语占 158.2‰，接近形容词修饰语的一半，这一悬殊和 Gray(2011)的研究结果一致。CCEPT 中 of 介词短语修饰占到 159.5‰，和 CRAIJ 比较接近。期刊论文使用 of 短语修饰最多的是名词 use，频次为 1704(10.3‰)，构成 use/uses of 结构，其次依次是 type/types of 频次为 1368(8.3‰)，effect/effects of 1357(8.2‰)，level/levels of 1098(6.6‰)，knowledge 858(5.2‰)，result/results of 843(5.1‰)，form/forms of 772(4.7‰)，analysis/analyses of 769(4.6‰)，aspect/aspects of 674(4.1‰)，study/studies of 607(3.7‰)，这 10 个学术名词的后置 of 短语修饰共计 10050，占到总数的 60.7‰(10050/16547 * 100‰)。这表明，在语言学论文写作中，相对于其它名词，上述学术名词更容易使用 of 短语做其后置定语。

研究生论文共计使用 16977 次 of 介词短语修饰，其中使用最多的也是 use/uses，频次为 1578，占比 9.3‰，这一表现和期刊论文一致。其次是 result/results 频次为 1280，占 7.5‰，其它频次排序前十位的名词依次为：type/types 1130(6.7‰)，process/processes 1093(6.4‰)，effect/effects 1023(6.0‰)，level/levels 932(5.5‰)，study/studies 720(4.2‰)，development/developments 718(4.2‰)，knowledge 712(4.19‰)。这 10 个学术名词的后置 of 短语修饰共计 9883，占到总数的 58.2‰(9883/16977 * 100‰)。另外，期刊论文中高频后接 of 短语的学术名词 form/forms、analysis/analyse、aspect/aspects 在研究生论文中的频次和比例分别为：form/forms 598(3.5‰)，aspect/aspects 622(3.7‰)，analysis/anslyses 633(3.7‰)，在很大程度上也体现这些词汇的后置介词短语的修饰特点。

对比可以看出，在两个语料库中，高频使用的 of 介词短语比例分别为 60.7‰ 和 58.2‰，比较接近。期刊论文中高频使用 of

短语修饰的几个学术名词在期刊中和研究生论文中都得到了高频使用,但是期刊论文中的比例更高,如 use、type、effect、result、level、knowledge。整体上来看,研究生能掌握这些名词的后置修饰习惯。但是研究生在 process/processes 表现出过度使用后置 of 的倾向,频次达到 1093(6.4%),期刊论文中的 process/processes of 频率为 336(2.0%)。使用过度既和这一词汇本身过度使用有关(见表 4.5),也和中国人的表达习惯有关,我们倾向于将动作冠以"过程"化(详见 6.3.5)。而期刊论文中会少用 process,或者使用诸如 session 这样的词汇表达相近意思,例如:

In the 20-min sessions, the participants carried out ...

The audio recordings of the treatment sessions, the researcher gave instructions ...

Immediately after the familiarization session, participants completed ...

Each student's entire testing session was later digitized, ...

Session 一词在期刊论文中高达 1306 例,而研究生论文仅使用 360 次。*Collins English Dictionary*(《柯林斯英语词典》)对 session 的其中一个意思界定是"a period of time during which a group of persons meet to pursue a particular activity。显然,使用较低说明研究生对这个词的用法还不熟悉,而更倾向于使用最早习得的 process。

两个语料库中,介词短语都是最重要的后置修饰。Biber & Gray(2010)指出介词短语修饰的用法不容忽视,它们可用来表达抽象意义,同时,Biber et al.(1999)指出,介词短语比从句更加紧凑,甚至相对于名词修饰语来说,介词短语和中心词之间的关系更加明晰。研究生使用介词短语做定语比期刊研究论文更加频繁,说明这是中国学生非常熟悉的一种修饰结构。但是,结果同时也表明研究生在具体介词的使用上和期刊研究论文还有差异:

研究生忽视了 with、for 的使用而更加依赖 in 和 on。赵秀凤
(2004)的研究表明,中国理科的博士生和本科生对介词短语作为
后置修饰的使用非常少,而本研究表明,英语专业研究生对介词
短语的使用并不少,只是存在具体介词选择的差异,将介词进行
细分,这样更有助于看清学习者语言运用的真实情况。从本研究
结果来看,with、for 这些介词短语使用被学生忽视了,可以说介
词使用是学习的难点,这并不令人意外。但是,作为高级英语学
习者,尤其应当加强对那些被忽视的介词的使用。

　　本研究结果在印证已有研究结果的同时,和部分研究在短语
性修饰的量上所得到结果有一定差别,在与本研究相接近的语言
学学科研究方面,Ruan(2018)对国际期刊论文摘要的研究发现,
of 介词短语修饰达到 24.6%,形容词修饰占 22.1%,名词修饰为
15.3%。本研究分别为:15.8%、29.2%、19.4%。对于不同研究
的结果应慎重进行参考,首先标准化的基础不同,Ruan 的这一结
果是基于语料库词数百分比标准化的计算结果,本研究仅聚焦学
术词汇,以每千字(或每百字)学术名词标准化计算。其次,介词
使用上,本研究没有纳入诸如 a number of, quantities of, a series
of, in terms of 这类词束,而这些词束在学术论文中大量存在,这
造成了本研究结果在 of 短语使用上相对较低。最后,相对于
Biber et al. (1999)的形容词和名词占到接近 80%的结果,本研究
对于前置修饰整体较低,还因为我们只关注学术名词做主中心词
(major head noun)的情况,例如 learner language use 这个名词短
语,按照我们的界定,此处的 language 虽然是本书考察的学术名
词之一,但是本书未将其名词定语 learner 纳入统计数据,因为
use 才是名词短语中的主中心词。而在其它研究中,这里就存在
两个名词短语: learner language 和 language use。和本研究同样
以具体名词为标准化基数的研究方面,Yolanda & Pascual(2019)
对军事潜艇英语语篇中的名词短语使用的研究发现,61.6%的名

词有前置修饰,且名词是最主要的前置修饰,占 58.7%,之后是形容词,占 33.6%,介词短语为 29.3%。可以看出,不同学科的定语使用差异较大;不同的标准化依据都是导致结果不同的影响因素。本研究以高频学术名词为研究对象,目的在于生成对有益教学和论文写作参考的名词短语搭配。本研究将 47 个学术名词的形容词和名词使用频数及标准数整理在附录 1 和附录 2 中,以对研究生和期刊论文在具体学术名词上的形容词定语和名词定语使用进行详细对比。

附录 1 和附录 2 显示,在期刊论文和研究生论文中,本研究考察的 47 个学术名词都有被形容词和名词修饰的用法。但是不同学术名词的两大词性修饰语使用差异也较大。在期刊论文中,形容词定语介于 64‰—481‰,使用形容词最少的是 research,使用最多的是 feature;有 24 个学术名词的形容词定语使用达到 300‰以上。这表明,在语言学论文中,这些词汇有自己的修饰特点,形容词修饰是常用修饰语。期刊论文中,名词修饰语的使用介于 19‰—443‰,使用最少的是 example,使用最多的是 task。使用名词做定语普遍少于形容词。将学术名词使用的形容词修饰和名词修饰对照,我们会有一些有意思的发现,例如 result、research 使用的两类修饰语均偏少,共计分别为 163‰、144‰;使用两类修饰语分别达到 250‰的包括 activity、analysis、condition、development、measure、model、process、strategy、structure、system,其中 condition、process 使用分别高达 300‰以上,也就是说,这些学术名词出现时,有一半以上的可能会带有一个形容词或者名词做定语;有的学术名词更倾向于使用形容词或名词进行修饰,如 aspect、approach、difference、feature、information、interaction、meaning、role 更倾向于使用形容词,而不是名词,这些学术名词的形容词定语使用达到 400‰以上,而名词定语使用不到 150‰。而观察名词定语高频使用的情况,我们却不能得出高频使用名词定语而低频使用形容词定语这一结果,这符合已有研究结果,即认为学术写作中形容词定语是主要的修饰结构。但是,hypothesis 一词是个例外,它的名词定语高达 351‰而形容词定语为 108‰,这一点很容易解释,这源于 hypothesis 词汇本身的特殊性,它在语言学论文中常用来说明一种假设或理论,而需要使用名词界定"假设"的性质,例如期刊论文中使用的(L1/prosodic) hypothesis(44),aspect hypothesis(22),(critical) period hypothesis(22),(fundamental) difference hypothesis (16),(shallow) structure hypothesis(12)等,这些紧邻的定语都是名词,研究生论文更是过度使用名词定语,用于表达广泛接受的理论,如 input hypothesis(113),(information) load hypothesis (91),interaction hypothesis(61),output hypothesis(55)。

　　研究生论文中形容词使用介于 63‰—542‰,使用形容词最少的是 subject,使用最多的是 factor。研究生在 article、development、role、study 等 14 个名词上过度使用形容词修饰语,在 aspect、discussion、form、knowledge 等 13 个名词上使用不足。名词修饰语上同样存在使用过度和使用不足的情况,在 analysis、approach、knowledge、performance 等 18 个名词上过度使用,在 data、development、task、response 等 16 个名词上使用不足。研究生论文中,名词定语的使用介于 11‰—501‰之间,使用最少的是 example,使用最多的是 hypothesis。在 example 的名词定语使用上,和期刊论文一致,低频使用名词修饰它,而在 hypothesis 使用上则过度使用名词定语,如 input hypothesis(113),load hypothesis(91),interaction hypothesis(61),output hypothesis (55),这些高频使用表明,研究生在使用这一名词时,有一半以上的用法是将其作为专有名词对待的,而不是作为普通名词使用。在形容词定语的使用上,期刊论文使用形容词定语最多的是 feature,其次是 approach 和 knowledge,分别占学术名词使用频率的 481‰、475‰、462‰,而研究生对 knowledge 形容词定语使用明显偏少。例如,对于 knowledge 的形容词修饰词,期刊论文使用最多的是 metalinguistic(137)、explicit(94)、linguistic(92)、receptive(91),虽然这些形容词也出现在研究生论文中,但使用的频率差异却很大,metalinguistic 几乎没有得到体现,linguistic 却高频使用 177 次。

以独立的学术名词为基础进行定语形容词和名词的观察具有实际指导意义,限于篇幅,本书无法做逐一对比,读者可将附录1、附录 2 和附录 6 结合起来进行参考。作为语言学论文的非英语母语撰写者,应更多关注那些过度使用和使用不足的定语形式,并且对于使用相当的学术名词定语,也应观察期刊论文中的具体使用有哪些,这样才能使语言表达具有学科特征。

5.2　小句修饰的特征

本研究考察的小句修饰包括 V-ing/V-ed 结构、that-从句、wh-定语从句、不定式。下表 5.2 是各类后置小句修饰结构的具体使用情况。图 5.2 显示的是 CCEPT 和 CRAIJ 使用限定小句和非限定小句的情况,并区分了限定性定语从句和限定性补足语从句。根据图 5.2,CRAIJ 使用最多的后置修饰是非限定小句,其次是定语从句、最后是补足语从句。在这三类修饰结构的使用顺序上 CCEPT 和 CRAIJ 一致。但是,差异也非常明显。CCEPT中的这三类修饰结构使用均低于期刊研究论文,由表 5.2 可以看出,这种差异具有显著性。表 5.2 的结果还表明,在各种具体小句结构的使用上,研究生论文和期刊研究论文的差异也很显著,具体来说,CCEPT 在非限定小句 V-ing、V-ed 结构、不定式做后置修饰的用法上都少于期刊研究论文,差异具有显著性;在定语从句的使用上,则更复杂:that 定语从句使用显著少于 CRAIJ,而

which 定语从句以及其它 wh-定语从句的使用显著多于 CRAIJ，这里的 which 定语从句，包括了"介词-which"从句的情况。

表 5.2　CCEPT 和 CRAIJ 中各项后置修饰结构的使用

后置修饰语类型	CCEPT		CRAIJ		卡方值	P 值	O/U
	频数	‰	频数	‰			
（介词-）which 定语从句	977	9.2	719	6.9	35.25	0.00	＋
其它 wh-定语从句	307	2.9	213	2.0	15.46	0.00	＋
that-定语从句	1200	11.3	2083	19.9	256.84	0.00	－
定语从句共计	**2484**	**23.4**	**3015**	**28.8**	**62.38**	**0.00**	**－**
V-ed 小句	1890	17.8	2395	22.9	69.88	0.00	－
V-ing 小句	644	6.1	950	9.1	64.58	0.00	－
to do 小句	327	3.1	410	3.9	10.86	0.00	－
非限定小句共计	**2861**	**27.0**	**3755**	**35.9**	**140.99**	**0.00**	**－**
that 补足语从句	**105**	**1.0**	**307**	**2.9**	**102.73**	**0.00**	**－**

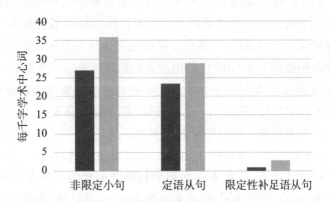

图 5.2　CCEPT 和 CRAIJ 中学术中心词的小句修饰对比

　　定语从句作为整体来看时，研究生论文中的用法明显偏少，这一结果和徐晓燕等（2013）研究得出的结果一致，他们发现英语专业大四学生在定语从句使用上偏少。本研究中，期刊研究论文中使用的 that 定语从句明显多于研究生论文（见表 5.2）。虽然 Biber & Gray（2010，2011）并不认为定语从句是压缩性特征的体现，但是 Biber 及其他研究者多次提到，that-定语从句修饰要比前置名词修饰更能明确修饰语和中心词的关系（Biber et al.，1999；Biber，2004；Biber & Gray，2011，2016）。对于"wh-定语从句"和 that 定语从句，中国学生表现出和本族语者不同的使用倾向：中国学生过度使用前者，而对后者使用不足，所以他们对学术写作中哪个定语从句结构更常用并不清楚。就本研究发现而言，中国研究生应当适当加强 that 定语从句的使用，减少 wh-从句使用。本研究结果表明，在使用 V-ing/V-ed 结构做后置修饰时，即使是英语专业研究生在使用这一结构上还有很多不足。林汝昌（1995）认为，分词使用少是因为分词形式复杂，学生在把握不大的情况下会舍难求易使用比较有把握的表达形式。我们更倾向于认为，作为高水平英语学习者，英语专业研究生在分词做定语的用法上知识不足不是导致分词修饰语使用偏少的原因，至少不是主要原因，因为即使是非英语专业一年级学生在经过显性教学之后都可以提高分词作为定语的使用率（徐晓燕，2010），而英语专业学生经过本科四年和研究生阶段的学习，应具备完善的语法知识，对于研究生使用这一结构偏少，最关键的因素是他们不清楚哪些修饰结构的语体值更高，而且课堂也缺少语体相关的显性语法教学。

　　也正是不完善的"语体意识"导致这两种可以转换的修饰结构出现失衡：研究生在"wh-定语从句"上表现出过度使用，而非限定小句修饰则不足。实际上，赵秀凤（2004）研究发现，很多定语从句形式是可以紧缩成分词形式的。本研究中，研究生的用法中也存在不少冗余表达的例子。本研究中的"其它 wh-从句"包括 where/who/whom/whose/whom 引导的定语从句。虽然整体上研究生对"其它 wh-从句"使用过多,但是当我们分别看待时,发现这种过度使用主要是由"who 从句"造成的。本研究考察的学术名词后可以使用"who 从句"的名词有 subject 和 researcher,研究生使用"subject/subjects who"高达 143 次,"research/reserchers who"23 例,而期刊论文仅分别为 12 例和 40 例。研究生论文中有很多"who-从句"也可以修改为其它形式的定语,部分冗余表达如下(本研究所考察的学术名词和它的从句修饰用下划线表示):

Four <u>subjects who were average among our subjects</u> were chosen from each experimental group … 可以修改为:Four ordinary subjects from each experimental group were chosen。

This is supported by statistical techniques that compare the responses of different <u>subjects who are of different age</u> on these intelligence tests. 可以修改为:subjects of different ages …

All the <u>subjects who were interviewed</u> reported that they were aware of the improvements … 可以修改为:all the subjects interviewed …

上述句三个句中的"who-从句"修改后意思表达没有改变。根据 Biber & Gray(2016)提出的压缩渐变观点,前两句的修改后是短语性修饰,压缩性高于最后一句修改后的非限定小句修饰,但都是比限定小句更压缩的表达。

表 5.3 which 定语从句、that 从句、不定式的具体分类

修饰语	CCEPT	%(CCEPT)	CRAIJ	%(CRAIJ)
which	653	66.8	209	29.1
介词-which	324	33.2	510	70.9

续　表

修饰语	CCEPT	%(CCEPT)	CRAIJ	%(CRAIJ)
共计	**977**		**719**	
that 定语从句	1200	92. 0	2083	87. 2
that 补足语从句	105	8. 0	307	12. 8
共计	**1305**		**2390**	
to do	271	75. 9	268	65. 4
to be done	86	24. 1	142	34. 6
	357		**410**	

　　表 5.3 是对小句修饰结构进行的具体划分和对照。将表 5.2 和表 5.3 结合起来可以看出,研究生在"(介词)which-定语从句"上的过度使用也是由于使用了过多的 which 定语从句,占到 66.8%,远远高于期刊论文 29.1%的比例。例如,研究生论文中使用 strategy/strategies which 53 例,factor/factors which 57 例,activity/activities which 48 例, task/tasks which 56 例, structure/structures which 45 例。以下研究生论文语料库中的 which 定语从句是可以在不改变意思的条件下,做出灵活的调整,转换为其它形式的修饰结构,从而改进句子表达。

　　Now there is another <u>factor which is very important</u>, … (可以转换为前置定语,简洁地表述为:another important factor。)

　　It includes a wide variety of affective and social <u>strategies which are not often enough considered by strategy researchers, teachers, or</u> … (可以转换为非限定小句修饰,表述为:strategies not often considered by strategy researchers, teachers, or…)

　　Zhang （2001） investigated the <u>vocabulary learning</u>

strategies, which were employed by non-English major postgraduate students. （可删除 which were employed，改为介词短语做后置定语：vocabulary learning strategies by non-English major postgraduates。）

To choose one or two major factors which have the closest connection with fluency as the major sign to stand for the level of the speakers, fluent proficiency.（可以将其压缩为形容词短语做后置定语：two major factors most closely connected with fluency or two major fluency-related factors。）

The ongoing reform is a long process which is full of failures and triumps.（可改为形容词短语做后置定语：process full of failures and triumps。）

The researchers have established formation of the initial evaluation process which made further adjustment，...（可修改为不定式，意义表达更直接：to make further adjustment ...）

Moreover, the task which is most important part in forming implicit learning is far from enough.（此时表述为同位语可以增加句法结构的多样性：the task, an important part in forming implicit learning。）

而另一方面，由表 5.3 可以看出，期刊研究论文中"介词-which"的使用比例为 70.9%，占到了绝对的主导地位，而研究生论文使用非常少，仅有 324 例，占总用法的 33.2%，这表明研究生使用 which 定语从句的形式相对简单，忽视了"介词-which"的用法，例如在整个语料库中，期刊论文使用 at which 共计 216，而研究生论文中仅使用了 68 次。这一结果在一定程度上和 Ge Lan et al.,（2019）的发现一致，熟练的写作者在定语从句的使用上具有更大的灵活性。在期刊论文中，"介词-which"从句的修饰能力很强，可以出现在各种学术名词之后，这里列举一些例子说明介词

使用的多样性,如下(学术中心词和"介词-which"使用下划线):

All narratives should be analyzed in the <u>language in which</u> they were told …

Self-regulation is a <u>process by which</u> individuals direct their efforts, thoughts, and feelings toward ……

However, in a L2 problem solving <u>task for which</u> the reading load is not heavy, it seems plausible that ……

If there is one <u>finding on which</u> learners of classroom discourse agreed, it must be the ubiquity of the …

Due to the empirical <u>research upon which</u> this article is based, only the emergence of …

… as he both laughs and offers his classmates additional <u>information with which</u> to interpret the preceding utterance.

Connections between related words also provide learners with an efficient <u>system from which</u> to associate newly encountered words …

… frequently lists were used with the RANGE software to show the 1000-word <u>level at which</u> the words in the text occurred.

… whole class <u>discussion during which</u> teachers question individual students …

… on the basis of performance <u>features</u>, the accumulation <u>of which</u> indicated strategic behavior.

…, it shows how the sequential <u>structures out of which</u> the differential distributions of resources emerge are not a natural but an oriented to feature of the interaction.

… it is important to highlight that despite their <u>differences</u> and <u>regardless of which</u> … neither dispenses with the concepts of critical period and maturation.

    ... DIF analysis paradigm is a two-stage approach, the first
of which involves a substantive DIF analysis in which DIF
hypotheses are developed.

    由上述例子可以看出,在期刊论文中,"介词-which"修饰学
术中心词的用法相当灵活,在最后一个例子中,使用了两处,不仅
仅是对中心名词 approach 和 analysis 的修饰,而且 which 可以灵
活地将前后句子联系起来,压缩句子结构,增强意义表达的连
贯性。

    基于表 5.3 对 that 从句进行具体对比分析。That 从句做后
置定语的使用也包括两种情况:that 定语从句和 that 补足语从
句。研究生论文和期刊研究论文一样,都将 that 定语从句作为主
要用法,但是在补足语从句的用法上,期刊研究论文使用的比例
要更多,为 12.8%,研究生论文为 8.0%。根据 Jiang(2015)基于
中国学生笔语语料库 WECCL 的研究,中国学生对"名词-that"同
位语从句这一短语模式的使用频数显著少于本族语者。本研究
中研究生用法同样表现出这一倾向。"名-that"同位语从句是作
者构建立场的重要手段,如下是期刊研究论文中使用的此类用法
(学术中心词和 that 补足语从句使用下划线):

    The same may be true of the result that their general
proficiency assessed by the SLEP test were not related to their
TL development.

    ... and responsibilities are always at play, with the result
that these categoires themselves are not stable.

    If the hypothesis that materialization through gesture is a
part of L2 developmental processes is confirmed, it could
lead to ...

    ... we wanted to confirm previous findings that idioms are

read faster than novel language phrases.

This view is quite consistent with our findings that in the Spanish group, only ESL learners but not EFL learners were able to recover from L1 transfer.

以上句子中，写作者通过 result、findings、hypothesis 这些抽象名词将所要陈述的内容提前告知读者，继而用 that 补足语从句引出具体内容，互为强化、突出了写作者的观点。显然，对于这一构建立场的语法手段，研究生还不够敏感和重视。

本次考察的其他小句中，不定式做修饰的用法最少，在 CRAIJ 中也仅占到 3.9‰的比例，CCEPT 中为 3.1‰，具体见表 5.2。Biber et al. (1999) 也指出，不定式是使用较少的一种后置修饰。表 5.3 将不定式细分为两类：主动和被动（即 to be done）。表 5.3 中的数据也显示，在不定式被动用法上，研究生仅使用了 86 例，占 24.1%，期刊使用的比例更高，占 34.6%。很明显，在不定式的使用上，也是缺少形式变化的，对后来习得的复杂结构给予的关注往往不够。

综上所述，从 which 定语从句、that 从句、不定式的具体使用来看，研究生在这类小句修饰结构的使用上更依赖一些更早学习到的"原型化"用法，在形式或功能上缺少变化，如过多使用 which 从句而忽视"介词-which"从句，更多使用 that 定语从句用法而忽视 that 补足语从句使用，过多使用不定式主动形式而使用被动形式偏少。这些都表明研究生在更加复杂的小句修饰结构使用上较薄弱。

造成这些特点的原因主要有两点。一是研究生对论文写作的语体意识还不明确，不清楚哪一个结构的语体正式性高，往往简单地认为 wh-定语从句就一定比分词和介词短语复杂、高级。这甚至是一种偏误认识。其次，对于名词修饰语的结构认识不清，名词修饰语的框架体系不完善，不同定语之间的转换训练不够,导致研究生往往过度依赖早期学习的一些基础性的结构。鉴于此,对于研究生教学,包括本科教学,亟待明确论文写作中压缩性名词短语的语篇特征。Biber & Gray(2016)指出,短语性修饰是学术论文中的典型语体风格,就压缩等级来说,非限定小句比限定句更呈压缩性,前置修饰又是比后置修饰更压缩的结构。从本研究结果来看,中国研究生应减少 wh-定语从句的使用,这类从句更倾向于口语化,适当加强 that 从句使用,并训练将 wh-定语从句转换成非限定小句或其它修饰结构的灵活性。同时,研究生还应该避免过度依赖更早习得的"原型化"小句结构,更多关注这些结构的其它形式和功能。虽然研究生基本上不存在语法知识不足的问题,但需要通过熟悉这一学科的语言使用达到输出典型短语模式的这一目标。

5.3 研究生论文中有多项修饰语的学术名词短语模式使用

5.3.1 学术中心词前有形容词或名词修饰时使用后置修饰的情况

首先以"形-AH"、"名-AH"名词短语模式为例,观察多项修饰语在 CRAIJ 和 CCEPT 中的使用情况。表 5.4 给出的结果是两个语料库中"形-AH"和"名-AH"两个名词短语模式后面使用后置修饰的频数对比。图 5.2 是两个语料库中学术名词用于"形-AH-后置修饰"和"名-AH-后置修饰"这两种短语模式的比较。后置修饰和研究问题一中的一致(见 5.2 节),包括介词短语、that从句、wh-定语从句、V-ed/V-ing 短语修饰、不定式修饰。因为研究多项修饰语的目的是考察中心词前面有形容词或者名词修饰时对后置修饰的使用情况,所以对后置修饰成分不做进一步分类。

根据表5.4,当中心词前有形容词修饰时,其后接修饰语的情

况在 CRAIJ 中有 9922 例,占到"形-AH"名词短语的 32.5%,
CCEPT 中的后接修饰的频数有 9016 例,占到 30.1%。CCEPT
的使用频数显著低于 CRAIJ(P=0.00)。当中心词前有名词修饰
时,后接修饰语的用法在 CRAIJ 中有 3101 例,占到"名-AH"名词
短语的 15.3%,CCEPT 中有 3267 例后置修饰,所占比例为
14.9%,两个语料库在后置修饰语的使用频数上,CCEPT 虽然少
于 CRAIJ,但是差异并不明显(P=0.35)。两个语料库表现出的
共同点是,在中心词前有形容词修饰语时使用后置修饰的情况要
多于中心词前是名词修饰时的情况。

表 5.4　CCEPT 和 CRAIJ 的"形/名-AH"短语模式使用后置修饰的情况

短语模式	CCEPT 后置修饰		CRAIJ 后置修饰		卡方值	P 值	O/U
	频数	%	频数	%			
形-AH	9016	30.1	9922	32.5	41.22	0.00	—
名-AH	3267	14.9	3101	15.3	0.89	0.35	—
共计	12283		13023		50.08	0.00	—

图 5.3 表明的是 47 个学术中心词用于"形-AH-后置修饰"和
"名-AH-后置修饰"这两种短语模式的情况。

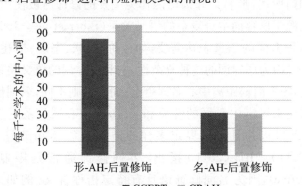

图 5.3　CCEPT 和 CRAIJ 使用"形/名-AH-后置修饰"短语模式对比

　　根据图 5.3,在 CRAIJ 中,学术名词用于"形-AH-后置修饰"
这一短语模式的使用比例超过 90‰,在 CCEPT 中为 85‰左右;
而在"名-AH-后置修饰"模式中,两个语料库使用情况更加接近,
在 30‰左右。根据表 5.4,当把形容词和名词作为整体来看待
时,即"前置修饰-AH-后置修饰"短语模式,其使用频数在 CRAIJ
中为 13023,CCEPT 中为 12283,所占比例分别为 125‰、115‰,
期刊研究论文中的用法明显多于研究生论文中的用法(P ＝
0.00)。

　　综合以上数据分析,可以得出这样的结果:研究生在对中心
词进行修饰时和期刊论文表现一致之处在于,当中心词前用形容
词修饰时,使用后置修饰的可能性比中心词前使用名词修饰时更
大。差异之处表现在:研究生在中心词前有形容词修饰时,使用
的后置修饰显著少于期刊研究论文,而中心词前有名词修饰时使
用后置修饰的情况没有差异。这一结果似乎表明,中国学生更习
惯使用名词做修饰语,这也不妨碍他们进一步使用后置修饰,从
而为中心词提供更多的说明信息。另外,在"前置修饰-AH-后置
修饰"短语模式的整体使用上,研究生论文明显少于期刊论文
用法。

　　如前所述,形容词修饰语能作为主要的修饰语被使用,很大
程度上源于形容词本身复杂的语义关系(Biber et al.,1999),满
足了多种多样的信息表达需要,如评价、关联、态度、描述、分类
等。正是因为形容词的这种复杂性,它和中心词的语义关系会不
太确定,很多时候距离中心名词更远;而名词则不同,名词性修饰
语通常用来界定中心词的性质和属性,和中心词关系更为紧密
(Iria,2011),并且可以界定多样的语义关系(Murphy,1990;
Iria,2011)。Iria(2011)指出,名词修饰通常是限制性的
(restrictive),因为名词修饰语具有特定指称含义,例如 flower
seller,而形容词更倾向于非限制性,它只是为已经具有指称性的

中心词提供补充性的信息,例如 an amusing joke。正是因为中心词前已经存在名词对中心词进行了性质界定,所以后置修饰的使用就显得不那么必要了。而形容词则不同,评价类形容词和一般描述类形容词还不足以说明中心词的属性特点,就需要借助后置修饰来进行定义。这里以中心词在期刊研究论文中高频使用的前 15 个形容词修饰语来加以说明,前 15 个高频形容词中有 9 个形容词属于一般描述类词汇,如 significant、present、different、previous、current、main、foreign、future、important,这些形容词不同于 lexical、grammatical、typological 等话题形容词(topic adjectives),它们无法告诉读者中心词的具体属性和类别。那么在这种情况下,则需要利用后置 of 短语结构或者其它结构对中心词进行进一步描述和属性界定。这或许也是现代学术写作中"of-抽象名词"作为修饰语使用大幅度增多的原因之一(Biber & Gray, 2011),例如,本研究中期刊研究论文中多次使用了如下"of-抽象名词"短语(划线部分)修饰中心词 level 和 effect:

different levels of proficiency

different levels of vocabulary

significant effect of time

significant effect of animacy

significant effect of context

上述几个短语中,of 介词短语中的抽象名词和中心词 level、effect 的关系比形容词 significant 和 different 更近。different levels of proficiency 也可以说成 different proficiency levels,significant effect of animacy 也可以说成 significant animacy effect。实际上,proficiency levels,animacy effect 在语料库中也有一定的使用频率,修饰语可以实现前置和后置的互换也表现了英语在修饰上的灵活性和多样性。研究生在中心词前已有形容词时使用后置修饰显著偏少,一方面可能对"of-抽象名词"作为修饰语的用法未能完全掌握,另一方面,受到汉语母语的影响,淡化了后置修饰使用的倾向。因此,研究生在输出的名词短语复杂性和信息密度上不如期刊研究论文。以"significant effect/effects of-抽象名词"为例,研究生仅仅使用了3例,如下:

The <u>significant effect of strategy education</u> on metacognitive strategies is evident,...

... the <u>significant effect of discourse cues</u> for low-level information becomes more difficult to...

..., the data are not enough for an extremely accurate investigation of the <u>significant effects of two interventions</u>,...

研究生更倾向于将"of-抽象名词"转换成前置形式。他们的语料库中无一例(significant)effect/effects of time,但是(significant)time effect却使用了30次。例如:

A <u>significant time effect</u> is also revealed by a repeated measures ANOVA...

... which is also the only <u>significant time effect</u> among the four measures.

ANOVA reveals a <u>significant time effect</u> and a significant Groups Time effect,but no significant group effect.

Table 6 summarizes the <u>significant within-group time effect</u> as well as the magnitude of effect sizes.

最后一个例子中,即使在 effect 前有多个修饰时,还是使用了 time 前置修饰。

再如学术名词 knowledge,在表示"英语知识"时,期刊论文中的 English knowledge 这一说法仅用了 2 次,且用在了 limited English knowledge 结构中,如"She was at disadvantage with the limited English knowledge...","... the Spanish monolinguals had limited English knowledge,...",而 knowledge of English

使用了 30 次，即使在 knowledge 前有代词或者前置形容词修饰时也如此，如：

　　… Janpanese speakers with intermediate knowledge of English would be expected to differ from monolingual Japanese speakers …

　　… who are developing their knowledge of English as an L2.

　　Rather，their knowledge of English is based mostly on formal education，…

研究生论文使用 knowledge of English 11 次，而使用 English knowledge 高达 98 次，这与我们汉语表达习惯不无关系。如：

　　… the teacher should not only master the English knowledge，but also acquire the knowledge in many disciplines，…

　　Moreover，many English teachers mainly teach English knowledge in their class，…

　　CIT encourages communication，which requires necessary English knowledge，such as certain vocabulary，…

　　Besides，the fundamental English knowledge of some college students is poor …

所以在学术名词前有形容词，尤其是一般评价类形容词时，期刊论文中会更多地利用后置定语明确其与中心词之间的属性类别关系。研究生论文则更倾向于将名词置于中心词前，这一点体现着汉语修饰习惯的影响。研究生需要学习去利用后置修饰以明确中心词的类别属性，而不是过度使用名词定语；另外，在一些基本的表达习惯上，如 knowledge of English 应向期刊论文用法靠拢。

5.3.2　兼有多项前置修饰语时的学术名词短语模式使用

接下来,进一步分析研究生在更加复杂的修饰语上的使用特点,考察形容词和名词这两大词类作为重要的压缩手段时的三种名词短语配置模式,分别为"形-名-AH""形-形-AH""名-名-AH"。表5.5和图5.4是 CRAIJ 和 CCEPT 中学术中心词用于这三种短语模式的具体情况。

表5.5　兼有多项前置修饰语的短语模式使用情况

短语模式	CCEPT		CRAIJ		卡方值	P 值	O/U
	频数	‰	频数	‰			
形-名-AH	3889	36.5	3876	37.1	0.38	0.54	
形-形-AH	1633	15.3	2396	22.9	160.91	0.00	−
名-名-AH	2554	24.0	2094	20.0	38.86	0.00	+
共计	**8076**	**75.9**	**8366**	**80.0**	**12.22**	**0.00**	**−**

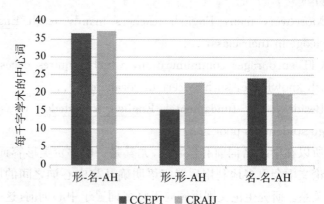

图5.4　CCEPT 和 CRAIJ 中心词的多项前置修饰语使用

结合图5.4和表5.5来观察两个语料库使用上述三种短语模式的具体情况。图5.4更直观地表明,在 CRAIJ 使用最多的短语模式是"形-名-AH"(37.1‰),其次是"形-形-AH"(22.9‰),使用最少的是"名-名-AH"(20.0‰)。在CCEPT中,使用最多的同样也是"形-名-AH"(36.5‰),但是,其次是"名-名-AH"(24.0‰),而"形-形-AH"则使用最少(15.3‰)。表5.5显示,三种短语模式中,CCEPT使用"名-名-AH"显著多于CRAIJ,使用"形-形-AH"则显著少于CRAIJ。有趣的是,在"形-名-AH"的使用上则没有显著差异。当把三种短语模式作为整体考察时,即"前置修饰1-前置修饰2-AH"这一短语模式,表5.5中的最后一行数据显示,CRAIJ中的使用频数为8366,CCEPT的使用频数为8076,所占比例具体为:CRAIJ中为80‰,CCEPT为75.9‰,这种有多项前置修饰语的短语模式整体上所占比例都不算高,但通过表5.5也可看出,对这种兼有多项前置修饰的名词短语模式使用频数上,研究生的使用更少,且差异具有显著性(P=0.00)。

形容词和名词作为压缩信息的重要手段,说明研究生在利用这种简洁的压缩结构处理语篇信息的能力与期刊研究论文还有差距。这一结果证明了Ruan(2018)的研究发现,即使是高级学者在前置压缩修饰的使用上也会明显少于本族语经验写作者。尽管在复杂短语的使用上,研究生论文和期刊论文写作者一样,名词短语的整体使用频数会随着修饰语的增多而减少,还应该看到研究生在复杂短语使用上的不足。当把前置名词和形容词两类修饰语作为整体来看时,研究生使用的差距就变得很明显:他们使用的复杂名词短语明显少于期刊研究论文用法,这表明,在使用更加复杂的语法结构来整合、管理信息时,研究生对复杂句法的使用不够理想。如何利用前置和后置短语性修饰语去拓展名词短语被视为高级语言能力(Biber & Gray, 2011)和英语语文水平(English literacy)(Fang et al., 2006),名词短语的修饰语越多说明信息密度就越大(Ni, 2004),从这个意义上来说,中国学生利用更多前置修饰语整合信息的能力还有待提高。对于认知能力发展成熟的成年英语学习者来说,可以从两个方面对这一差距进行解释,首先是汉语语言特点的影响,汉语结构呈封闭状态,容易束缚表达复杂的意义,当必须表达复杂意义时,汉语会重新开始一个句子,使用流水性的词组,进行分段作业(彭宣维,2000)。其次,因为短语修饰是一种高级语言能力和复杂句法体现,中国英语学习者对于使用多项前置修饰还缺少一定的课堂训练和能动意识,对压缩短语结构的重视不足。下面围绕"形-形-AH"和"名-名-AH"说明期刊研究论文和研究生论文的使用特点以及研究生使用的不足之处。

"形-形-AH"这一名词短语模式中的两个形容词共同修饰学术名词。在"形-形-AH"使用上,期刊论文和研究生论文中有着共同之处,例如在 error、article、example、discussion、result、researcher、hypothesis、finding、type 这些学术词汇被两个形容词修饰的用法都很有限,不到 10 例,说明在语言学论文中使用不频繁,研究生的用词也体现出这些名词的修饰特点。但是即使是使用频率低,这些学术名词和它们的两个形容词定语也形成了自己的搭配习惯,例如 findings 一词,期刊中的 6 种用法中,形 1 描述时间,如 recent,或者为评价类词汇,如 small-scale、reliable,形 2 为话题类形容词,如 psycholinguistic、neurolinguistic。例如:

..., and previous psycholinguistic findings on German praticiples are summarized.

Recent neurolinguistic findings about sex-based differences in lateralization, ...

The small-scale experimental findings do point to a conclusion that there may be wide difference ...

... so that more reliable empirical finding can better inform teachers regarding their practices ...

两项形容词的语义特点在研究生用法中也得到体现,例如:

... the major empirical findings yielded in Chapter 6 will be discussed in detail.

The second weakness is that the <u>current empirical findings</u> are fragmentary ...

47 个学术名词中，研究生论文在如下 10 个学术名词构成的"形-形-AH"短语的使用上多与期刊论文，包括 study、factor、strategy、level、activity、development、performance、error、result、finding。研究生论文使用的形容词多侧重一般描述，例如 activity 和 strategy 有 14 次出现在"various/different-形-activity/strategy"短语中，而期刊论文中无一例这一短语结构，可能是因为 various/different 这些词并不能传达具体的意义。再例如，在研究生使用的 45 例"形-形-development"上，有 15 个是与经济和科技发展相关的表达，如 fast/rapid economic development，worldwide rapid development，见下面的例句：

With the <u>rapid economic development</u> in mainland China, an increasing number of Chinese students are pursuing study at the universities in English-speaking countries.

Due to the demand for fluent English talents caused by <u>fast economic development</u>, this program received increasing attention, ...

Because of the <u>unbalanced economic development</u>, families are usually divided into two types: urban family and rural family.

Now, with the <u>worldwide rapid development</u> of politics, economy, modern science and technology, curriculum reform ... increasingly become the focus of attention.

研究生在语言学论文中使用"形-形-development"来描述经济发展并作为研究背景的一部分，当然显得过于宽泛而与论文主题无关。期刊论文中的"形-形-development"均与语言习得、教师职业发展和理论发展相关，如 self-direct professional development，bilingual morphosyntactic development，noticeable pragmatic development，individual multilingual development，early monolingual development，continuing professional development，considerable pragmatic development，部分例句如下：

These findings provide evidence … and suggest that significant linguistic development occurred.

Crosslinguistically, these characteristic features have emerged in the early monolingual development of children in a number of different languages，…

… relative exposure to each language and structure complexity are two important input factors predicted to determine rates of bilingual morphosyntactic development.

在另外 37 个被"形-形"修饰学术名词上，研究生使用都少于期刊论文用法。这一点不出意料，但是有的差距之大还是令人意外。这里以 difference 为例说明这类"形 1-形 2-AH"短语中的修饰语特点和研究生使用不足。

在 difference 的使用上，期刊论文使用较多的形容词是 significant，且这个词出现在形 1 的情况更多，有 24 例，出现在形 2 位置为 10 例；此外，形 1 通常描述"difference"的大小和重要性、明确性和可能性，用词丰富多样，如 significant、pronounced、marked、large、distinct、clear、substantial、slight、observable、detected、minor、crucial、critical、important、large、little、sufficient、major、key、fundamental、numerous、distinct、possible、potential、well-documented、reliable。在形 2 的位置除了 overall、mean、significant 之外，多数形容词会对"差异"的属性界定或说明差异主体，如 individual、structural、grammatical、crosslinguistic、perceptual、ecological、L1－L2、MRC-MAC、 acoustic、developmental、physical、intergroup、epistemological、articulatory、between-group、group-related 等。构成的名词短语如：significant overall differences，important developmental differences，pronounced qualitative differences，reliable statistical differences，minor grammatical differences，significant perceptual differences 等。

研究生论文使用"形 1-形 2-difference"15 次，形 1 用词多表示差异的大小，如 significant、outstanding、fundamental、main、strong、outstanding，形 2 用词基本如下：linguistic、cultural、significant、individual、statistical、structural，构成的名词短语如：siginificant cultural differences，significant overall difference，strong significant difference，main individual difference，obvious statistical difference，fundamental structural differences，distinct cultural difference。单从数量上来看，研究生对于 difference 的两个前置形容词定语的使用上，不管是形 1 的多样性，还是形 2 的具体性上，都是不足的。所以，应当充分利用好"形-形-difference"的两个形容词修饰词，通过它们整合对中心名词的评价和性质等信息，用简洁的语言传递更多有价值的信息，力求用词多样、表达准确。另外，研究生用法中还存在不适当表达，如 big individual differences，strong significant difference，outstanding individual differences，cultural pragmatic difference，similar significant difference。

除了形容词多样性使用上的难度，另一个解释研究生使用的"形-形-AH"这一名词短语偏少的原因在于，多项形容词的排序是中国学生的一个难点。英语多项定语的排列顺序同时受到思维习惯和句法规则的制约，学习者未能完全掌握这些规则时在排序上会遇到障碍，可以通过比较两个语料库中使用的高频"形-形-AH"短语来说明这一点。表 5.6 是研究生论文中使用的部分

"形-形-AH"短语,其中 internal contextual knowledge(10)也是使用最多的短语。从表5.6可以看到,English basic knowledge(5)和 basic English knowledge(7)两种用法皆有,正确形式应当是 basic English knowledge。存在类似排序问题的名词短语还有 oral irregular production（3）,正确表达应为 irregular oral production；oral regular use（3）的正确表达应为 regular oral use。可见,研究生的多项定语形容词的排序问题较突出。同时,研究生论文中还存在一些修饰词和中心词语义冲突的表达,例如 deeper scientific knowledge(2),deep concrete study(1),研究生用 deep 来表示"深入的…(研究)",完全将汉语中的表达字面地翻译过来,这和国内的研究发现一致(秦悦,2005)。这些错误多发生在"形-形-名"搭配上。可以看到,对词项结合的语义把握以及多项形容词使用排序的不确定性一定程度上导致研究生少用"形-形-AH"这种短语模式。

表5.6　CCEPT 中使用的"形-形-AH"短语(部分)

形容词	形容词	中心词	频数
internal	contextual	knowledge	10
basic	English	knowledge	7
total	physical	response	5
text-based	intensive	study	5
representative	empirical	study	5
English	basic	knowledge	5
oral	irregular	production	3
valuable	new	finding	3
deep	scientific	knowledge	2
deep	concrete	study	1

表 5.7 CRAIJ 中使用的"形-形-AH"短语(部分)

形容词	形容词	中心词	频数
significant	main	effect	125
paralinguistic	intonational	meaning	29
word-internal	morphological	process	14
simple	main	effect	13
null	referential	subject	12
previous	linguistic	knowledge	10
significant	overall	difference	10
personal	practical	knowledge	10
complex	dynamic	system	9
past	progressive	form	8

依据对所得数据的观察,并非所有学术中心词前都有多项前置修饰语,即多项修饰语使用通常和具体学术名词有关,那么研究生在阅读应用语言学研究论文时,就有必要去观察名词的常见短语模式或者类联接。表 5.7 列出了期刊研究论文中高频使用的"形-形-AH"短语,CRAIJ 中使用最多的是 significant main effect,频数达 125 次,而在研究生论文中仅出现了 1 次,巨大的差异说明研究生对高频词 effect 在应用语言学研究论文中的常用模式并不清楚。

"名-名-AH"短语模式上,两个语料库也表现出一些共同点,例如 feature、meaning、discussion、factor、example、role、aspect、relationship、finding、article、language 这些学术名词使用"名-名"修饰的频率不高,说明在应用语言学领域这些词汇也有着自身的修饰特点。但是研究生在 effect、measure、information、production 这些学术名词上所使用的"名-名"修饰不足 10 次,期刊论文中的频率依次为：52、48、34、22,研究生用法还是有一定的差距。

　　在期刊论文中,"名-名"序列修饰频率达到 50 次的学术名词包括 task、process、research、study、group、effect、data、analysis、strategy;在这几个学术名词中,除了 effect 和 data 在研究生语料库中使用较少,上述名词被"名-名"修饰的频率均超过 50 次,说明,这些学术词汇的典型类联接模式也能被研究生掌握。另外,研究生论文高频使用"名-名"修饰的学术名词还包括 level、hypothesis、use、form、approach、model、reactivity。进一步的分析显示,在具体的名词修饰词的使用上不无问题。

　　两个语料库中,高频使用"名-名"修饰的学术名词短语有所不同,表 5.8 是期刊论文和研究生论文中用于"名-名-AH"短语模式的频数最高的前 3 个学术中心词。CRAIJ 使用最多的是 task,频数为 494,比例占到 23.6%。其次是中心词 group 和 process,比例分别为 5.1% 和 4.2%。研究生论文在这一短语模式中使用最多的是中心词 strategy,频数为 744,比例占到 29.1%,其它两个名词是 process 和 level,比例分别为 6.9% 和 4.9%。

表 5.8　CCEPT 和 CRAIJ 中高频用于"名-名-AH"短语模式的学术中心词

中心词	CCEPT		中心词	CRAIJ	
	频数	百分比%		频数	百分比%
strategy	744	29.1	task	494	23.6
process	177	6.9	group	107	5.1
level	125	4.9	process	87	4.2

　　以 process 为例,研究生论文使用 language-名 2-process 62 次,其中 language learning process 54 例,vocabulary-learning/acquisiton-process 16 例。在期刊论文使用的 85 例"名-名-

process"用法中,使用最多的也是 language-名 2-process(34),其中,名 2 可以是 learning(25)、acquisition(6)、attrition(2)、teaching(1)。但是名 1 还包括 word、structure、feature 等,如 word-formation/recognition-process (16), structure-building process(8),feature-valuation/agreement-process(5),还有很多低频使用,如 speech production process, identity construction process, test validation process, assessment validation process, data collection process 等。相较于研究生论文中频繁使用的 language,期刊论文中使用了更多的与语言结构相关的名词作为名 1,word、structure、feature、speech、test、assessment 的使用让表述更加具体、准确,并体现学科特色,而这些用法在研究生论文中都没有得以体现。

当 strategy 用于"名 1-名 2-AH"短语模式的中心词时,研究生论文中的具体词汇实现包括:vocabulary learning strategy (332),language learning strategy(297),(mother)tongue reliance strategy(18),mother tongue strategy(8)都表现出词汇使用的集中倾向。高频使用的两个短语中都重复 learning;具体如下:

vocabulary	learning	strategy	(332)
language	learning	strategy	(297)
dictionary	consulting	strategy	(21)
tongue	reliance	strategy	(18)
mother	tongue	strategy	(8)

期刊论文中使用最多的是 language learning strategies/strategy(29),但是频率显然少很多。我们说,虽然整体上看,研究生在"名 1-名 2-AH"短语的是使用上明显多于国外期刊论文,但这其中 strategy 的用法占到很大比例,如果不看这一部分,那么研究生在使用的频率上远远少于期刊论文,所以研究生对某些研究主题或者术语的高频重复使用,是造成这一短语模式过度使

用的主要原因,这一点还反映在 hypothesis 和 level 作为中心词的使用上。名 1-名 2-hypothesis 的 109 次使用中,involvement load hypothesis 使用高达 100 次,而期刊论文中提及此概念仅为 6 次;对于学术名词 level,研究生使用"名 1-名 2-AH"的频率为 112,其中对 language proficiency level 的重复达 64,期刊论文仅出现 9 次。所以可以说,很多时候研究生凭借着对常规短语的高频重复使得"名 1-名 2-AH"这一短语在数量上显著增加,而期刊论文中,这种扎堆于某一个短语的高频重复情况是比较少见的。这也反映出期刊论文研究内容之广泛以及研究方法的多样性和复杂性。研究生论文中还有一些高频使用的"名 1-名 2-AH"没有在期刊论文中出现过,如 speech planning use(45),group work approach(20)。

在期刊研究论文中,以 task 为中心词的"名-名-AH"短语模式的具体词汇实现如下:

grammaticality	judgment	task	(41)
picture	description	task	(28)
word	learning	task	(13)
acceptability	judgment	task	(13)
reading	span	task	(12)

其中期刊研究论文使用最多的 grammaticality judgment task(41)在研究生论文中出现了 3 次,picture description task 8 例,而 word learning task,acceptablility judgment task 和 reading span task 均未被使用。这和之前分析过的出现在"形-形-AH"短语模式的中心词 effect 一样,研究生对于这些学术名词的常见短语模式以及具体的搭配词没有掌握。期刊论文中对 effect 的"名 1-名 2"修饰多为与语言结构和实验影像因素相关的描述,例如,gender congruency effect,noun animacy effect,extraction asymmetry。越是偏向实证性的研究论文越是更多使用名词修饰

语,这其中一部分原因在于,术语名词较多,这一点在 effect 上可以得到体现。

　　综上,研究生论文在使用"名-名-AH"短语模式,频繁使用了应用语言学论文中词项粘合度高的术语表达,或者和写作主题有关的熟悉的短语,这在很大程度上造成了"名-名-AH"短语使用多于期刊论文。而在具体的词汇实现上,还是有很大的差距。我们强调,期刊研究论文中的用法应当成为中国研究生学习的参照,那么对于学术词汇经常性地用于哪一种短语模式,二语学习者也需要观察和学习。从搭配的角度来说,这是一种类联接模式,使用什么样的类联接模式和搭配词是具体学科写作中的规约式表达(Gledhill, 2000),要真正提升学习者表达的可接受性并体现写作者对这一领域的专业知识,就必须知道哪些词经常性地用于哪些短语模式中。本研究中的 47 个学术名词是语言学论文写作中的高频名词,这些名词和名词短语频繁地出现在语言学论文中,研究生掌握这些表达将有助于增强论文的学术性,提高写作质量,因为掌握一门学科在很大程度上就是掌握其专业性的语言使用方式(Lemke, 1990)。本研究将国外期刊研究论文中常用的三种短语模式整理出来,见附录 3 - 5,希望对教学起到参考作用。

5.3.3　兼有多项前置修饰语时使用后置修饰的情况

　　表 5.9 反映的是"形-名-AH"、"形-形-AH"、"名-名-AH"三种短语模式使用后置修饰的情况,后置修饰同样包括 5.2 小节中的全部结构。根据表 5.9,CRAIJ 中的"形-名-AH"这一短语模式使用后置修饰语的频数为 623,比例占到这一短语模式的 16.1%,CCEPT 中的频数为 526,占 13.5%,CCEPT 使用频数明显偏少(P=0.00)。"形-形-AH"模式使用后置修饰语的频数在 CRAIJ 中为 791,占这一短语模式的 33%,CCEPT 中后接修饰的频数为 469,比例占到 28.7%,研究生论文用法同样少于期刊研究论文用法,且差异具有显著性(P=0.00)。当中心词用于"名-名-AH"短

语模式时,CRAIJ 使用后置修饰语的频数为 342,比例为 16.3%,CCEPT 中使用频数为 433,比例为 17%,研究生用法略多于期刊用法,但是这种差异不具有统计意义。上述三种短语模式中,两个语料库中使用后置修饰最多的都是"形-形-AH"。当把形容词和名词这两类修饰语作为整体来看时,即"前置修饰 1-前置修饰 2-AH"使用后置修饰的情况在 CRAIJ 中共计为 1756,占到三种短语模式的 21.1%(=1756/8366 * 100),CCEPT 中为 17.7%(=1428/8076 * 100),CCEPT 的用法少于 CRAIJ,且差异具有统计意义(P=0.00)。

表5.9　学术名词兼有多项前置修饰语时使用后置修饰的情况

短语模式	CCEPT 后置修饰		CRAIJ 后置修饰		卡方值	P 值	O/U
	频数	%	频数	%			
形-名-AH	526	13.5	623	16.1	9.99	0.00	—
形-形-AH	469	28.7	791	33.0	8.33	0.00	—
名-名-AH	433	17.0	342	16.3	0.32	0.57	—
共计	1428		1756		28.79	0.00	—

同样,这里将有两项前置修饰语时使用后置修饰的情况用图呈现出来,见图 5.5。如图所示,CRAIJ 中,使用最多的是"形-形-AH-后置修饰",其次是"形-名-AH-后置修饰",最少的是"名-名-AH-后置修饰"。在 CCEPT 中,这一顺序有了变化,分别为"形-名-AH-后置修饰""形-形-AH-后置修饰""名-名-AH-后置修饰"。同时,在两个语料库中,中心词用于"前置修饰 1-前置修饰 2-AH-后置修饰"这一短语模式的具体情况为:CRAIJ 中的中心词使用这一短语模式的频数为 1756,比例为 16.8‰(=1756/104607 * 1000),在 CCEPT 中的频数为 1428,占到 13.4‰(=1428/106410 * 1000)。可见,整体上的比例都

不高，即便如此，在这种更加复杂的扩展型名词短语的使用上，中国研究生的使用相对更少。

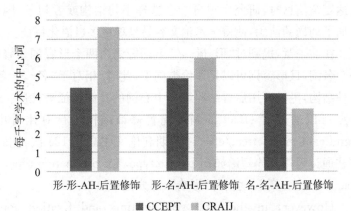

图 5.5　CCEPT 和 CRAIJ 中使用多项前置修饰和后置修饰的情况

在"前置修饰 1-前置修饰 2-AH"这种短语模式上，研究生论文使用后置修饰明显少于期刊论文，这也证实了学习者会因修饰语越来越复杂而越来越少地使用名词短语。本研究同时还表明，汉语母语以前置修饰的单一化模式为主导的修饰行为对研究生使用名词短语模式产生了一定影响，前置修饰越多，语言处理上的认知难度越大，研究生越会容易淡化后置修饰的使用，他们在使用更加复杂的名词短语时，就会显得力不从心。也正如Whittaker et al.（2011）指出，学习者在进行论文写作时，既要关注学科性内容又要注意语言形式，这的确是一大挑战。但是这反而体现出英语表达方式的多样性和灵活性（彭宣维，2000）。研究生阶段的英语语言输入，尤其是这种学术性的英语语言输入，很大程度上来自专业性的英语书籍阅读和文献阅读，而课堂上缺少对名词短语尤其是这种扩展型的名词短语使用的显性教学。笔者在梳理文献过程中也发现国内对名词短语语体特征的研究文献很少，实证性研究更是欠缺，对扩展型名词短语的使用需要重视起来。因此，在显性的课堂教学缺失的情况下，研究生在论文写作中会回避(avoid)对这种过于复杂的名词短语的使用；当必须表达复杂信息时，研究生很可能会选择小句结构或者句子，因而增加了动词的使用，使得学术论文容易呈现更多口语化特征。

在前一章，提到过"形-形-名"名词短语用两个形容词来修饰一个名词，且形容词可以是评价类词汇，此时，相对于"名-名-名"这种结构，更需要用后置结构解释中心词的具体特征和性质。这一点可以通过对 effect 的两种前置修饰结构进行对比看出。Significant main effect/effects 在期刊论文中高达 125 次，此时，往往通过后接具体短语如 of phrase type, for production type, in reaction times 等说明何种"影响"，部分例句如下：

However, in the total reading time and fixation count analyses, a significant main effect of Phrase Type was observed across participants and items.

There is a significant main effect of cognate status, ...

Results of the ANOVA revealed a significant main effect for production type,

This revealed a significant main effect in reaction times (RTs) both for the NS group, ...

而相对于"名-名-effect"，effect 前的两个名词已经将中心词属性交代得非常明白了，使用后置修饰结构的可能性就大大减少了，如：gender congruency effect, noun animacy effect, syllable structure effect。

其它学术名词如 difference、system、feature 作为中心词时也存在类似的情况：

… results of the MANOVA procedure showed that the groups exhibited significant overall differences on the L1 measures, ...

The null hypothesis was rejected based on statistically significant overall differences between the treatment（FL）and control（non-FL）groups,……

An ecological analysis of multilingual interactions enables us to see interactions in multilingual environments as complex dynamic systems where the usual axes of space and time are reordered along the lines of various historicities.

Although earlier TESOL research has made use of narratives as a source of information for designing teaching programmes and for improving specific linguistic features of fluency, this article demonstrates that narratives…

… second language acquisition research do not focus on assessment of specific linguistic features such as morphemes, lexis, or discourse.

相比于"形-形-AH","名-名-AH"使用后置修饰的可能性要小很多（见表 5.9），比如，期刊论文使用的 28 例 picture description task 中无一例使用后置修饰。当然这不包括那些意义泛化的术语表达,如 grammatical judgment task,因"语法"涉及范围广,有时候也需要通过不同的后置修饰进行具体说明,例如:

… the children were drawing on similar sources of knowledge to perform on both production and grammaticality judgment tasks with tense morphology, …

… English bilinguals had a mean score of 61.3 correct on a grammaticality judgment task with Spanish gender, …

… participants were tested in both oral and written elicited production and acceptability judgment tasks on both existing and novel verb stimuli.

... any Myhill（1983）reported an interesting result for a study that empoloyed a grammaticality judgment task involving RCs with a resumptive pronoun in various syntactic positions.

Gathercole reported the results of grammaticality judgment tasks probing children's knowledge of the following structures,......

In follow-up experiments, therefore, participants were presented with both the computer based task and a pencil and paper grammaticality judgment task using the same materials.

上述句子使用了 with/on 介词短语、分词对"任务"内容进行具体说明，这种后接修饰的例子在共计 41 例"grammaticality judgment task"用法中占到约 1/3，虽然不是最典型的用法，但也反映出语言学研究论文中名词短语修饰语使用的复杂化。对名词短语的学习应当以具体名词为出发点，观察不同中心词的修饰特点，task 两个使用表明，即使当前置修饰语为不同名词时，其后接修饰也都会有所不同。对比研究生的使用，在其使用的 92 次"名-名-task"中，鲜有后置定语，仅有 1 例用后置 V-ing 结构对 task 进行解释。

In pre-test, oral picture description task consisting of 12 target items were employed ...

研究生论文在"名-名-名"短语的后置修饰使用上显著多于期刊论文，在很大程度上源于研究生使用 strategy/strategies 过多，例如，vocabulary learning strategy 使用了 332 次，这一带有"名-名"修饰的中心词的后置定语主要表示"由…使用或应用的"，多以分词或从句形式引出，使用到的动词多为 employ、apply，研究生论文语料库中的部分例句如下：

The survey study for the overall pattern of vocabulary learning strategies employed by college science students is about to pave the way.

Researchers and teachers have made great efforts to investigate the vocabulary learning strategies employed by Chinese students.

Gu &.Johnson (1996) tried to find out the vocabulary learning strategies employed by 850 non-English majors at a university in China.

Zhang (2001) investigated the vocabulary learning strategies, which were employed by non-English major postgraduate students.

Feng (2003) carried out an empirical study on many kinds of vocabulary learning strategies applied by the English majors at different proficiency levels.

在这些例句中,研究生或使用定语从句,或者用分词表达"由…使用(应用)的策略",也有少数用法省去动词,使用介词短语,如下面的例子,所表示意思仍旧是"西方人(学习者)使用的词汇学习策略"。

However, studies on vocabulary learning strategies in the west do not in principle tell us anything about the vocabulary learning strategies in China.

而在期刊论文使用的为数不多的 4 个 vocabulary learning strategies 中,没有出现研究生论文中高频使用的"由……使用的词汇学习策略"这一结构。仅 2 例用法使用了后置定语表示其它意义,例如:

If the aim of watching movies is incidental vocabulary learning, then there are three vocabulary learning strategies which should be considered.

Schmitt (2000), for example, listed 58 different vocabulary

learning strategies，ranging from the traditional（e. g.，looking words up in a dictionary）to the more innovative（e. g.，discovering meaning through group work activities）.

不仅是在 vocabulary learning strategy 短语上，在期刊论文使用的 35 例 language/vocabulary learning strategy 中，仅有 2 例使用后置定语，分别用分词和介词短语引出"策略"的使用者，例如：

This study investigates language learning strategies used by English as a Foreign Language learners in Taiwan ...

... there was a significantly greater overall use of language learning strategies among higher level students.

所以，期刊论文很少用后置定语的形式引出策略的使用者，而是使用以 use 或同义表达 choice/automization 为中心词的名词短语，如"use/choice/automization/of language（vocabulary）learning strategies"。在这种结构中，策略的使用主体可以是句子的主语、可以省略、也可以是名词短语中的前置代词，例如：

... more proficient language learner makes better use of language learning strategies ...（策略使用的主体是句子的主语。）

There is a positive relationship between language proficiency and the use of language learning strategies.（省略策略使用主体。）

... have proposed several hyphotheses to account for students' L2 learning differences，e. g.，high anxiety, poor use of language learning strategies.（省略前面出现的策略使用者 students。）

Various factors are assumed to affect the choice of language learning strategies.（省略使用者。）

It examined how performance level affects the choice of language learning strategy. (省略使用者。)

... less effective learners used more language strategies than did effective learners because of advanced learners' automatization of their language learning strategies, ... (前置限定词 their 表示使用者。)

在上述期刊论文的例句中,通常将研究生使用的后置分词和定语从句修饰转化为名词中心词,即实现了由 language learning strategies (which were) employed by 到 the use of language learning strategy 的转变。在这种转变过程中,中心词发生了变化,后置介词短语成为定语,相对于研究生论文中普遍使用的分词和定语从句,介词短语修饰是更为压缩的结构。期刊研究论文中习惯性地省略策略使用主体也说明语言表达力求经济、简洁,因为本专业读者与写作者有着这样的共识:通常是二语或者外语学习者就是策略使用主体。当然,此时的句法结构也发生了变化。

我们认为,越是修饰语复杂的名词短语越是体现着写作者分析、整理信息的思路和能力,从期刊论文的使用来看,虽然兼有多项前置修饰和后置修饰的名词短语使用的数量不是特别多,但也呈现出一定的规律性,例如 significant main effect of/for/in+抽象名词;grammaticality judgment tasks 后置结构可以表示手段、对象、更具体的语言结构;vocabulary/language learning strategy 并未频繁用后置定语引出使用者。显然,这些修饰结构的规律性没有在研究生论文中得以充分体现。

在中心词前面已经使用多项前置修饰语后再进一步使用后置修饰的情况在期刊研究论文中也仅占到 16.8‰,研究生使用为 13.4‰,属于较小的比例,所以可以说,语言学学术语篇对这种过度加长的多项修饰语的利用不算多。McCabe &

Gallagher(2009)的研究表明,学习者和本族语者一样,当中心词前的修饰词使用越多,形成复杂名词短语时,它们的使用频数会越少。Thornton,MacDonald & Gil(1999)指出,适量的修饰语是一种标准用法(norm),如果中心词的前置修饰语比较充分,那么后置修饰语就会相对更少,反之亦然。他们提出,修饰是一种连续的变量,读者往往把适量的修饰语视为是一种标准,如果超出这一标准,读者就不会期待更多的修饰。这一点和苏刚(2000)对汉语多项定语的研究一致。苏刚(2000)的研究证实,虽然修饰语的数量按照短时记忆的假设(7+2)可以达到 7 个左右,但是实际的语言使用中很少能达到这个数量,而绝大多数名词短语中只有一个或者两个定语。无论是写作经验丰富的国外期刊研究论文作者还是中国研究生,在他们用英语进行学术论文写作时,都应当遵循大脑短时记忆的限制,过长的修饰语对写作者和阅读者都会成为一个难点。从语言表达的效果来说,如 Haggan(2004)指出,不过分堆积修饰语也是学术语言力求明白无误地表达中心词信息的需要。但是另一方面,应该看到,语言学研究论文中也有更加复杂的名词短语表达,如:

a pencil and paper grammaticality judgment task using the same materials

the results of grammaticality judgment tasks probing children's knowledge of the flowing structures

different degrees of work form knowledge on the partial to complete continuum

contextualizd acceptability judgment task administered to monolingual English speakers

这些名词短语都有着复杂的前置修饰和后置修饰,体现着串联式(concatenated)和嵌套式(embedded)的修饰关系。这些复杂名词短语虽然数量偏少,但修饰语的使用也有着自身的规律,不同修饰结构从不同角度完成对中心词的说明和介绍功能,所以在实际文献阅读中,应该观察那些兼有多项修饰结构的中心词并分析多种修饰结构的功能特点,避免修饰结构的语义冲突。

第六章　结果与讨论(二)

　　前面一章对研究生毕业论文中的学术名词短语压缩性特征、小句修饰及不同短语模式使用做了对比分析,本章将对名词和形容词这两大实词类修饰语的使用进行深入研究。

　　这里说的修饰语也可以称之为学术中心词的搭配词,确切地说,是对学术中心词起到修饰作用的搭配词。第四章研究方法中做过交代,本研究的修饰语在借助软件检索的基础上,经过逐一的人工检查、核对,确保了修饰语的词性以及修饰语和中心词句法关系的准确性,正是在之前整理的数据基础上才得以进行深入研究。本研究将 CRAIJ 和 CCEPT 中使用频数达到 10 的学术名词短语整理在附录 6 中,供对比和教学参考。首先,交代一下这 47 个中心词的修饰语使用的基本信息。按照 4.5 节说明的方法,将两个语料库中的学术名词短语使用划分为四个频数等级,并重点分析语料库中的高频学术名词短语在对方语料库中的分布和使用情况,尤其是在高频和低频等级上的使用情况。下表 6.1 是四个频数等级的学术名词短语使用信息。

表 6.1　学术名词短语类型和频数在 CRAIJ 和 CCEPT 中的分布情况

频数等级	CCEPT				CRAIJ			
	数量	百分比%	频数	百分比%	数量	百分比%	频数	百分比%
M≥15	589	6.7	32322	62.4	624	5.7	25028	49.2
15>M≥10	292	3.3	3362	6.5	420	3.8	4915	9.7
10>M≥5	800	9.1	5161	10	1021	9.3	6649	13.1
M<5	7101	80.9	10965	21.2	8914	81.2	14256	28
共计	8782		51810		10979		50848	

表 6.1 中的"数量"代表名词短语的使用类型。基于表 6.1，CCEPT 使用的"形/名-AH"的短语类型共计 8782，总频数为 51810，高频使用的名词短语类型共有 589 个，占总数量的 6.7%，这部分短语使用频数是 32322，占到总频数的 62.4%。在 CRAIJ 中，"形/名-AH"短语类型共计是 10979，总频数为 50848，高频使用的短语类型有 624 个，占总数量的 5.7%，频数为 25028，占到总频数的 49.2%。CCEPT 和 CRAIJ 在四个频数等级的名词短语使用的类型和频数排序上一致：类型使用由多到少依次是 M<5、10>M≥5、M≥15、15>M≥10；频数使用由多到少依次是 M≥15、M<5、10>M≥5、15>M≥10。名词短语的使用数量和频数这些基本信息是以下分析的基础数据。

6.1　研究生毕业论文对国外研究论文中高频学术名词短语的使用

CRAIJ 中的高频名词短语代表了应用语言学学科中的典型名词短语，我们关心的是研究生能在多大程度上使用这些高频短语。从实际教学来说,频数越高的搭配对他们进行论文写作越重要,如果这些短语都能在研究生论文中得到体现,那么说明研究生很可能已经具备这些短语知识。CRAIJ 中频数≥15 的高频短语在 CCEPT 中的使用情况用表 6.2 呈现出来。

表 6.2　CRAIJ 高频学术名词短语(≥15)在 CCEPT 中的使用情况

名词短语	M<5(%)	10>M≥5(%)	15>M≥10(%)	M≥15(%)	共计(%)
数量	129(20.7)	72(11.5)	42(6.7)	217(34.8)	460(73.7)
频数	265	490	496	19867	21118

表 6.2 表明,CRAIJ 中频数达到 15 的学术名词短语在 CCEPT 中分布于不同的频数等级。CRAIJ 高频短语类型共计 624 个(参考表 6.1),CCEPT 使用了其中的 460 个,使用比例为 73.7%。在四个频数等级上的具体使用情况是:出现 5 次以下的有 129 个,频数为 265。我们还计算了在 CRAIJ 中频数仅出现一次的情况,共有 49 个,2 次的有 37 个,也就是说,这 129 个短语在 CRAIJ 中属于高频搭配,而在研究生论文中是作为 5 次以下的低频短语使用的,这部分比例占到总数量的 20.7%,占到研究生使用的 CRAIJ 高频短语的 28%(=129/460 * 100%)。使用频数在 10>M≥5 之间的有 72 个,占总数量的 11.5%;分布在等级 2 的名词短语有 42 个,占到 6.7%;高频使用的有 217 个,占总数的 34.8%。CCEPT 使用了其中的 460 个名词短语,占到 CCEPT 总共使用短语类型的 5.2%(=460/8782 * 100%),这 5.2% 的名词短语类型,其频数使用在 CCEPT 的总频数中占到了 41.3%(=21118/51810 * 100%)。这说明,研究生对 CRAIJ 高频学术名词短语的利用率很高,其中研究生使用最多的是 learning strategy,频数为 1446,这也是本研究中使用频数最高的一个学术名词短语。

同时,从教学意义上来说,还应加强对那些低频使用以及未能使用的 CRAIJ 高频短语的重视。CRAIJ 高频短语中的 20.7% 在研究生论文中没有得到充分体现,其中,研究生使用一次的就有 49 个,占总数的近 8%,可以说,研究生对这部分名词短语是比较陌生的。表 6.3 列出了一部分研究生低频使用的 CRAIJ 高频学术名词短语(因为两个语料库的库容量比较接近,所以省去标准数的比较)。它们在 CCEPT 和 CRAIJ 中的使用频数差距特别大。从表 6.3 可以看出,这部分短语是国外应用语言学研究论文中常见的表达,如 dynamic system、sentence type、complex system、formulaic language、grammatical aspect,其中 dynamic system 在 CRAIJ 中频数高达 101,而中国学生仅使用了 1 次。这些高频短语应当引起高度的关注,研究生在论文写作中应增加这类短语或者修饰词的使用。

表 6.3 CCEPT 低频使用的 CRAIJ 高频学术名词短语(部分)

序号	学术名词短语	CCEPT 频数	CRAIJ 频数
1	dynamic system	1	101
2	sentence type	1	73
3	English group	1	69
4	complex system	2	63
5	formulaic language	3	57
6	contrast group	1	41
7	subjects factor	1	40
8	grammatical aspect	1	38
9	cognitive analysis	1	33
10	ceiling effect	1	32
11	core meaning	1	25

序号	学术名词短语	CCEPT 频数	CRAIJ 频数
12	fluency development	1	25
13	earlier research	2	24
14	delayed performance	1	22
15	present finding	1	22

　　另外,还有 164(＝624－460)个 CRAIJ 高频短语未被研究生使用,比例占到 CRAIJ 高频短语的 26.3%。本研究将这部分短语称之为 CRAIJ 专有高频学术名词短语。这 164 个短语在 CRAIJ 中的使用频数为 4071,占总频数的 8%(＝4071/50848 * 100%),因此,它们在写作中所起到的作用不可忽视。本研究将研究生未能使用的 CRAIJ 高频短语进行了统计,见附录 7 CRAIJ 专有高频学术名词短语,附录 7 基于频数将这些短语排序,希望对应用语言学学科教学和论文写作起到参考作用。可以看出,其中的绝大多数(97 个)短语使用频数在 CRAIJ 中达到了 20 以上,其中 32 个短语的频数达到了 30;19 个达到了 40 以上。附录 7 中还包括一些缩写形式。本研究之所以将缩写形式纳入修饰语范围,是因为它们在学术论文中同样频繁出现,也是研究生在论文写作中需要掌握的简洁表达形式,例如 NS group 频数为 87,FL study 频数为 37,NS group 也是这其中使用频数最高的短语。这些高频短语在应用语言学论文中具有一定的代表性,然而缩写形式进行修饰的高频名词短语被中国学生忽视。

　　当然,某些 CRAIJ 专有高频学术名词短语也是国际权威期刊论文性质决定的,例如,present article(44)(括号中数字表示其在语料库中的使用频数,以下同);有些搭配反映了国际期刊研究论文涉及的范围,例如 German group, bilingual group, Asian language。这些短语没有出现在中国学生论文中也可以理解。如果说受到二语学习者的写作者身份和研究范围的限制,不能使用这些短语属正常现象,那么对于一些更具有一般性质、不受研究内容和主题限制的常用短语如果不能加以利用,则表明研究生在学术语言上的短语知识欠缺、语言表达的单一性和局限性。这种更具一般性质的短语有不少,例如:minimal response(47),familiar condition(29),larger study(22),training condition(24),inherent aspect(16),initial condition(16),additional analysis(15),large difference(15),possible effect(15)。有些名词短语则标识与语言结构等相关的内容,如 inflected form(69),extraction structure(50),irregular form(32),tone production(30),prosodic structure(27),matrix subject(26),thematic analysis(25),morpheme study(18)。也有名词短语是专门的语言学术语或者语言现象:parallelism effect(59),plausibility information(54),transfer hypothesis(44),canonical form(37),enhancement model(29),reactive effect(25),immediate performance(20),attritional process(16),(manner)path information(15)。上述这些搭配都可以视为具有高度粘合性质的学术名词短语。

附录 7 CRAIJ 专有高频学术名词短语中有不少名词和形容词修饰词都是派生变化而来的多音节词汇,例如 parallelism、extraction、non-sigmatic、canonical、verification、vigilance、implausible、applicability、referential、tone-specific、resultative、intonational、conjugational、suppression、procedural、reactive、verbalization、longitudinal、licensee 等等,这其中的大多数词汇在平常的写作中并不常用,甚至对中国学生来说尚有一定难度。很多修饰语的语言学专业性很强,更体现学科性质,这些短语的使用更能表明具体的学科特点,反映研究所涉及内容更加细致、深入,有助凸显写作者的学者身份和研究问题的深度。根据 Li &

Schmitt(2010),学生通常可以使用 T 值所反映的常用短语,但是对于 MI 值衡量的搭配,也就是作为独立的词不太常用;但是通常一起出现的搭配,学生使用的较为保守。本研究也证实,这些更有难度的派生词充当修饰语的高频名词短语显然也对研究生构成了一定的难度。

综合以上结果,研究生能使用国外学术论文中的大多数(73.7%)高频学术名词短语,这其中有 28%是低频使用的,另外还有占到 26.3%的短语是完全被忽视的,这其中有不少是常规性表达。应当说,这一结果还不是很理想,中国研究生还应当继续加强对国外学术论文中高频名词短语的理解和使用。

6.2 研究生论文中使用的高频学术名词短语

要了解研究生论文中高频学术名词短语的使用质量,还需要从另一个角度进行观察,即他们使用的高频短语是否"有据可依"。这里说的有据可依,就是以 CRAIJ 作为参照,观察研究生使用的高频短语是否能在 CRAIJ 中得到体现。表 6.4 列出了 CCEPT 高频学术名词短语在 CRAIJ 中的频数分布。

表 6.4   CCEPT 高频学术名词短语(≥15)在 CRAIJ 中的使用情况

名词短语	M<5(%)	10>M≥5(%)	15>M≥10(%)	M≥15(%)	共计(%)
数量	137(23.3)	82(13.9)	56(9.5)	217(36.8)	492(83.5)
频数	308	565	670	13381	14924

CCEPT 中高频使用的短语中,频数达到 15 的共有 589 个(参考表 6.1)。其中的 492 个在 CRAIJ 中得到体现,比例为 83.5%,占到较高的比例。这些名词短语出现在 CRAIJ 中,可以说明研究生对这部分名词短语的使用是有依据的。表 6.4 中高

频使用的 217 个短语也正是表 6.3 中的 217 个短语,也就是说,CRAIJ 和 CCEPT 在均高频(≥15)使用的名词短语中,有 217 个是重合的。但是两个语料库对这部分共有名词短语的利用率显然有差异:这 217 个短语在 CCEPT 中的使用比例占到 38.3%(=19867/51810 * 100%),CRAIJ 中则为 26.3%(=13381/50848 * 100%)。研究生对这部分修饰词的依赖更大,这和 Durrant & Schmitt(2009)、Li & Schmitt(2010)的研究一致,学生对本族语常用搭配的依赖更大。表 6.4 还显示,频数介于 15>M≥10 之间的有 56 个,占到总数的 9.5%,频数在 10>M≥5 之间的有 82 个,占 13.9%,5 以下的有 137 个,占 23.3%。

研究生使用的绝大多数高频学术名词短语在国外期刊研究论文中也得到使用,这当然是我们希望看到的。研究生阶段学科知识的获取很大程度上来自研究生自身对国外期刊论文的阅读和吸收,这一结果表明,学生从阅读英文文献中获得了有益的语言输入,并能将其转化为书面语言输出。

尽管如此,也应注意到,在研究生使用到的这部分 CRAIJ 高频学术名词短语中有 137 个是低频使用的,比例占到 27.8%(=137/492 * 100%)。本研究同样统计出在 CRAIJ 使用频数为 1 次的有 50 个短语。表 6.5 中列举了部分在 CRAIJ 中低频出现的短语,这部分短语在两个语料库中的使用频数差异非常之大,例如 CCEPT 中使用的 teaching model(201),affective factor(173),English level(106)在 CRAIJ 中频数分别只有 1、1、4。这些短语如此频繁地在研究生论文中出现,部分反映了两个语料库在具体写作内容上和表达习惯上的差异。

表 6.5 CRAIJ 低频使用的 CCEPT 高频学术名词短语(部分)

序号	名词短语	CRAIJ 频数	CCEPT 频数
1	teaching model	1	201

序号	名词短语	CRAIJ 频数	CCEPT 频数
2	affective factor	1	173
3	English level	4	106
4	listening process	1	89
5	basic knowledge	1	51
6	English knowledge	2	44
7	collected data	1	32
8	various activity	1	31
9	internal context	1	24
10	teaching task	1	23
11	obvious difference	1	22
12	grammar knowledge	1	21
13	difficult language	1	18
14	systematic study	1	15
15	rapid development	3	29

　　另外,有 97($=589-492$)个 CCEPT 高频学术名词短语没有出现在 CRAIJ 中,本研究将这部分短语称之为 CCEPT 专有高频学术名词短语,这部分数量占到 CCEPT 高频短语总数量的 16.5%($=97/589*100\%$),它们的使用频数为 2636,在 CCEPT 中占到 4.5%,比例相对 CRAIJ 专有高频搭配的使用频数(8%)更小。同样,本研究将这些名词短语进行统计和频数排序,见附录 8 CCEPT 专有高频学术名词短语。

　　观察附录 8 可以看出,这 97 个名词短语中,研究生使用频数达到 30 的有 33 个。使用最多的两个是 sex role,频数为 103,

contextual knowledge 频数为 86。CCEPT 专有高频学术名词短语中有 3 个是缩写形式：CL approach, CL activity, MI activity, 也有少量的造词用法，如 non-affective factor(23), non-signaled group(49)。缩写词和造词用法体现了研究生在表达中力求简洁的语用倾向。CCEPT 专有高频学术名词短语中也有固定的术语表达，例如：filter hypothesis (47), null hypothesis (19), intralingual error(15)；有的名词短语反映了研究生论文更多关注语言教学和语言技能的倾向，例如，teaching effect(39), teaching pattern(23), teaching language(21), teaching result(17), writing condition(22), writing approach (16), listening study (23), listening level(57), planning process(30)。CCEPT 专有高频学术名词短语中有一部分和应用语言学学科性质并无太大关系，例如 business knowledge (32), business context (30), business activity(22), economic development(15)，这一现象在前一章也提及；其中还一些名词短语带有中国英语特色，例如 full use(49), professional knowledge(34), practical use(23), rapid development (29), social development(20), economic development(15)。这种中国英语同样可以从表 6.5 中得到反映，如 basic knowledge(51), various activities(31), systematic study(15)。

我们讨论研究生论文中高频使用的学术名词短语，而这些短语在期刊研究论文中属于低频使用或者没有使用，并不是说这部分短语就一定都是不可接受的或者错误用法。这种使用差异背后的原因当然很多，其中写作者的研究视野是最大的影响因素，还有部分是出于表达的需要。作为二语学习者这一身份很难回避对英语语言学习策略的研究，研究生论文写作更多集中于策略、教学法等，尤其体现在学生对学术名词 strategy 进行修饰的用法上，strategy 构成的很多名词短语并未在国外研究论文中得到体现。说明研究生写作内容还围绕英语学习策略进行，学生对这一词汇的需求更大,用它生成更多的名词短语也就不足为奇。相对来说,研究生使用的名词短语反映出他们在语言学理论上相对薄弱、专业技术性词汇的使用不够突出;中国研究生毕业论文研究主题不够深入。

另一个方面,研究生专有学术名词短语表达反映了英语在中国的本土化使用,这背后同样有母语思维的影响。俞希、文秋芳(2010)指出中国报章语言(相对于BNC新闻语料)中的本土化语言使用和中国的本土政治概念、偏好正面评价的习惯、词汇意义差异等因素有关。本研究的结果分析表明,在中国研究生的学术写作中,本土化现象同样存在。卫乃兴(2005)利用汉语中通常使用的"随着……的发展"来解释中国学生中介语中大量出现的"with the development of"这一结构,这些汉语中熟知的表达发生了极强的自动迁移趋势。毕业论文写作中,中国研究生母语中使用多的表达也会在学术论文中加以体现。研究生论文中频繁使用此类搭配,折射出文化、思维习惯和行文习惯的影响。

本土化的英语使用也是一种中国式英语。贾冠杰(2013)认为中国式英语本身并无错误,它们不同于那些中国人造错误英语(bad English)。尽管如此,学习者的本土化表达的可接受性并不高,它们对本族语者的理解会构成一定障碍(高超、文秋芳,2012)。我们认为,就应用语言学学科性的语言使用而言,很多本土化表达具有笼统性、欠专业技术性特点,出现在学术论文中并不传递太多实质性的信息,如研究生使用的 professional knowledge(34),various activity(31),pratical use(23),economic development(15)等,因而过多地重复这类短语无益于学术论文的专业性,不能凸显语言学学科特征和研究者身份。作为以学术创为主要使命的研究生阶段的英语学习者,写作者要使自己的语言得到认可,就非常有必要逐渐地去学习、掌握这个"圈子"能接受的搭配(Gledhill,2000)。研究生阶段教学也应当让学生明白哪些是无益于学科信息传递的中式英语表达，尽量减少、摒弃此类用法，以体现具体内容和学科特色的短语输出为目标。

因为本研究所选取的高频学术名词在研究生论文中的使用频数同样很高，数量也大，可以在很大程度上反映论文的写作内容。可以说这些短语能表明研究生论文选题涉及面狭窄、写作内容集中，很大程度上与学习策略相关。

6.3　研究生论文中学术名词短语使用的其他特点

6.3.1　学术名词短语的类型偏少

类符/形符比（type-token ratio，TTR），或者称为标准化的类符/形符比，通常用来衡量语篇的词汇密度（lexical density）或者词汇变化（lexical variance），我国研究者也称之为形次比（梁茂成等，2010）。Ure(1971)认为，书面语经过深思熟虑词汇密度比口语高。除了衡量词汇多样性，类符/形符比也经常被研究者用来衡量搭配使用的多样性（Li & Schmitt, 2010；Durant, 2009）。根据 Durant(2009)，搭配使用多样性可以通过两种方式进行评估，首先是计算一定长度的语篇内使用的搭配数量，这种计算方法可以说明写作者通常所赖以利用的搭配资源；另外一种方法是计算每一个搭配类型使用的总的频数，这一算法可以表明写作者在多大程度上重复每一个搭配类型，例如，1 这个值表明没有重复，0.5 表明一个搭配类型重复了两次。本研究使用第二种计算方式，也就是通过计算类符和形符比。显然，类符/形符比越高，越能说明学术名词短语形式丰富，反之，短语形式单一。

本研究将 47 个学术中心词在语料库中使用的名词短语的不同类型（type）和频数（token）分别进行了统计，见附录 9，其中的平均值统计见表 6.6。附录 9 中，在形容词性修饰语的使用上，CCEPT 中有 31 个中心词的 TTR 小于 CRAIJ，名词修饰语的使

用上有 25 个中心词的 TTR 小于 CRAIJ。具体来说,CCEPT 在
以 activity、finding、researcher、strategy、use 为中心词的短语的
TTR 与 CRAIJ 相差 10% 以上,名词修饰语的使用上,TTR 差距
大的现象同样很普遍,例如 activity、approach、hypothesis、model、
result、role、strategy 等。这表明,更多时候研究生是在重复使用
以这类名词为中心词的名词短语。表 6.6 是 TTR 的均值比较。
结果显示,CRAIJ 中,以形容词为修饰语的类符/形符比为
28.4%,名词修饰语的类符/形符比为 25.7%,均高于 CCEPT 中
的 26% 和 23.7%。所以整体来看,研究生的搭配资源有限,只能
对有限的表达重复使用,这也反映了研究生词汇使用的笼统性和
对某些修饰语的过度依赖。

表 6.6　CCEPT 和 CRAIJ 中学术名词短语的 TTR 均值

修饰语	CCEPT	CRAIJ
形容词	26.0%	28.4%
名词	23.7%	25.7%

可以从两个方面来进一步说明研究生修饰语使用上的笼统
性:一是表示语言结构类的修饰词汇少;二是处于语义连续体中
间位置的形容词修饰语少。

首先,观察表示语言结构类的修饰语。就应用语言学这门学
科来说,我们可以将语言结构类词汇理解为更为核心的技术性词
汇。技术性词汇是指与特定的学科相关、具有学科性特点的具体
词汇(Martin, 1976)。Paquot(2010)强调,某个学科专属词汇或
者技术术语(technical terms)的意义具有专业性、没有语义变化、
没有准确的同义词等特点。桂诗春(2009)认为,语言学专业性词
汇是语言学这一学科专门使用的术语,具有其自身的含义,意义
较为单一,例如 lexical、pragmatics 以及人名等都可以视为专业性
词汇。本研究的两个语料库中,形容词和名词修饰语中都有大量

的专业技术性词汇,例如名词做定语通常用来界定学术名词的性质。研究生能够充分使用诸如 output、linguistic、grammatical 等技术性词汇,但是在涉及更加细化的语言结构类词汇上则使用不多。

学术中心名词 feature、structure、form、pattern、production 的修饰语使用更有可能涉及到更多的语言学技术性词汇。这里以 feature 和 pattern 为例说明两个语料库在修饰语使用上的差异。在学术词汇 feature 的修饰语使用上,两个语料库都使用到了一些共同的技术性修饰词,例如 linguistic、grammatical。除了这两个词,研究生论文使用频数在 10 以上的技术性修饰语仅有一个 mediation(32)。期刊论文通常使用这样的具体词汇: gender(25),functional(19),lexical(19),syntactic(18),semantic (16),agreement(13),nominal(11),discourse(10),input(10), pragmatic(10)。学术名词 pattern 的修饰语使用上,CRAIJ 使用的技术性词汇主要有 conjugational(27)、gesture(16)、acquisition (14)、priming(12)、stimulus(12)、input(11)、usage(10)等,这些词作为修饰语时的名词短语都没有在研究生论文中得到使用。另外,还有低频使用但整体数量却庞大的修饰词,例如 inflection feature, interface feature, tactic feature, subordination feature, matrix feature, diacritic features, distributional pattern, fractal patterns, incipient patterns, sequential feature, metric feature, pitch patterns, synchronization pattern,等等。技术性词汇的使用能增强应用语言学写作的学科性特色,使语言表述更准确到位。相反,这部分词汇的缺失在很大程度上说明研究生在语言学理论知识方面还比较薄弱。

其次,处于语义连续体中间位置的形容词偏少。评价形容词的意义表达可以视为一个语义连续体(semantic continuum) (Swales & Burk, 2003)。以学术名词 effect 为例,如果把修饰

effect 的语义视为一个由消极到积极的语义连续体的话，表示"好"的典型修饰词是 positive，表示"不好"的是 negative，尽管这两个典型修饰词在 CCEPT 和 CRAIJ 中频数都很高，positive 分别为 153 和 74，negative 分别为 62 和 58。但是介于"好"与"不好"这一语义连续体之间的词汇大量存在，期刊论文用法在这一点上用词非常丰富、细腻。例如期刊研究论文用到的以下形容词：non-significant、near-significant、insignificant、minimal、minuscule、partial、moderate、marginal、robust、lingering、lagged、detectable、certain、unwanted、unfavorable、smaller、selective、reverse、predictable、narrow、moderating、hampering、hindering、coercive、residual、putative、modest、joint、inhibitory、disruptive、discrete、discriminating、aggregate、averaged、discernible、precise、legitimizing、dissolving、controlling、carry-over、addictive。除了上述表达观点的形容词，期刊论文中还使用了大量的话题性形容词（topical adjective），表示哪一方面的影响或者统计学方面的术语，例如 boostrapping、maturational、stem-priming、positional、garden-path、longitudinal、typological、mnemonic、lexical、linguistic、concomitant、cognitive、cognate、semantic、psychotypologic、interactive、idiosyncratic、confounding。这些用法在研究生论文中都没有出现过。尽管他们也使用了部分话题性形容词，例如 stylistic、contextual、conversational，但是数量很少，词汇变化上无法与期刊论文相比。虽然上述具体词汇在期刊论文中的频数不算高，很多出现在 5 次以下，但是它们作为一个整体数量庞大、不可忽视。相对来说，研究生论文中使用的语义连续体中间位置的词汇就非常有限，仅使用了 visible、limited、debilitating。

再以学术名词 role 的修饰语使用为例说明用词特点。研究生对 role 的修饰词使用除了一例 debilitating 之外，一边倒地使用了积极意义词汇,例如 important(254)、crucial(34)、positive (37)、significant(26)、key(23)、vital(20)、central(17)、decisive (17)、essential(14)、major(11)、great(5),另外一些低频使用的如 powerful、predominant、successful、pivotal、influential、prominent 等,而对于"不重要的"意义表达很少,介于好与不好语义连续体中间的词汇则少之又少,仅有的几个包括 inessential、minor、limited。而期刊研究论文中的形容词包括了很多语义过渡性词汇,例如 restrictive、secondary、negative、small、unenviable、unfortunate、varying、lesser、inhibiting、partial、predictive、insignificant、controversial、relative、optional、nontrivial、mediated、facilitatory、discernible、complementary 等,这些修饰词在整体数量上同样不可忽视。上述列举的期刊研究论文中使用的形容词相对于 important、negative、positive 来说,分布于语义连续体中间位置,表达的意义更加细化,同时体现写作者更具体的观点和理解。

如果形容词修饰语语义多集中在语义连续体的端点,那么则会导致表达笼统,例如,在学术名词 finding 的修饰语使用上,研究生使用最多的是 major finding/findings(141),期刊研究论文中仅出现 6 次。研究生高频使用 major 不只是用词笼统方面的问题,还反映出学生对文献和前人研究发现的理解不够透彻,动辄使用"主要的"来进行总结是不够的。研究生在这种表达上为了寻求稳妥而放弃了准确用词的机会。对于中心词 finding,具体定语形容词的使用往往体现了写作者对研究结果的自我评价和判断,比如期刊论文语料库中的例句:

Although differences between L2 and heritage processing of inflection documented in this study need further research, these tentative findings do not support the prediction of the declarative procedural model that early learners will rely more on decomposition than late learners.

句中的 tentative 一词表明写作者将自己的研究与之前预测进行对比,明确了所存在的不一致之处,是对自己所得出的研究结果的客观判断。这种判断往往是基于对研究主题相关的文献的理解和对自身研究的意义评价基础上做出的。

This is a very puzzling finding which goes against all predictions made on the attritional process, and which we confess ourselves at a loss to explain.

Puzzling 同样能体现写作者发现问题和进行评价的能力,它的使用表明写作者对研究结果进行坦诚的、客观的呈现。学术需要客观性,需要基于事实的判断,这样才能有益于明确未来的研究方向。

相反,研究生在寻找不到更加具体的修饰语时,往往使用更加笼统的表达,此类用法在研究生论文中大量存在,例如,following aspect(57),important feature(47),main feature(17),above discussion(14),above analysis(24),following example(38),above example(28)等。

应该说,语义连续体中间位置的词汇数量大、形式多样,但是使用频数相对低,因此在研究生进行文献阅读时不足以引起他们的关注。研究生论文中使用的名词和形容词修饰语显得不够细化和具体化,这会使得学术语言缺乏表达力和准确性。从本研究中研究生的修饰词使用来看,对具体词汇的使用还不够理想,而语言使用是否到位往往体现在这些细节上,所以研究生在论文写作过程中需要重视词汇的推敲。如果学习者对常用修饰语已经掌握,那么就有必要将重点放在对那些低频修饰词的学习上,虽然这些词作为个体的使用频数低,但是这些词汇表达细化、准确性高,作为一个整体,其使用数量不容忽视。

6.3.2　修饰语呈现"扎堆"和"陡坡"式特点

"扎堆"是指就具体的名词短语来说,研究生在使用修饰语时往往集中于少量高频词汇,同时,对这些词汇的利用率表现出悬殊过大的"陡坡"式特点。这里同样关注修饰语在具体名词短语中的使用。要观察修饰语使用集中的特点,仅凭借频数信息还不够,因为频数只能反映和中心词结合使用的次数,这会受到中心词使用频数这一变量的影响。例如,CCEPT 中的 lexical error 频数为 70,CRAIJ 中的 grammatical error 频数为 39,并不能因为前者的频数更高就说明 CCEPT 中 error 的修饰语更加集中于 lexical。还需要借助百分比,即一个名词短语中的某一个修饰语在所有修饰语使用频数中所占的比例,这一具体的数字能告诉我们修饰语的使用集中程度。例如 lexical 占中心词 error 的所有形容词修饰语的 7.4%,而 grammatical 占到 8%,所以尽管 grammatical 的使用频数更小,但是它却比 lexical 的使用可能性更大。通过观察两个语料中每一个名词短语中的修饰语使用比例发现一个普遍性的事实:CCEPT 过度集中于前几个高频修饰词,而 CRAIJ 的使用则显得更加均匀。以每一个中心词的使用频数排在第一位的修饰语为例进行说明,从百分比来看(均值见表6.7),在 47 个学术名词中,除了在其中 9 个名词上,CCEPT 百分比略微低于 CRAIJ 之外,在其余 38 个学术中心词上均远远高于 CRAIJ。这 9 个学术中心词分别是:article、feature、level、meaning、measure、research、response、subject、system,尽管在这 9 个中心词上,CRAIJ 使用比例高于 CCEPT,但这种差距并不大:最小的相差 0.3 个百分点,相差最大的是 researcher,也仅为 0.6 个百分点。而相反,在 CCEPT 高出的 38 个中心词上,很多修饰语的差异悬殊非常大,例如 CCEPT 比 CRAIJ 多出 10 个百分点的中心词有 13 个,分别是:analysis、difference、discussion、finding、group、language、model、performance、practice、process、production、strategy、task,其中,finding 和 strategy 相差了 20 个百分点以上。CCEPT 在对中心词 finding 进行修饰时,使用最多的是 major,频数为 141,占到 finding 的修饰语总频数的 36.6%;CRAIJ 中使用最多的修饰词是 research,频数为 58,research 使用频数占所有修饰词频数的 11.9%。所以,major 和 research 在两个语料库中分别是 finding 的最常用修饰词,研究生对高频修饰词的利用更加集中,这种集中使用现象在所考察的中心词中非常普遍。

选取 CCEPT 和 CRAIJ 中每一个中心词排在前五位的修饰词作为分析对象,使用它们的百分比均值进行说明。表 6.7 是两个语料库在前 5 个修饰词使用上的百分比均数对比。由表 6.7 可知,从百分比的均数上来看,研究生使用第一个高频修饰词的比例高达 16.5%,而 CRAIJ 为 10.4%,CCEPT 高出 CRAIJ 6.1 个百分点;CCEPT 的第二个修饰词使用比例是 9.2%,CRAIJ 为 6.6%,高出 2.6 个百分点,CCEPT 的第三个修饰词使用比例是 5.9%,CRAIJ 为 4.7%,CCEPT 高出 CRAIJ 1.2 个百分点。就前 5 个修饰词使用频数均值之和来说,CCEPT 占到了形容词和名词作为修饰语总量的 40.2%,远远高于 CRAIJ 的 28.7%。CCEPT 在修饰语的使用上过分地依赖前几个高频词汇,这必然会减少其它修饰语的使用频数。

表 6.8 是两个语料库中前五个修饰词百分比均数之间的悬殊对比。可以看出,CCEPT 中,修饰词之间的悬殊差距更大,第二个修饰词和第一个修饰词相差了 7.3%,远高于 CRAIJ 中的 3.8%,以此类推,频数等级上相邻的修饰词之间的差距都高于 CRAIJ。结合表 6.7 来看,可以得出这一结论,研究生使用修饰词呈现"扎堆"于前几个高频修饰词的同时,又呈现"陡坡"式的使用特点。借助图 6.1 可以更形象地看出研究生在选择修饰语时的这种特点:研究生在前 5 个修饰词使用百分比上均高于期刊研究论文,而线条坡度所代表的百分比悬殊也更大。

表 6.7　中心词的前 5 个修饰词使用百分比对比

修饰语	CCEPT					CRAIJ				
	M1	M2	M3	M4	M5	M1	M2	M3	M4	M5
百分比均数	16.5	9.2	5.9	4.8	3.8	10.4	6.6	4.7	3.8	3.2

注：M1 代表频数使用排在第一的修饰语,M2,M3,M4,M5 同理。

表 6.8　中心词的前 5 个修饰词之间的百分比差

修饰语	CCEPT				CRAIJ			
	M1 - M2	M2 - M3	M3 - M4	M4 - M5	M1 - M2	M2 - M3	M3 - M4	M4 - M5
均数差	7.3	3.3	1.1	1	3.8	1.8	0.9	0.6

注：M1 代表频数使用排在第一的修饰语,M2,M3,M4,M5 同理。

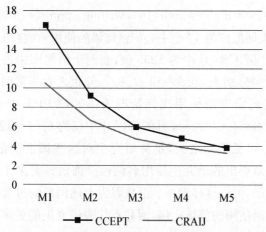

图 6.1　CCEPT 和 CRAIJ 中前 5 个修饰词使用百分比

6.3.3　名词修饰语过度集中于教学和英语语言技能型词汇

在回答研究问题三时,就可观察到 CCEPT 专有名词短语中有的修饰词表现出过度使用并倾向于语言技能型词汇的特点,但是在多大程度上集中并不清楚。这里将通过更具体的数据来说明这一点。对于这一特点的观察,不需要观察具体的名词短语,而是把名词修饰作为一个整体来看待,提取所有的修饰语,借助Excel的删除同类项的功能,即在统计名词修饰语的频数时将重复名词删除,这样大大缩小了修饰语的数量。数量减少更有助于发现用词规律。

在研究生论文中,和英语教学及语言技能相关的词汇如teaching、speaking、learning、writing、listening尤其频繁地被使用,这些词汇和学术名词构成搭配的能力非常强,可以用来修饰很多学术中心词,如learning strategy(1446),learning process(475),writing task(344),writing process(222),teaching approach(155),learning task(151),learning result(44),writing practice(34),learning condition(27),writing condition(22),writing form(18),writing research(16),writing approach(16)。表6.9显示,这类词汇作为47个中心词修饰语的使用频数在CCEPT中达到5413例,CRAIJ中为1238例,在两个语料库中占到前置修饰语的比例分别为50.9‰和11.8‰,差距之大非常明显。这类词占到名词修饰语使用比例情况为:在CCEPT中达24.8%(=5413/21854 * 100%),而在CRAIJ中仅为6%(=1238/20297 * 100%),可见悬殊之大,足见研究生对这些词汇的依赖程度。对于第五章得出的研究生使用名词性修饰语显著多于期刊论文的这一结果,可以这样理解:正是因为上述词汇的过度使用抬高了名词定语使用的整体比例,而并不代表研究生能更多样化地使用名词修饰语。

表6.9　两个语料库中教学和语言技能型名词占整个名词修饰语的比例

名词修饰语	EECPT		CRAIJ	
	频数	千分比(‰)	频数	千分比(‰)
learning	2565	24.1	515	4.9

续 表

名词修饰语	EECPT		CRAIJ	
	频数	千分比(‰)	频数	千分比(‰)
writing	959	9.0	273	2.6
teaching	950	8.9	70	0.7
listening	625	5.9	48	0.5
reading	259	2.4	265	2.5
speaking	55	0.5	67	0.6
共计	5413	50.9	1238	11.8

我们用图6.2来说明上述几个教学和语言技能型词汇在两个语料库中修饰47个中心词的使用情况。

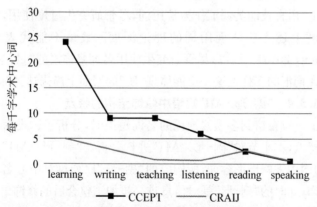

图6.2 教学和语言技能型修饰语在 CCEPT 和 CRAIJ 中的使用

根据图 6.2 和表 6.9,CCEPT 中使用 learning 最多,频数在 2565 以上,使用比例为 24.1‰,呈现"遥遥领先"之势,其次是 writing 和 teaching,频数分别为 9‰和 8.9‰,再次是 listening,使用较少的是 reading 和 speaking。CRAIJ 中,learning 作为使用最

多的修饰词,频数为 515,比例为 4.9‰,远远低于 CCEPT,其次
是 writing 和 reading,频数分别为 273 和 265,比例分别占 2.6‰、
2.5‰,之后依次是 teaching、speaking 和 listening,所占比例均不
足 1‰。

　　研究生所使用的这类技能型修饰词汇占据了名词修饰语的
1/4 左右(24.8%)。可以想象,如果撇开这部分词汇不看,那么研
究生在名词修饰语多样性上距离期刊论文的差距还是很大的。
作为英语学习者,中国研究生毕业论文更多地选择这类修饰语在
一定程度上难以避免。名词作为反映论文主题的重要词类,说明
我国研究生论文多围绕技能教学性活动展开,相对来说,表示其
它语义范畴的名词性修饰语的使用比例和可能性则被削减。这
一点和上面 6.2 节讨论一致,研究生在表示语言结构的修饰词上
使用单一、词汇使用不够具体,表现出对语言学理论知识的薄弱。
实际上,语言技能类词汇作为常用词,尽管研究生过度使用,但很
大程度上还无法体现用词的理论深度。数量不能代表质量
(Huang,2015)。所以,尽管研究生使用名词修饰语的"量"过了,
但是在词汇的多样性这一更能体现"质"的层面上尚未达到标准。

6.3.4 "副-形- AH"短语中修饰结构的特点

　　上一章在讲到多项修饰词的名词短语时,分析了这类短语模
式的特点,本小节对"副-形- AH"进行分析。"副-形- AH"短语
中,副词用来修饰形容词,所构成的"副-形"序列再对中心名词进
行修饰,此时的"副-形"是对信息进一步加工整合后的修饰语。

　　当从中心名词出发来观察哪些学术词汇更容易出现在"副-
形- AH"短语中时,我们能得到一些更有意义的发现。在本研究
考察的 47 个学术名词中,期刊研究论文使用的"副-形- AH"短语
有 628 例,研究生论文使用 361 次,使用的数量远少于期刊论文
用法,这反映出信息整合过程中的差距,研究生不善于使用副词
整合以其它句法形式出现的信息,与形容词一起对中心词进行前

置修饰。

在本研究所考察的 47 个学术名词中，除了 strategy 和 role，研究生使用"副-形"对学术名词进行修饰的用法均少于期刊论文，说明利用"副-形"修饰压缩句法的短语修饰的欠缺是普遍现象。即使在研究生过度使用的学术名词上，如 process、performance，"副-形-process"短语仅使用 4 次，期刊论文使用这一复杂短语达到 18 次，其中"qualitatively-形-process"出现 10 次；研究生使用"副-形-performance"仅 2 次，期刊论文使用达 16 次，其中 13 次为"previously-形-performance"短语。另外，期刊论文中的"potentially/possibly-形-pattern"使用 22 次，而在研究生论文中未得到体现。

以期刊论文中高频用于"副-形-AH"的副词 significantly（62）、relatively（53）和 semantically（40）为例来说明研究生对这一名词短语中的修饰语的具体使用情况。单从频率上来看，statistically 和 relatively 也是能在研究生论文中高频使用的副词，频率分别为："statistically-形-AH"44 例，"relatively-形-AH" 28 例。

首先，对于"statistically-形-AH"，研究生论文和期刊论文高频使用的形容词和学术名词均是 significant 和 difference，所构成的"statistically significant difference"这一名词短语在期刊论文中有 46 例，在研究生论文中有 35 例。"statistically significant difference"已经成为语言学研究论文中的固定表达，研究生能重点使用它基本没有问题。但还应该看到，期刊论文中进入这一短语模式的学术中心词还有更多，还包括 interaction（4），result（6），finding（2），factor（2），effect（2）。

其次，relatively 是搭配力很强的副词，它所修饰的形容词词义广泛，在期刊论文中使用 53 例"relatively-形"修饰结构中的形容词语义多样，包括 high、low、well-formed、short、restricted、

private、marked、informal、explicit、advanced、equal、consistent
等,所构成的"副-形"结构修饰 24 个学术名词,如 relatively
limited research, relatively marked form, relatively similar
pattern, relatively low effect, relatively homogeneous groups,
relatively stable aspects 等。研究生论文使用 21 例"relatively-
形",用来修饰 15 个学术名词,所使用的形容词包括 low、high、
little、large、minor、rich、significant、integrated、fixed、difficulat
等。在 relatively 修饰的形容词的多样性上以及"relatively-形"所
修饰的学术名词的多样性上,研究生论文也基本能做到与期刊论
文一致,这一点源于 relatively 这一副词的搭配力,可以与之搭配
的形容词语义广泛,又能增强表达语义的严谨性,中国研究生一
定程度上能灵活使用这一"relatively-形"修饰结构。

但是在期刊论文中高频使用的 40 例"semantically-形-AH"
名词短语上,研究生使用表现出较大的差异。期刊论文中 17 例
是 semantically oriented task,9 例是 semantically redundant
language,8 例进入这一短语模式的学术名词是 context,构成
semantically rich/related/restricted contexts,其它情况用来修饰
学术名词 response、error、use、form。相反,研究生使用的
"semantically-形-AH"仅出现 1 次,为 semantically related infor-
mation,这与期刊论文所修饰的中心词也不一致。显然对于
semantically 一词的搭配灵活度,研究生未能充分利用,与期刊论
文尚有很大的差距。

造成研究生对"semantically-形-AH"低频使用的原因可能在
于,semantically 不同于固定表达"statistically significant
difference",也没有 relatively 这一程度副词的搭配力强,它所表
达的语义更具范畴性特点、更具体。-ly 副词多由形容词派生而
来,通常以话题形容词居多,这一特点决定了派生副词是对所修
饰的形容词和名词共同进行类别界定,从所表达的意义上来说具

有唯一性。例如 textually related knowledge，这里的 textually 修饰形容词 related，限定了"相关的"只能是"与文本相关的"，并限定了中心词"知识"只能是与"与文本相关的"知识。而对于此类表达，汉语表达习惯倾向于使用介词短语"与…相关的""从…来说"。母语思维的影响下，研究生就更可能使用"in the text"或者"related to the text"作为 textually 的替代表达，更多地输出 knowledge related to the text，relevant knowledge in the text 这样的表达。而实际上，利用"副-形"进行表达体现的是将介词短语修饰进行加工并压缩成前置定语的过程，而前置定语又是比后置介词短语更具压缩性的修饰结构，从这个意义上说，此时的"副-形- AH"的认知难度更大，也更加复杂。实际上，在使用"副-形"对学术名词进行修饰时，期刊论文还使用了多样化的派生-ly 副词，例如 typologically、linguistically、textually、theoretically、 socioculturally、 pedagogically、 academically、analytically、morphologically 等等。期刊论文中还有很多由这类副词修饰的名词短语，虽然频率使用不算高，但整体数量大，例如 linguistically demanding task，textually related knowledge，typologically similar system，typologically distinct languages，theoretically sophisticated models，receptively oriented measure，textually restricted knowledge，empirically verifiable hypothesis， morphologically simple forms， analytically important approach，pedagogically useful strategies，等等。这类"副-形"修饰结构能向读者交代中心词的具体信息，而前置形容词定语也是较之后置短语更呈压缩特征的语言结构。不得不说，此类"副-形"修饰的名词短语的缺失会让论文的学术特色打折扣。

　　研究生论文中使用的副词普遍围绕程度副词展开。但即便如此，"somewhat-形-AH"在期刊论文中使用 13 例，而研究生论文中却无一例用法。《柯林斯英语词典》明确说明 somewhat 是一种正式用法，"You use somewhat to indicate that something is the case to a limited extent or degree"。对这一词汇的完全忽视说明研究生使用副词上不仅不够细化，还反映出对 somewhat 词汇本身的陌生。

　　从语义上来看，期刊论文中的副词意义更加多样，不仅局限于程度副词，还有前面讨论的形容词派生而来的 -ly 副词。期刊论文中的副词类符数达到 150，而研究生论文为 98，说明有很多"副-形"修饰结构没有出现在研究生论文中。除了上述常用的 statistically 和 relatively，研究生论文中的副词主要以程度副词和频率副词为主，例如 frequently（35），comparatively（12），fairly（11），highly（10）。研究生在"副-形- AH"短语模式上，除了程度副词的词形较少，另一个特点是意义表达的绝对化，如 extremely、totally、completely 这些副词的使用频率分别为 12、8、7。研究生使用这三个副词主要用在以下三种短语中：totally different types/response，extremely important role，completely different/incorrect response/strategies。而这些副词在期刊论文中的频率分别为 1、0、0，这 1 例为 extremely advanced levels。再以"副-different-AH"为例说明研究生使用副词的表意绝对化特点。研究生使用 12 次"副-different"，其中有 8 例是 totally different，2 例为 completely differently。在期刊论文中，"副-different-名"出现 32 次，其中副词类符数多达 16 个，而无一例 totally/completely different，相同意义使用了 entirely differently，或其它多样化的程度副词，如 significantly、vastly、fundamentally、uniquely、radically、dramatically、markedly、somewhat、slightly。这些副词有助于呈现写作者对所讨论话题的理解和判断；多样化程度副词的使用可以让表达更准确、更符合实际，也有助于强化作者立场。

从"very-形-AH"的使用可以看到研究生论文中的强化语特点。

Very 作为一个搭配力很强的副词,它的过度使用集中体现修饰结构的表达的单一性。在 47 个学术名词为中心词的名词短语中,研究生使用 93 次"very-形"修饰结构,其中 45 例是"very-important"修饰结构:very important role/roles 35 例,very important aspect/aspects 3 例,very important factor/factors 6 例,very important research 1 例。期刊论文使用 57 例"very-形"修饰结构,但"very-important-AH"仅使用 4 例,分别为 very important role(3),very important factor(1)。在使用"very-important"修饰结构上的差异之大还是令人意外。为此,作者特意不受学术中心词限制,搜索了 200 万词语料库,结果显示,very important 在期刊论文出现 27 次,而研究生论文语料库中使用 235 次! Very 的过多使用显得较随意,使得短语使用呈现口语化特点而无明显的语言学特色。Very important 的过度使用可能有着多方面的影响,一方面和中国人的表达习惯有关,另一方面也反映了研究生对所讨论的问题的认识和理解的单一化,再或者也是因为研究生在类似表达上的词汇储备有限,词汇多样性上的不足,例如,在整个语料库中,很重要 very important(235),极为重要 extremely important(11),尤其重要 especially important(15),特别重要 particularly important(10),同样重要 equally important(26)。当然,国际期刊论文中并非没有类似表达,只是没有过分依赖某一个程度副词,而是多样化地加以运用,例如 very important(27),particularly important(27),equally important(18),especially important(16),potentially important(7),highly important(5),extremely important(3),centrally important(2),rarely important(2),increasingly important(2),vitally important(1),critically important(1),certainly important

(1), similarly important (1), substantively important (1), analytically important(1),这其中有很多都没有在研究生论文中得到使用。

不仅是口语中(梁茂成,2003),包括写作(王春艳、韩金龙,2010;刘静、甘国莹,2020),very 都是一个被过度使用的强化语,也正是对 very 这类表意笼统副词的使用,限制了多样性地使用其它程度副词的可能性。本研究证实,即使在英语专业研究生毕业论文写作中亦如此,这一持续的现象应当得到纠正。

综合以上分析,在"副-形- AH"名词短语的使用上,语言学研究论文中的典型用法"significantly different"和搭配力较强的 relatively 所构成的"relatively-形"作为修饰语的使用基本能被研究生掌握。研究生使用的副词主要是程度副词,即便如此,程度副词语义不够细化,期刊研究论文中的很多程度副词没有在研究生论文中得到体现。在由话题形容词派生而来的副词使用上,研究生显得力不从心。这一类副词语义广泛,涉及方方面面,是更具压缩特征的修饰结构,也最能体现论文写作中的短语修饰特点。另外,值得一提的是,有关"-ly 副词-形-名"短语,Ruan(2018)在其研究中就指出,国外论文写作者使用了更多的这类结构,且副词意义多样,而发表于中国顶级期刊的论文写作者多使用"more/most-形容词",这说明"-ly 副词-形"修饰结构的使用的确是中国英语学习者的一个难点,没有显性的教学很难被掌握。所以,研究生教学,包括本科教学,应当将短语性压缩结构的使用设定为论文写作的语言目标,引起师生注意(noticing),并辅之以仿写和操练,以达到高效输出的目的。

6.3.5　研究生论文存在的不当名词短语以及错误表达

学术名词 process 是研究生过度使用的一个词汇。研究生使用 process 的一个最明显的特点可以通过几个高频使用的修饰语得到反映,例如 learning(475),writing(222),teaching(139), listening (89), reading (42), composing (38), thinking (17), training(17),这 8 个词汇的使用比例占到 process 整个修饰语使用频数的一半,期刊论文中仅占到 15%。研究生论文中这些修饰语主要用来表达与教学相关的过程,内容涉及听、说、读、写、思、训各个方面。过多地将这些词与 process 搭配使用很多时候会制造一些冗余表达。例如,要表达"在教学过程中"时,英语中的"in teaching"和"in teaching process"两个短语表达意思是一致的,而过多地使用后者则显得累赘。例如下面列出的研究生论文中的句子:

... carrying out teaching process and assessing the teaching products.

... the testing process was executed strictly according to ...

In the speech communication process of people, there are usually some ...

Assessment is vital to the education process.

在研究生使用的这些搭配中,如 communication process, understanding process, experiment process, application process, 很多时候 process 是无助于意义表达的。过度在搭配中使用 process 显然受到了汉语的影响。在汉语母语习惯中,使用"实验过程中"、"考试过程中"、"教育过程中"很正常,甚至去掉"过程"一词,倒显得话语未尽,稍欠正式性。但是这种表达习惯却负面地影响了英语表达。这种冗余搭配,在研究生写作中非常多。学术语言力求简洁有力,如何把握这个使用的度是学习者需要加强和学习的地方,需要在文献阅读过程中,特别留意那些与汉语存在差异的结构。

类似这种受到中文表达习惯影响输出的名词短语还有普遍使用的 listening learning,研究生语料库中有 83 处,writing learning 有 8 例, reading learning 有 2 例。如：

The cyclic nature of this self-regulated <u>writing learning</u> process partially coincides with ...

Can discourse analysis in the textual world influence EFL <u>reading learning</u> of higher vocational college English learners?

Three pieces of research implications for EFL <u>listening learning</u> and teaching are presented, ...

However, some noteworthy problems arise in the <u>listening learning</u> and teaching process: ...

值得一提的是，研究生论文中存在中心词错误书写的现象。研究生使用的中心词 research 中有 118 例"researches"形式，这一用法在国外期刊研究论文中是没有的。为了验证这种错误是否普遍，我们再次检索研究生论文语料库，发现 researches 共出现了 669 次，且分布于研究生语料库中的 108 篇写作中（共计 135 篇），可以说这种错误相当普遍，他们通常使用的前置修饰包括 previous、empirical、future、related，例如：

previous researches 44

empirical researches 27

future researches 18

related researches 10

Research 在本研究的两个语料库中，都是排在第五位的高频学术名词，对于这种常用词，研究生在阅读文献时本可以轻松地发现其使用规律，但是很遗憾，这种错误的普遍存在说明研究生论文需要加强规范和指导。同时研究生在修饰语书写上也会犯一些基本错误，例如使用 following-up use，正确形式应为 follow-up use；对某些词汇搭配模糊不清，如 lack 误用的例句：

In the classroom, we <u>lack of</u> necessary material that is full of background knowledge . . .

Students <u>are also lack of</u> confidence to write in good and effective English, . . .

. . . most of students <u>were lack of</u> the learning responsibilities in the FL classroom.

Lexion is temporarily inaccessible <u>because of lacking in</u> retrieval cue.

研究生对名词短语 lack of 和动词 lack 的用法混淆不清。这类错误通常由于对词性的模糊认识造成的。此类错误在研究生论文中有一定数量。例如,在下面的几个句子中,有的将名词当作形容词,使用了 statistic result/results,这种错误在整个语料库种多达 38 处,正确形式应为 statistical result;错误地把名词 detail 当作形容词,使用了 detail information,正确形式为 detailed information;错误地使用形容词 bodily 修饰 language,正确形式是 body language。例如:

It can be found from the <u>statistic result</u> above . . .

Followed is the discussion based on the <u>statistic results</u>.

. . . to scan the content to find the <u>detail information</u> for the following exercise.

Readers need to read deeply to get more <u>detail information</u>.

. . . the type of the discourse, <u>bodily language</u>, and . . .

在修饰语的词性使用上,Parkinson(2015)对包括中国学生在内的不同母语的英语学习者使用“名-名”搭配的研究中也发现,虽然中国学生使用的名词定语要多于母语为其它语言的英语学习者,但是中国学生语言错误也更多,比如会在应该用定语形容词时而错误地使用名词做定语。本研究结果表明这一问题在我国高级英语学习者中同样存在。

研究生名词短语的使用错误还包括在修饰语与中心词“数”

上的不一致，例如下面句中的 little studies，正确形式应为 few studies。

So far little studies have provided full support for the hypothesis.

There are little studies made to prove the effectiveness of teacher feedback on ...

However，so far little studies have provided full support for the hypothesis.

研究生在后置定语从句使用上也会犯各种错误，例如：

Organization is also a vital factor which to a great degree decide whether an interactive lesson will be successful.（从句主谓一致错误）

...the cognition of English learning and the suggestion on other external factors which influencing both English teaching and English learning.（从句谓语形式错误）

"...and thus they are more inclined to miss the important information of the structure which could convey.（从句缺少成分）

...is nothing but the metacognitive strategy that we often refer to it as.（从句中的谓语短语"refer to"和"refer to ... as"混淆不清）

冗余表达、书写错误、常用词概念不清、词性错误、后置定语从句中种种错误等严重损害了论文写作质量，应引起重视，这警示当前的研究生教育，要强化研究生学术写作的严谨性、规范性意识，避免低级错误，提高学术名词短语使用的质量。

相对于第五章对学术名词短语的压缩性修饰和小句修饰以及多项修饰语使用的研究，本章更侧重研究生使用名词短语的"质"和细节。两个维度的研究才能更全面、真实地呈现研究生在名词短语使用上的特点。Larsen-Freeman(2006)指出，研究者在进行中介语研究时，还需要回到学生的具体语言使用中，观察纷繁复杂的细节(messy little details)。基于本研究对两个语料库使用修饰语的观察和分析，研究生在修饰语使用上的确存在不少问题。他们使用的修饰语，尤其是名词修饰语过多地集中于teaching、speaking、listening、writing、reading、learning 这些与语言技能相关的词汇上。对于具体的学术名词短语而言，研究生使用的修饰语过度集中于前几个高频词，且本研究分析的前五个高频词之间的分布差异大，而期刊研究论文则更加均衡。研究生在形容词修饰语的使用上还表现出偏向极端意义表达、意义连续体中间位置的词汇使用不充分的特点。"副-形 AH"短语使用上，副词修饰词集中于程度副词但语义笼统，由类别形容词派生的副词使用少。研究生使用的名词短语存在不当和错误表达。研究生也更多依赖和期刊论文中重合的那部分高频学术名词短语，这和之前国外的研究结果一致，学习者往往频繁使用那些本族语者也常用的"安全无误"的搭配，Nesselhauf(2005)称之为"搭配泰迪熊"(collocational teddy bears)。研究生在应用语言学学科内常用短语上的不足反映出语言学知识的薄弱和语言表达笼统性特点。Li & Schmitt(2009)指出，在研究"形-名"短语时如果放眼于一个学习者群体使用了多少典型搭配，会忽视学习者搭配能力发展的个体性差异。同样，如果将所有名词通盘考虑，而不去关注个别的名词修饰语使用上的特点也容易得出片面的结论。所以，本研究从"纷繁复杂"的细节上进行观察、分析并对比研究生在名词短语使用上的特点以及不足。另外，对这 47 个学术中心词的修饰语使用不可能做到逐一详尽论述，本研究将研究生论文语料库和国外期刊研究论文语料库中频数使用达到 10 的学术名词短语统计在附录 6 中，供对比和教学参考。

第七章　结论

在第五章和第六章,本研究对国外应用语言学期刊研究论文和我国英语专业研究生毕业论文中的学术名词短语的压缩性特点、有多项修饰语的名词短语模式使用、高频学术名词短语使用及研究生在学术名词短语上的使用特点进行了对比分析。本章首先对本研究的主要发现进行归纳和总结,然后,将结合本研究结果以及教学实际情况,阐述这些发现对我国研究生教学的启示。最后,指出本研究的一些不足之处,并对未来研究提出一些参考性的意见和建议。

7.1　本研究的主要发现

本研究通过创建大型学习者语料库和参照语料库实现对中国英语专业研究生在毕业论文中使用学术名词短语的研究。提出了四个研究问题,其中,第五章回答了第一个和第二个研究问题,第六章回答了第三个和第四个研究问题。通过对检索结果的详细分析和讨论,本研究得出如下主要结论。

第一,中国英语专业研究生的学术名词短语修饰语使用体现了压缩性结构特征,短语修饰语类别的选择顺序与期刊研究论文一致:前置修饰以形容词为主、其次是名词,后置修饰以介词短语为主。但是研究生使用的具体短语性修饰类别和期刊研究论文差异较大，突出表现在：研究生过度使用名词修饰语，形容词修饰语使用不足，of 以外的其它介词使用差异大；同时，在具体学术名词的前置定语使用上差异较大。在小句修饰上，研究生论文和期刊研究论文一样，使用限定小句多于非限定小句，具体差异表现在：研究生论文中 wh-定语从句过度使用，而 that 从句、介词-which 从句、不同类别的非限定小句修饰使用不足，包括 V-ed/V-ing 结构和不定式修饰。研究生对应用语言学论文写作中的名词短语语体知识还不够完善，需要加强对不同修饰结构转换的训练，同时应剔除冗余无效的修饰结构。

第二，在有多项修饰语的学术名词短语模式使用上，可以归纳为以下三点。(1)当中心词前有形容词修饰时使用后置修饰的可能性比中心词前有名词修饰时更大，在这一点上，研究生论文和期刊研究论文一致，但此时研究生使用后置修饰显著偏少。(2)兼有多项前置修饰的名词短语在两个语料库中的使用都不算高，但研究生使用还是显著偏少。研究生使用的"形-形-AH"显著少于期刊论文，使用"名-名-AH"显著多于期刊论文，在"形-名-AH"上没有差别。定性分析表明，除了形容词多样性使用上的欠缺，研究生在使用两个形容词修饰时出现了形容词排序错误，这可能是阻碍他们使用偏少的重要原因。而两个名词作为修饰语时使用偏多，很可能是因为汉语母语允许名词做修饰，对研究生使用多项名词修饰产生了影响。(3)在兼有多项前置修饰的名词短语上，研究生使用后置修饰的比例显著少于期刊论文。表明汉语母语中前置修饰的单一化语言特点淡化了研究生对后置修饰的使用，尤其体现在"形-名-AH"和"形-形-AH"两种短语模式对后置修饰的使用上，尽管这种兼有多项前置和后置修饰的扩展名词短语在两个语料库中使用比例不高，但具体的中心词已经形成了具有本学科特色的修饰特点或短语模式。从定性的分析结果来看,他们对具体名词的短语模式还不明晰,对部分常规表达过度使用,修饰语用词笼统,这些问题都很突出。

第三,对于期刊研究论文中的高频(≥15)学术名词短语,研究生能够使用其中的73.7%,仍有26.3%的高频短语未能在研究生论文中得到使用,同时在研究生使用到的期刊研究论文中的高频学术名词短语中有28%属于低频使用。期刊研究论文中的专有高频学术名词短语(即未在学习者语料库中得到使用的名词短语)中有很多是应用语言学论文写作中的常用表达,这一结果表明研究生应继续重视并加强使用国外学术论文中的常用短语;其它的名词短语使用则受到研究身份和学术视野限制而需要更多努力和更长时间才能掌握。研究生使用的高频(≥15)学术名词短语中的83.5%在期刊研究论文中得到体现,这一结果说明,研究生使用的绝大多数短语"有据可依",研究生阶段的英语学术语言输入很大程度上来自阅读的与研究方向相关的英文文献和书籍,一些常用的高频短语可以被内化并转化成语言输出。同时,也应该看到,研究生论文中的部分专有高频学术名词短语中的笼统表达和本土化表述较突出。这些本土化表达无助于学术论文表达的准确性和专业性,因此要有意识地减少使用。

第四,研究生使用的学术名词短语还有五大特点。(1)研究生使用名词短语或修饰语的类型偏少、修饰语的多样性更低,表现在语言结构类专业技术词汇的使用偏少、语义过渡性形容词修饰语偏少,论文写作用词的笼统性影响了表达的准确性、专业性,这也是对论文写作用词缺乏推敲、对文献缺乏理解的表现。(2)名词修饰语的使用上,集中于少数名词的高频重复,教学和英语技能相关名词占到了名词修饰语频数的24.8%,这在很大程度上可以解释中国学生名词使用偏多的现象。中国研究生使用的名词修饰语"量"过了,但并不表明他们能多样化地使用名词修饰语。(3)本研究中的47个学术中心词的修饰语使用普遍存在集中于前几个高频修饰语的情况,即"扎堆"现象,同时,在前几个高频使用的修饰语上又表现出使用不均衡的特点,比例悬殊过大,呈现"陡坡"式下降的特点。(4)定语形容词的修饰语,即副词修饰词的语义笼统,且集中使用程度副词而忽视范畴类副词使用。(5)研究生论文中还存在学术名词短语使用时的书写和拼写错误、修饰语词性混用、欠妥当表达、定语从句使用中的种种错误,这些都损害了毕业论文的质量。

7.2　本研究的贡献

本研究基于国外期刊研究论文,对我国英语专业硕士研究生毕业论文中的学术名词短语进行了深入研究,对名词短语及相关研究的贡献主要体现在两个大的方面。

本研究通过创建大型学习者语料库和参照语料库,实现对我国高级英语学习者在长篇论文中使用名词短语的研究。毕业论文因其独特的语言输出条件被视为是研究高级语言能力的最佳语料;国外期刊研究论文作为研究生阶段的重要语言输入之一,其语言运用可以视为"教科书"似的范本。本研究弥补了国内外在二语习得领域尚缺乏基于大型语料库研究和在具体学科内开展名词短语研究的空白。大型语料库更能无限接近这一学科内的总体语言运用特征。本研究在对压缩性名词短语这一学术语篇特征进行宏观层面研究的同时,对研究生使用的名词短语进行了更为微观的分析,只有将二者结合起来才能真正反映研究生在学术名词短语使用上的准确、全面、真实的情况。这在研究方法上为名词短语研究提供了一种新的研究思路和范例。

本研究聚焦 AVL 中重要的学术性名词,填补了目前对学术名词研究的不足,同时这些名词也是应用语言学论文中的基础性学术名词,对应用语言学论文写作意义重大。本研究对学术名词短语语篇特征进行研究的同时,从多个层面对有多项修饰语的学术名词短语模式使用开展深入研究,在揭示语言学学术论文中学术名词短语使用特点的同时,更进一步了解研究生在复杂句法和信息管理上的特点和差距。本研究构建了应用语言学论文中使用的高频学术名词短语列表,研究生如果能掌握并适量使用这些典型的名词短语,对提高他们论文写作的专业水平会产生实际帮助。同时,本研究也明确了中国英语专业研究生在学术名词短语学习上应该努力的方向。

7.3　本研究对教学的启示

本研究对应用语言学研究论文中高频使用的学术名词短语进行了研究,数量和频数都具有代表性,研究结果也具有可推广性。我们进行的语料库对比研究旨在揭示中国研究生在学术名词短语使用上与参照语料库的共同点、差距和不足。从教学角度来说,应结合中国研究生教学实际对这些差异和不足进行补救、改进。

首先,根据本研究结论一,研究生课堂教学亟需明确英语学术语言的语体性,让学生明白哪些语言结构是语体值高的。学生要想提高语言输出质量,就非常有必要掌握短语性修饰的使用(Biber et al.,2011,2013;Orgeta,2003;Lu,2011)。文秋芳(2009)指出,作为高水平英语学习者尤其不能忽视语体特征的学习。本研究发现研究生在名词短语的压缩性特征上与期刊论文还有不少的差距,在短语修饰上,尤其表现为定语形容词的使用不足,这与一直以来过分强调学术写作的客观性有关。目前,学术界已经认识到学术写作中存在大量评价性的语言,用来表达写作者立场,这其中一部分词汇需要形容词去完成,而且评价类形容词的主要句法功能就是做修饰语。因此,需要纠正对论文写作中的形容词使用的偏误认识,完善语体意识;同时,要深化对阅读文献和语言现象的理解,力求用具体形容词准确表意,尤其是话题性形容词的使用,这类形容词更具学科特色,也包括话题类形容词派生而来的副词修饰的使用。

在后置修饰方面,就笔者了解,研究生阶段的课堂教学对名词短语这一层面的句法复杂性并未重视,甚至受传统的 T 单位句法复杂性测量的影响,还会过多强调定语从句的使用。就限定小句修饰使用而言,根据本研究中研究生在 wh-定语从句上使用过多却少用 that 从句的发现,笔者认为应适当强化 that 从句重要性的观念,包括 that 定语从句,因为从句在意思表达上也有其优势,它往往比名词修饰更明晰(Biber & Gray,2010,2011),另外,表达立场的 that 补足语从句也尤其要重视起来。同时,强调"介词-which"定语从句的使用,训练灵活使用其中介词的能力。此外,研究生应当重视后置 V-ed/V-ing 分词修饰的使用,培养将 wh-定语从句转换为分词修饰、介词短语性修饰、甚至是前置修饰的能力,并在介词短语的使用上,关注 of 以外的其它介词的准确使用。

根据研究结论二,研究生在有形容词修饰时使用的后置修饰显著偏少,形容词的语义复杂,这也决定了它和中心词的距离关系,当使用一些不涉及属性类的形容词,例如 great、significant、previous 时,还有必要通过后置修饰为中心词提供说明信息,所以需要培养学生通过后置修饰界定中心词属性的能力,将中心名词属性交代到位,例如使用"of-抽象名词"修饰结构,这还需要更多的训练。同时,应该看到,中心词的信息可以通过话题形容词进行补足,学习者要具备使用二者的机动性。研究生在更加复杂的短语使用上较少,例如,使用"形-形-名""形-名-名"短语模式显著少于期刊研究论文,同时在兼有多项前置修饰的情况下,后置修饰的使用偏少,部分说明汉语的前置修饰模式产生了一定的影响,研究生在不能熟练掌握英语中的压缩性修饰使用的情况下,就有可能输出不少流水句。

　　将句子表达的信息压缩进短语中是一种高级的语言能力,这种能力需要有意识地培养和训练。对此,我们认为,可以引导学生在阅读英文文献时更多地注意(notice)这种扩展型的短语使用,让学生进行分析、解释、改述;也可以让学生对句子或小句进行整合以训练压缩句子的能力,尤其引起学生对后置介词多样性使用的重视。传统的语法教学倾向于关注各种从句使用,对短语性修饰,尤其是兼有多项修饰语的名词短语结构的重视严重不足(Biber & Gray, 2010,2016; Biber et al., 2013)。同时,根据本研究的结果分析,某些中心词更有可能频繁地用于这种扩展型的名词短语模式中,比如在期刊研究论文中,task 频繁地出现在"名-名- task"短语模式中;研究生对于某些名词(如高频使用的strategy)的典型类链接模式还不清楚。因此,在实际教学中应以具体名词为基础进行短语模式的学习,观察中心词的前置和后置修饰特点。另外,研究生在使用"形-形-名"时出现了形容词排序混乱、语义冲突的情况,因此研究生阶段不能忽视基础性的语言运用。

　　本研究的结论三表明,期刊论文中有约 26.3% 的学术名词短语没有在研究生论文中得到使用。这部分短语中有的是英语文献阅读中极为常见的,研究生还要加强多样化地对应用语言学论文中常用短语加以使用,包括缩写形式的修饰语使用。这些高频短语通常被视为语言学领域的典型,已经被广泛接受、无需进一步解释,因此有助于专业性表达和有效交流的语用目的;同时,应避免对常规表达的过度依赖而使得论文呈现重复过多、冗余表达甚至主题单一的弊端。另外,期刊论文中的专有学术名词短语还与研究的深度、论文主题有关。研究生不能加以利用表明研究视野和论文选题的局限性,对此,要加大知名原著、工具书等的引进力度,以此来夯实研究生的理论基础知识,拓展学术视野(王雪梅,2012)。同时,研究生常用的短语中有 16.5% 却是期刊论文中不曾使用的,这部分短语反映了两方面的特点:本土化倾向明显、写作主题过于集中。可以说,这两点在一定程度上都与二语写作者的身份有关。本土化使用往往把母语常用的表达迁移到英语表达中,但是很多本土化短语表达并不传递有价值的信息,这些更显"圈外话"的表达反而有损学术写作的专业性,鉴于其可接受性并不高(高超、文秋芳,2012),在力求专业、准确的学术论文写作中应当尽量减少。Swales(2004)曾警告说,如果一篇学术论文用过于非正式的语言书写,即使观点和数据再复杂,也会被视为简单化(simplistic)。中国研究生在使用专属学科特点的名词短语上还需要做出很多努力,这也是中国学术走向世界、被国际认可必须做出的努力。

本研究的结论四表明,中国学生使用名词修饰语偏多,仅局限于"量",且语言技能型和教学相关词汇占据了近 1/4,对其它名词的利用大大减少,从名词修饰语的词汇选择面上来说距离国外研究论文还有很大差距。研究生阶段的语言输入来自大量阅读英文书籍和期刊研究论文,因此要更多鼓励研究生多读英文文献、多思考、多记忆、多储备。在阅读中反复遇到某些词项的结合使用有助于搭配习得,且重复这些搭配对习得其意义和形式有着重要的意义(Webb et al., 2013)。研究生课堂教学还要更多引入期刊中的常用短语,并加以解释,增加研究生表达的多样性,克服名词短语形式单一、扎堆使用个别高频修饰语等不足。尤其值得一提的是,由形容词派生的-ly 副词作为修饰语的使用也是一种压缩语言结构的表达形式,汉语表达的特点使得这一用法成为中国学习者的难点,那么阅读中要通过多观察和思考,对-ly 副词使用形成规律性的认识,输出高质量的"-ly 副-形-名"短语。最后,在研究生论文中也出现了接受度不高的短语,例如 experiment/testing process, deep level 等,这些欠妥当表达及错误用词,如 researches,following-up use,lack of 误用为动词短语,包括定语从句相关错误等,严重影响了毕业论文的质量,也为研究生英语教学敲响了警钟——鼓励研究生大量阅读国外论文的同时,要培养严谨的学术态度和作风。

在观察和总结的基础上,强调应用和操练是切实掌握短语修饰的途径。例如对于如何在写作中准确使用形容词,Martin(1976)曾就学术词汇的学习给出一些具体的建议,包括让学生用形容词来描述、判断作者观点。这种方法可以加深学生对文献的理解,更多使用一些语义过渡性形容词,以力求表达准确、到位。还需要指出,对于学术界一再强调的短语能力的培养,一个切实可行的办法就是通过创建小型语料库来实现,语料库能让我们发现真实的语言使用。研究生平时阅读的国外研究论文都可以加以利用,建成小型语料库,长年累月的积累,最终必将形成一个覆盖面广、内容丰富的语料库,这样也可以为以后的学术创作提供资源。在实践中还可以做得再精细一点,区分语言学所覆盖的更小分支,如心理语言学、语言教学等。有了语料库之后,利用一些便于操作的语料库工具将高频学术名词的修饰语呈现出来,这样研究生就能非常有针对性地掌握一些典型搭配和整体数量较大的低频搭配,并通过短语认识学科语言特点,进而也能由语言特色加深对学科知识的理解。

7.4　本研究的不足以及对未来研究的建议

(1) 正如 Leech(1998:xvii)所说,语料库研究的不足就是在得到结果之前要做大量的基础工作,包括建库、附码等,现在回想起,本研究中的语料库建库已是久远之事。大型的语料库自然具备很多优势,能提供给研究者系统的语言使用信息。本研究的语料库规模相对于国内对中介语其它特征的研究使用的语料库要大的多,高频学术名词频数多则达 10,000 以上,作为中心词的用法也多以千计。基于大型语料库研究名词短语所得到的结果也更具有说服力,然而同时,庞大的数据给后来的分析带来了难以预想的困难。

(2) 本研究虽然没有用到复杂的统计方法,但也足以把研究问题说清楚。本研究中的语料库检索结果经过认真的、全面的检查、修正,准确性得到保证。但是对学术中心词的分析无法做到一一详述,我们以典型来说明问题,同时将频数达到 10 的学术名词短语制成附表,以期对应用语言学教学和论文写作起到参考作用。本研究的可能争议之处在于对高频修饰语的确定上。高频短语在很大程度上意味着什么是典型。实际上,学术界对典型搭配的界定观点不一,对常用的 MI 值、T 值等也存在不少质疑,尤其是受到近两年出现的构式联接(collostruction)研究的质疑。说到底,频数是最基础的依据,也是不少研究使用的方法,本研究也采用了频数作为衡量高频短语的依据。对于这一做法,或还有争议。

(3) 国内对名词短语这一学术语篇特征的关注才刚刚开始,对于中国学生,特别是英语专业研究生毕业论文中的这一语言结构的使用,可供对比的文献还不多。目前对非英语专业大学英语教学向学术英语转变的呼声越来越高,我们希望,能有更多的研究关注不同英语水平学习者的名词短语使用情况,全面呈现中国学生在名词短语上的发展特征。另外,从语言处理和信息加工角度来看,名词短语是写作者压缩和整合语篇信息的结果,摘要的写作更能体现这一特点,而定量研究又必然不同于定性或质的研究。所以,也希望未来研究能对不同性质的论文以及论文的不同部分进行更加细致的对比研究,多角度揭示名词短语在学术论文中的使用特征。

参 考 文 献

Aarts, F. G. 1971. On the distribution of noun-phrase types in English clause-structure. *Lingua*. 26(3), 21 - 293.

Ackermann, K. & Chen, Y H. 2013. Developing the academic collocation list-A corpus driven and expert-judged approach. *Journal of English for Academic Purposes*, 12, 235 - 247.

A gçam, R. & Özkan, M. 2015. A corpus-based study on evaluation adjectives in academic. *Procedia-Social and Behavioral Sciences*, 199 (3), 3 - 11.

Akatas, R. N. & Cortes, V. 2008. Shell nouns as cohesive devices in published and ESL student writing. *Journal of English for Academic Purposes*, 7, 3 - 14.

Alario, F. X. Costa, A. & Caramazza, A. 2002. Frequency effects in noun phrase production: Implications for models of lexical access. *Language and Cognitive Process*, 17(3), 299 - 319.

Alegre, A. & Gordon, P. 1996. Red rats eater exposes recursion in children's word formation. *Cognition*, 60(1), 65 - 82.

Amuzie, G. L. & Spinner, P. 2013. Korean EFL learners' indefinite article use with four types of abstract nouns? *Applied Linguistics*, (4), 415 - 434.

Arnaud, P. J. L., Feragne, E., Lewis, D. M. & Maniz, F. 2008. Adjective + Noun sequences in attributive or NP-final positions: Observations on lexicalization. In S. Granger & F. Meunier (Eds.). *Phraseology: An Interdisciplinary Perspective* (pp. 111 - 125). John Benjamins.

Baratta, A. M. 2010. Nominalization development across an undergraduate academic program. *Journal of Pragmatics*, 42(4),1017 – 1036.

Bauer, L. 1998. When is a sequence of two nouns a compound in English? *English Language and Linguistics*, 2(1),65 – 86.

Bauer, L. 2003. *Introducing Linguistic Morphology*. Edinburgh University Press.

Beck, I., McKeown, M. G. & Kucan, L. 2002. *Bringing Words to Life: Robust Vocabulary Development*. Guilford.

Benson, M. 1985. Collocations and idioms. In R. Ilson (Ed.), *Dictionaries, Lexicography and Language Learning* (pp. 61 – 68). Pergamon.

Benson, M., Benson, E. & Ilson, R. 1987/2010. *The BBI Combinatory of Dictionary of English*. John Benjamins.

Berg, T. 2011. The modification of compounds by attributive adjectives. *Language Science*, 33(5),725 – 737.

Berg, T. 2014. How nominal compounds are modified by two adjectives. *Folia Linguistics*, 48(1),1 – 36.

Berlage, E. 2014. *Noun Phrase Complexity*. Cambridge University Press.

Biber, D. 2004. Compressed noun-phrase structures in newspaper discourse: The competing demands of popularization vs. economy. In J. Aitchison & D. Lewis (Eds.). *New Media Language* (pp. 169 – 181). Routledge.

Biber, D. 2006. *University Language: A Corpus-based Study of Spoken and Written Register*. John Benjamins.

Biber, D. & Clark, V. 2002. Historical shifts in modification patterns with complex noun phrase structures: How long can you go without a verb? In. T. Fanego, M. Lépez-Couso & J. Perez-Guerra (Eds.). *English Historical Morphology* (pp.43 – 66). John Benjamins.

Biber, D. & Gray, B. 2010. Challenging stereotypes about academic writing: Complexity, elaboration, explicitness. *Journal of English for Academic Purpose*, 9(1),2 – 20.

Biber, D. & Gray, B. 2011. Grammatical change in the noun phrase: The influence of written language use. *English Language and Linguistics*, 15 (2),223 – 250.

Biber, D. &. Gray, B. 2016. *Grammatical Complexity in Academic English: Linguistic Change in Writing*. Cambridge University Press.

Biber, D. , Gray, B. &. Poonpon, K. 2011. Should we use characteristics of conversation to measure grammatical complexity in L2 writing development? *TESOL Quarterly*, 45(1), 5 - 35.

Biber, D. , Gray, B. &. Poonpon, K. 2013. Pay attention to the phrasal structures: Going beyond t-units — A response to WeiWei Yang. *TESOL Quarterly*, 47(1), 192 - 201.

Biber, D. , Johansson, S. , Leech, G. &. Finegan, E. 1999. *Longman Grammar of Spoken and Written English*. Person Education Limited.

Biber, D. , Susan, C. &. Randi, R. 1998. *Corpus Linguistics*. Cambridge University Press.

Brezina, V. &. Gablasova, D. 2013. Is there a core general vocabulary? Introducing the New General Service List. *Applied Linguistics*, (1), 1 - 18.

Bruthiaux, P. 1996. *The Discourse of Classified Advertising*. Oxford University Press.

Butler, C. S. 2008. Interpersonal meaning in the noun phrase. In W. Bisang, H. Hock, &. W. Winter (Eds.). *The Noun Phrase in Functional Discourse Grammar* (pp.195 - 221). Mouton de Gruyter.

Carmen, P. 2008. Stance and academic promotionalism: A cross-disciplinary comparison in the soft sciences. *Journal of the Association of Anglo-American Studies*, 30(1), 129 - 145.

Charles, M. 2003. "This mystery . . .": A corpus-based study of the use of nouns to construct stance in theses from two contrasting disciplines. *Journal of English for Academic Purposes*, (2), 313 - 326.

Charles, M. 2007. Argument or evidence? Disciplinary variation in the use of the Noun that pattern in stance construction. *English for Specific Purposes*, 26(2), 203 - 218.

Christie, F. 2002. The development of abstraction in adolescence in subject English. In M. Schleppegrell, &. C. Colombi (Eds.). *Developing Advanced Literacy in First and Second Languages* (pp. 45 - 66). Lawrence Erlbaum Associates.

Church, K. W. &. Hanks, P. 1990. Word association norms, mutual information, and lexicography. *Computational Linguistics*, 16 (1),22 - 29.

Cons, A. M. 2012. The use and misuse of academic words in writing: Analyzing the writing of secondary English learners and redesignated learners. *TESOL Journal*, 3(4),610 - 638.

Cooper, S. R. 2013. *Exploring Elaborated Noun Phrase Use of Middle School English Language Learners Following Writing Strategy Instruction*. Unpublished MA Thesis. University of South Florida.

Corson, D. 1997. The learning and use of academic English words. *Language Learning*, 47(4),671 - 718.

Coxhead, A. 2000. A new academic word list. *TESOL Quarterly*, 34(2), 213 - 239.

Coxhead, A. 2011. The academic word list 10 years on: Research and teaching implications. *TESOL Quarterly*, 45(2),355 - 362

Croft. W. 2002. *Typology and Universals*. Cambridge University Press.

De Haan, P. 2000. Tagging non-native English with the TOSCA-ICLE tagger. In C. Mair & M. Hundt (Eds.). *Corpus Linguistics and Linguistic Theory* (pp.69 - 79). Rodopi.

Durrant, P. & Schmitt, N. 2009. To what extent do native and non-native writers make use of collocations? *IRAL-International Review of Applied Linguistics in Language Teaching*, 47(2),157 - 177.

Durrant, P. 2009. *High-Frequency Collocations*. Unpublished Doctoral Dissertation. University of Nottingham.

Durrant, P. & Schmitt, N. 2010. Adult learners' retention of collocations from exposure. *Second Language Research*, 26(2),163 - 188.

Eisenberg, S. L., Ukrainetz, T. A., Hsu, J. R., Kaderavek, J. N., Justice, L. M. & Gillam, R. B. 2008. Noun phrase elaboration in children's spoken stories. *Language, Speech, and Hearing Services in Schools*, 39(2),145 - 157.

Ellis, N. C, Simpson-Vlach, R. S. & Maynard, W. C. 2008. Formulaic language in native and second-language speakers: Psycholinguistics, corpus linguistics, and TESOL. *TESOL Quarterly*, 41(3),375 - 396.

Evans, K. 2013. *Pathways through Writing Blocks in the Academic Environment*. Sense Publishers.

Fang, Z. H. , Schleppegrell, M. J. & Cox, B. E. 2006. Understanding the language demands of schooling: Nouns in academic register. *Journal of Literacy Research*, 38(3),247 – 273.

Flowerdew, J. 2003. Signaling nouns in discourse. *English for Specific Purposes*, 22,329 – 346.

Ford, W. & Olson, D. 1975. The elaboration of the noun phrase in children description of objects. *Journal of Experimental Child Psychology*, 19 (3),371 – 382.

Foster, P. 2001. Rules and routines: A consideration of their role in the task-based language production of native and non-native speakers. In M. Bygate, P. Skehan, & M. Swain (Eds.), *Researching Pedagogic Tasks: Second Language Learning, Teaching and Testing* (pp. 75 – 93). Longman.

Fries, P. H. 2000. Some peculiar adjective in the English nominal group. In D. G. Lockwood, P. H. Fries & J. E. Copeland (Eds.). *Functional Approaches to Language Culture and Cognition*. John Benjamins.

Gagné, C. L. & Shoben, E. J. 1997. Influence of thematic relations on the comprehension of modifier-noun combinations. *Journal of Experimental Psychology*, 23(1),71 – 87.

Gagné, C. L. , Spalding, T. L. & Park, J. R. 2015. Comprehension and written production of English modifier-noun phrases: Effects of meaning predictability. *SKASE Journal of Theoretical Linguistics*, 12 (3),257 – 271.

Gao, Y. M. & Bartlett, B. 2014. Opportunities and challenges for negotiation appropriated EAP practices in China. In I. Liyanage & T. Walker (Eds.). *English for Academic Purposes (EAP) in Asia* (pp. 13 – 31). Sense Publishers.

Gardner, D. & Davies, M. 2013. A new academic vocabulary list. *Applied Linguistics*, 35(3),305 – 327.

Ge Lan et al. , 2019. Does L2 writing proficiency influence noun phrase complexity? A case analysis of argumentative essays written by Chinese students in a first-year composition course. *System*, 85(1): 1 – 13.

Gil, J. & Adamson, B. 2011. The English language in mainland China: A sociolinguistic profile. In A. Feng (Ed). *English Language Education across Greater China* (pp. 23 – 45). St Nicholas House.

Gilquin, G. 2001. The integrated contrastive model: Spicing up your data. *Languages in Contrast: International Journal for Contrastive Linguistics*, 3(1), 95 – 123.

Girju, R., Moldovan, D., Tatu, M. & Antohe, D. 2005. On the semantics of noun compounds. *Computer Speech and Language*, 19(4), 479 – 496.

Gledhill, C. 2000. The discourse function of collocation in research article introductions. *English for Specific Purposes*, 19(2), 115 – 135.

Granger, S. & Meunier, F. 2008. Introduction: The many faces of phraseology. In S. Granger & F. Meunier (Eds.). *Phraseology: An Interdisciplinary Perspective* (pp. XVII – XXXVII). John Benjamins.

Granger, S. & Paquot, M. 2008. Disentangling the phraseological web. In S. Granger & F. Meunier (Eds.). *Phraseology: An Interdisciplinary Perspective* (pp. 51 – 66). John Benjamins.

Granger, S. 1996. From CA to CIA and back: An integrated approach to computerized bilingual and learner corpora. In, K. Aijmer, B. Altenberg, & M. Johansson (Eds.). *Languages in Contrast: Papers form a Symposium on Text-based Cross-linguistic Studies* (pp. 37 – 51). Lund University Press.

Granger, S. 1998. The computer learner corpus: A versatile new source of data for SLA research. In S. Granger (Eds.). *Learner English on Computer* (pp. 3 – 18). Longman.

Granger, S. 2002. A bird's eye view of learner corpus research. In S. Granger, J. Hung & S. Petch-Tyson (Eds.). *Computer Learner Corpora, Second Language Acquisition and Foreign Language Teaching* (pp. 3 – 33). John Benjamins.

Granger, S. & Paquot, M. 2009. Lexical verbs in academic discourse: A corpus-driven study of learner use. In in M, Charles, S. Hunston & D. Pecorari (Eds.) *Academic Writing: At the Interface of Corpus and Discourse* (pp. 193 – 214). Continuum.

Gray, B. E. 2011. *Exploring academic writing through corpus linguistics: When discipline tells only part of the story*. Unpublished Doctoral Dissertations. Northern Arizona University.

Gries, S. T. 2008. Phraseology and linguistic theory: A brief survey. In S. Granger & F. Meunier (Eds.). *Phraseology: An Interdisciplinary Perspective* (pp. 3 – 26). John Benjamins.

Haggan, M. 2004. Research paper titles in literature, linguistics and science: Dimensions of attraction. *Journal of Pragmatics*, 36 (2), 293 – 317.

Hallander, M. A. & Gelman, S. A. 2002. Children's interpretation of generic noun phrase. *Development of Psychology*, 38(6), 883 – 894.

Halliday, M. A. K. 1989. *Spoken and Written Language*. Oxford University Press.

Halliday, M. A. K. 2004. *An Introduction to Functional Grammar*. Arnold.

Halliday, M. A. K. 1996. Literacy and linguistics: A functional perspective. In R, Hasan, & G. Williams, G. (Eds.). *Literacy in Society* (pp. 339 – 372). Longman.

Hawarth, P. 1998. Phraseology and second language proficiency. *Applied Linguistics*. 19(1), 24 – 44.

Hinkel, E. 2001. Matters of cohesion in L2 academic texts. *Applied Language Learning*. 12(2), 111 – 132.

Hinkel, E. 2004. *Teaching Academic ESL Writing*. Lawrence Erlbaum Associates.

Huang, K. 2015. More does not mean better: Frequency and accuracy analysis of lexical bundles in Chinese EFL learners' essay writing. *System*, 53, 13 – 23.

Hunt, K. W. 1965. Grammatical structures written at three grade levels. *NCTE Research Report, No 3*. Champaign, IL: National Council of the Teachers of English.

Huston, S. & Francis, G. 2000. *Pattern Grammar: A Corpus-driven Approach to the Lexical Grammar of English*. John Benjamins.

Huston, S. 2002. *Corpus in Applied Linguistics*. Cambridge University Press.

Huston, S. 2013. *The Encyclopedia of Applied Linguistics*. Blackwell Publishing Ltd.

Hutter, J. A. 2015. *A corpus based analysis of noun modification in empirical research articles in applied linguistics*. Unpublished MA Thesis. Portland State University.

Hyland, K. & Tse, P. 2007. Is there an "academic vocabulary"? TESOL Quarterly, 41(2), 230 – 253.

Iria, P. G. 2011. *Status and Development of N + N Sequence in the Contemporary English Noun Phrases*. Peter Lang AG.

Jackson, H. & Amvela, E. Z. 2000. *Word, Meaning and Vocabulary*. Cassell.

Jia, Y. C. , Chen, M. L. & Ko, H. W. 2013. Context effects in processing of Chinese academic words: An eye-tracking investigation. *Reading Research Quarterly*, 48(4), 403 – 413.

Jiang, F. K. 2015. Nominal stance construction in L1 and L2 students' writing. *Journal of English for Academic Purposes*, 20(7), 90 – 102.

Jiang, F. K. & Hyland, K. 2015. 'The fact that': Stance nouns in disciplinary writing. *Discourse Studies*, 17(5), 1 – 22.

Jucker, A. 2012 *"Social Stylistics: Syntactic Variation in British Newspapers": Topics in English Linguistics*. Walter de Gruyter.

Kamps, J. & Marx, M. 2001. Words with attitude. Available at http: // wenku. baidu. com/link?url = 7-As779v3B-uhZP6GG17vnNTmFfy RaoT_ sUVqE5vo _ Gh _ 3cJodLx8mzs3jHV7hHkScLJepd9-iZKy7AUZGoqNa _ 7D40YyoNm1vFNMmjNe.

Kastor, T. B. 1983. Noun phrase and coherence in child narratives. *Child Language*, 10(1), 135 – 149.

Keizer, E. 2007. *The English Noun Phrase: The Nature of Linguistic Categorization*. Cambridge University Press.

Kjellmer, G. 1990. Patterns of collocability. In J. Ararts & W. Meijs (Eds.). *Theory and Practice in Corpus Linguistics* (pp. 152 – 174). Rodopi.

Lado, R. 1957. *Linguistics across Cultures: Applied Linguistics for Language Teachers*. University of Michigan Press.

Larsen-Freeman, D. 2006. The emergence of complexity, fluency, and accuracy in the oral and written production of five Chinese learners of English. *Applied Linguistics*, 27(4), 590 – 619.

Laufer, B. & Waldman, T. 2011. Verb-noun collocations in second language writing: A corpus analysis of learners' English. *Language Learning*, 61(2),647–672

Leech, J. 1998. Preface. In S. Granger (Ed), *Learner English on Computer* (pp. xiv-xx). Longman.

Lemke, J. L. 1990. *Talking Science: Language, Learning, and Values*. Ablex.

Levi, J. N. 1978. *The Syntax and Semantics of Complex Nominals*. Academic Press.

Li, J. & Schmitt, N. 2009. The acquisition of lexical phrases in academic writing: A longitudinal case study. *Journal of Second Language Writing*, 18(2),85–102.

Li, J. & Schmitt, N. 2010. The development of collocation use in academic texts by advanced L2 Learners: A multiple case study approach. In D. Wood. *Perspectives on Formulaic Language: Acquisition and Communication* (pp. 22 – 46). Continuum International Publishing Group.

Lieber, R. & Štekauer, P. 2009. Introduction: Status and definition of compounding. In R. Lieber & P. Štekauer (Eds.), *The Oxford Handbook of Compounding* (pp. 1 – 25). Oxford University Press,

Liu, D. 2012. The most frequently-used multi-word constructions in academic written English: A multi-corpus study. *English for Specific Purposes*, 31(1),25–35.

Liu, H. & Cui, H. 2012. The application of PowerGREP in corpus processing for foreign language teaching. In *Intelligent Control and Automation (WCICA)*, 2012 10*th World Congress* (pp. 220 – 223). IEEE.

Liu, J. & Han, L. 2015. A corpus-based environmental academic word list building and its validity test. *English for Specific Purposes*, 39 (1),1–11.

Lu, X. & Ai, H. 2015. Syntactic complexity in college-level English writing: Differences among writers with diverse L1 backgrounds. *Journal of Second Language Writing*, 29,16–27.

Lu, X. 2010. Automatic analysis of syntactic complexity in second language writing. *International Journal of Corpus Linguistics*, 15(4),474–496.

Lu, X. 2011. A corpus-based evaluation of syntactic complexity measures as indices of college-level ESL writers' language development. *TESOL Quarterly*, 45(1),36 - 62.

Maestre, M. D. 1998. Noun phrase complexity as a style marker: An exercise in stylistic analysis. *Atlantis*, 20(2),91 - 105.

Mancilla, L. , Polat, N. & Akcay, A. O. 2015. An investigation of native and nonnative English Speakers' levels of written syntactic complexity in asynchronous online discussions. *Applied Linguistics*, (4),1 - 24.

Martin, A. V. 1976. Teaching academic vocabulary to foreign graduate students. *TESOL Quarterly*, 10(1),91 - 97.

Martin, J. R. 1993. Life as a noun: Arresting the universe in science and humanities. In Halliday & Martin. (Eds.). *Writing science: Literacy and Discursive Power* (pp. 221 - 267). The Falmer Press.

Martinez, R. & Schmitt, N. 2009. A phrasal expressions list. *Applied Linguistics*, 33(3),299 - 320

Martínez, I. A. , Beck, S. C. & Panza, C. B. 2009. Academic vocabulary in agriculture research articles: A corpus-based study. *English for Specific Purposes*, 28(3),183 - 198.

Mazgutova, D. & Kormos, J. 2015. Syntactic and lexical development in an intensive English for Academic Purposes program. *Journal of Second Language Writing*, 29(6),3 - 15.

McCabe, A. & Gallagher, C. 2009. The role of the Nominal group in undergraduate academic writing. *Functional linguistics: From Language to Multimodality: New Developments in the Study of Ideational Meaning* (pp. 189 - 208). Equinox Publishing.

McGee, I. 2009. Adjective-noun collocations in elicited and corpus data: Similarities, differences, and the whys and wherefores. *Corpus Linguistics and Linguistic Theory*, 5(1),79 - 103.

McIntosh, A. 1966. Patterns of language, In A. McIntosh & M. A. K. Halliday (Eds.). *Patterns of Language: Papers in General, Descriptive and Applied Linguistics* (pp. 183 - 199). Indiana University Press.

Menon, S. & Mukundan, J. 2012. Collocations of high frequency noun keywords in prescribed science textbooks. *International Education Studies*, 5(6),149 - 160.

Murphy, G. 1990. Noun phrase interpretation and conceptual combination. *Journal of Memory and Language*, 29(3),259 – 288.

Murphy, V. A. &. Hayes, J. 2010. Processing English compounds in the first and second language: The influence of the middle morpheme. *Language Learning*, 60(1),194 – 220.

Musgrave, J. &. Parkinson, J. 2014. Getting to grips with noun groups. *ELT journal*, 68(2),145 – 154.

Nation, P. &. Hwang K. 1995. Where would general service vocabulary stop and special purposes vocabulary begin? *System*, 23(1),35 – 41.

Nation, P. 2001. *Learning Vocabulary in Another Language*. Cambridge University Press.

Nelson, K. 1976. Some attributes of adjectives used by young children. *Cognition*, 4(1),13 – 30.

Nesi, H. &. Moreton, E. 2012. EFL/ESL writers and the use of shell nouns. In R. Tang (Ed.). *Academic Writing in a Second or Foreign Language: Issues and Challenges Facing ESL/EFL Academic Writers in Higher Education Contexts* (pp.126 – 145). Bloomsbury Publishing.

Nesselhauf, N. 2003. The use of collocations by advanced learners of English and some implications for teaching. *Applied Linguistics*, 24(2), 223 – 242.

Nesselhauf, N. 2005. *Collocations in a Learner Corpus*. John Benjamins.

Ni, Y. 2004. Noun phrases in media texts: A quantificational approach. In J. Aitchison, D. M. Lewis (Eds.). *New Media Language*, (pp. 159 – 168). Routledge.

Nikolaos, K. 2007. Generating a business word list for teaching business English. *ELIA*, (7),97 – 102.

Ortega, L. 2003. Syntactic complexity measures and their relationship to L2 proficiency: a research synthesis of college-level L2 writing. *Applied Linguistics*, 24(4),492 – 518.

Ortega, L. 2015. Syntactic complexity in L2 writing: Progress and expansion. *Journal of Second Language Writing*, 29(6),82 – 94.

Paquot, M. 2010. *Academic Vocabulary in Learner Writing: from Extraction to Analysis*. Continuum International Publishing Group.

Parkinson, J. &. Musgrave, J. 2014. Development of noun phrase complexity in the writing of English for Academic Purposes students. *Journal of English for Academic Purposes*, 14,48 - 59.

Parkinson, J. 2015. Noun-noun collocations in learner writing. *Journal of English for Academic Purposes*, 20,103 - 113.

Pawley, A. & Syder, F. H. 1983. Two puzzles for linguistic theory: Nativelike selection and nativelike fluency. In J. C. Richards & R. W. Schmidt (Eds.). *Language and Communication* (pp. 191 - 225). Longman.

Potter, M. C. & Faulconer, B. A. 1979. Understanding noun phrase. *Journal of Verbal Learning and Verbal Behavior*, 18(5),509 - 521.

Priven, D. 2020. "All These Nouns Together Just Don't Make Sense!": An Investigation of EAP students' challenges with complex Noun Phrases in First-Year college-level textbooks. *Canadian Journal of Applied Linguistics*, 23(1),93 - 116.

Quirk, R., Greenbaum, S., Leech, G. & Svartvik, J. 1985. *A Comprehensive Grammar of the English Language*. Longman.

Ravid, D. & Zilberbuch, S. 2003. The development of complex nominals in expert and non-expert writing: A comparative study. *Pragmatics & Cognition*, 11(2),267 - 296.

Ravid, D. 2005. *Perspectives on Language and Language Development*. Springer. Ravid, D. & Berman, R. A. 2010. Developing noun phrase complexity at school age: A text-embedded cross-linguistic analysis. *First Language*, 30(1),3 - 26.

Roche, T. & Harrington, M. 2013. Recognition vocabulary knowledge as a predictor of academic performance in an English as a foreign language setting. *Language Testing in Asia*, 3(1),3 - 12.

Roland, D., Dick, F. & Elman, J. L. 2007. Frequency of basic English grammatical structures: A corpus analysis. *Journal of Memory and Language*, 57(3),348 - 379.

Ruan Zhoulin, 2018. Structural compression in academic writing: An English-Chinese comparison study of complex noun phrases in research article abstracts. *Journal of English for Specific Purposes*, 36,7 - 47.

Rush, S. 1998. The noun phrase in advertising English. *Journal of Pragmatics*, 29(2),155 - 171.

Samson, C. 2006. Is different from: A corpus-based study of evaluative adjectives in economics discourse. *IEEE Transactions on Professional Communication*, 49(3),236 – 245.

Sånglöf, S. 2014. Pre- and Postmodification in Noun Phrases: A comparison of monolingual, bilingual and multilingual male learners of English in Sweden. Available at http: //ezproxy-prd. bodleian. ox. ac. uk: 3855/ smash/get/diva2: 762330/ FULLTEXT01. pdf.

Schleppegrell, M. J. & O'Hallaron, C. L. 2011. Teaching academic language in L2 secondary settings. *Annual Review of Applied Linguistics*, 31(3),3 – 18.

Schmid, H. J. 2000. *English Abstract Nouns as Conceptual Shells: From Corpus to Cognition*. Mouton de Gruyter.

Selinker, L. 1972. Interlanguage. *IRAL-International Review of Applied Linguistics in Language Teaching*, 10(1 – 4),209 – 232.

Seretan. V. 2010. *Syntax-based Collocation Extraction*. Springer

Sinclair, J. 1996. Beginning the study of lexis. In C. Bazel, J. C. Eatford, M. A. K. Halliday (Eds.). *In Memory of J. Firth* (pp. 410 – 430). Longman.

Sinclair, J. 1991. *Corpus, Concordances, and Collocation*. Oxford University Press.

Siyanova, A. & Schmitt, N. 2008. Learner production and processing of collocation: a multi-study perspective. *The Canadian Modern Language Review*, (3),429 – 458.

Siyanova, A. 2015. Collocation in beginner learner writing: A longitudinal study. *System*, 53,148 – 160.

Siyanova, A. C. & Spina, S. 2015. Investigation of Native speaker and second language learner intuition of collocation frequency. *Language Learning*, 65(3),533 – 562.

Soler, V. 2002. Analyzing adjective in scientific discourse: An exploratory study with educational applications for Spanish speakers at advanced university level. *English for Specific Purposes*, 21(2),145 – 165.

Stubbs, M. 1995. Collocations and semantic profiles: On the cause of the trouble with quantitative studies. *Functions of Language*, 2(1),23 – 55.

Swales, J. M. & Burke, A. 2003. "It's really fascinating work":

Differences in evaluative adjectives across academic registers. *Language and Computers*, 46(1),1 - 18.

Swales, J. M. 2004. *Research Genres: Explorations and Applications*. Cambridge University Press.

Taguchi, N. , Crawford, W. & Wetzel, D. Z. 2013. What linguistic features are indicative of writing quality? A case of argumentative essays in a college composition program. *TESOL Quarterly*, 47(2),420 - 430

Tang, R. 2012. *Academic Writing in a Second or Foreign Language*. Continuum.

Thornton, R. , MacDonald, M. C. & Gil, M. 1999. Pragmatic constraint on the interpretation of complex noun phrases in Spanish and English. *Journal of Experimental Psychology: Learning, Memory, and Cognition*, 25(6),1347 - 1365.

Tsai, K. J. 2015. Profiling the collocation use in EFL textbooks and learner writing. *Language Teaching Research*, 19(6),723 - 740.

Ure. J. 1971. Lexical density and register differentiation. In, G. E. Perren & I. L. M. Trim (Eds.). *Applications of Linguistics* (pp. 443 - 452). Cambridge University Press.

Valipouri, L. & Nassaji, H. 2013. A corpus-based study of academic vocabulary in chemistry research articles. *Journal of English for Specific Purpose*s, (12),248 - 263.

Vergaro, C. 2015. Ways of asserting: English assertive nouns between linguistics and the philosophy of language. *Journal of Pragmatics*, 84 (7),1 - 17.

Vongpumivitch, V. , Huang, J. Y. , & Chang, Y. C. 2009. Frequency analysis of the words in the Academic Word List (AWL) and non-AWL content words in applied linguistics research papers. *English for Specific Purposes*, 28(1),33 - 41.

Wang, L. & Pei, F. 2015. Types and features of noun phrase in Chinese scholars'Abstracts. *International Journal of English Linguistic*s, 5(6), 84 - 94.

Wang, Y. & Bai, Y. 2007. A corpus-based syntactic study of medical research article titles. *System*, 35,388 - 399.

Ward, J. 2007. Collocation and technicality in EAP engineering, *Journal of*

English for Academic Purposes, 6(1),18 – 35.

Watt, A. 2005. *Beginning Regular Expressions*. Boulevard: Wiley Publishing.

Webb, S. & Kagimoto, E. 2011. Learning collocations: Do the number of collocates, position of the node word, and synonymy affect learning? *Applied Linguistics*, 32(3),259 – 276.

Webb, S., Newton, J. & Chang, A. 2013. Incidental learning of collocation. *Language Learning*, (3),97 – 120.

West, M. 1953. *A General Service List of English Words*. Longman.

Whittaker, R., Llinares, A. & McCabe, A. 2011. Written discourse development in CLIL at secondary school. *Language Teaching Research*, 15(3),343 – 362.

Wiebe, J.M., Bruce, R.F. & O'Hara, T.P. 1999. Development and use of a gold-standard data set for subjectivity classifications. In *Proceedings of the 37th annual meeting of the Association for Computational Linguistics on Computational Linguistics* (pp.246 – 253). Association for Computational Linguistics.

Wray, A. 2000. Formulaic sequences in second language teaching: Principle and practice. *Applied Linguistics*, 21(4),463 – 489.

Wray, A. 2002. *Formulaic Language and the Lexicon*. Cambridge University Press.

Xue, G. & Nation, P. 1984. A university word list. *Language Learning and Communication*, 3(2),215 – 229.

Yang, G. 2015. *Grammatical Features of Structural Elaboration and Compression Common in Advanced ESL Academic Writing*. Unpublished MA Thesis. Brigham Young University

Yang, W. & Sun, Y. The use of cohesive devices in argumentative writing by Chinse EFL learners at different proficiency levels. *Linguistics and Education*, 23(1),31 – 48.

Yang, W., Lu, X.F. & Weigle, S.C. 2015. Different topics, different discourse: relationships among writing topic, measures of syntactic complexity, and judgements of writing quality. *Journal of Second Language Writing*, 28(2),53 – 67.

Yolanda Noguera-Diaz, Pascual Perez-Paredes, 2019. Register analysis and

ESP pedagogy: Noun-phrase modification in a corpus of English for military navy submariners. *English for Specific Purposes*, 53: 118 - 113.

Zhou, G., Zhang, M., Li, J. & Zhu, Q. 2007. Building a collocation net. *International JournalProcessing of Oriental Languages*, 20 (2&3), 181 - 196.

Zhou, Z. P. & Feng, W. C. 1987. The two faces of English in China: Englishization of Chinese and nativization of English. *World Englishes*, 6 (2), 111 - 125.

鲍贵、王霞. 2005. RANGE 在二语产出性词汇评估中的应用. 外语电化教学 (4), 54 - 58.

蔡基刚. 2003. 英语写作与抽象名词表达. 上海：复旦大学出版社。

陈建生、林婷婷. 2010. 中国英语学习者语料库中的高频词 good 的类联接及搭配探析. 天津外国语学院学报. (1), 10 - 15.

方秀才. 2013. 基于语料库的中国 EFL 学习者"ing-小句"非限定用法研究. 西安外国语大学学报, (3), 48 - 52.

高超、文秋芳. 2012. 中国语境中本土化英语的可理解度与可接受度研究. 外语教学, (5), 53 - 58.

桂诗春、杨惠中. 2003. 中国学习者英语语料库. 上海：上海外语教育出版社.

桂诗春. 2009. 基于语料库的英语语言学语体分析. 北京：外语教学与研究出版社。

何安平. 2013. 国外语料库语言学视角下的多形态短语研究评述. 当代语言学, (1), 62 - 72.

贾冠杰、乔良文. 2014. 英语专业硕士毕业论文的语言错误分析研究. 外语界, (3), 63 - 69.

贾冠杰. 2013. 中国英语再研究. 当代外语研究, (3), 8 - 13.

姜峰. 2015. 中美学生论说文的立场名词表达——基于语料库的对比研究. 外语与外语教学, (5), 8 - 14.

姜晖、龚卓如. 2014. 外壳名词的语篇意义及对学术英语写作的启示. 大连海事大学学报(社会科学版), (3), 121 - 124.

姜亚军. 2013. 我国英语专业硕士学位论文标题的词汇句法特征研究. 外语教学, (6), 19 - 24.

李金满. 2008. 中国学习者英语关系从句使用研究. 现代外语, (4), 406 - 414.

李朔. 2014. 英语专业学生议论文中名词词组成分的使用, 成都师范学院学报, (9), 50 - 55.

李素枝.2011.基于语料库的中国英语学习者名词搭配与类联接对比研究,
    英语教师,(8),44-49.

李文中.2012.语料库标记与标注,外语教学与研究,(3),336-345.

梁茂成、李文中、许家金.2010.语料库应用教程.北京:外语教学与研究出
    版社.

梁茂成.2009.词性赋码语料库的检索与正则表达式的编写.中国外语教学,
    (2),65-73.

梁茂成.2003. A study of intensifiers in Chinese EFL learners' speech
    production. In *Conference Proceedings of International Conference on
    Corpus Linusitics*. Shanghai.

梁新亮.2015.中国硕士生学术语篇中名词词组的使用特征分析.北京科技
    大学学报(社会科学版),(1),28-32.

林汝昌.1995.母语对学习目的语的干扰——非谓语动词学习的难度等级和
    习得顺序.湖南大学社会科学学报,(1),74-78.

刘静、甘国莹.2020.中国英语专业学习者议论文写作中形容词强化与使用
    型式研究——基于语料库的考察.辽宁师范大学学报(社会科学版),
    2020(3):138-146.

娄宝翠.2013.基于语料库的研究生学术英语语篇中的外壳名词使用分析.
    外语教学,(3),46-53.

陆军、卫乃兴.2014.短语学视角下的二语词语知识研究.外语教学与研究,
    (6),865-878.

潘崇堃.2011.基于语料库的我国高校英语专业学生的形容词+名词搭配能
    力研究.北京化工大学学报(社会科学版),(2),64-67.

潘洞庭.2011.英语名词的文化蕴涵及其应用研究.上海:上海交通大学.

彭宣维.2000.英汉语篇综合对比.上海:上海外语教育出版社.

濮建忠.2003.学习者动词行为:类联接、搭配及词块.开封:河南大学出
    版社.

秦悦.2005.基于语料库的对高级学习者写作中词汇搭配错误的分析.博士
    论文.上海外国语大学.

权立宏.2010. PowerGREP 在外语词汇教学中的应用——以数据驱动学习
    为理念.山东外语教学,(1),31-36.

邵志洪.1997.英汉语研究与对比.上海:华东理工大学出版社.

孙海燕.2004.基于语料库的学生英语形容词搭配语义特征探究.现代外语,
    (4),410-418.

孙海燕、陈永捷. 2006. 中国英语学习者名词类联接的发展特征——基于附码语料库的研究. 外语教学与研究,(4),272 - 278.

孙海燕. 2013. 短语学视域下语法与词汇的界面研究. 英语研究,(4),1 - 4.

孙勉志. 2007. 英语名词的表达与理解. 武汉：华中科技大学出版社.

王春艳、韩金龙. 2010. 中国英语学习者形容词强化现象及成因分析. 外语电化教学,133(5),50 - 57.

王桂玲. 2009. 论汉英名词短语的结构与信息功能. 郑州轻工业学院学报(社会科学版),(3),105 - 109.

王莉、梁茂成. 2007. 学习者口语语料自动词性赋码的信度研究. 外语教学,(4),47 - 51

王雪梅. 2011. 基于网络学习生态系统的英语专业学位论文质量监控体系. 外语电化教学,(1),27 - 32.

王勇. 2008. 行走在语法和词汇之间——型式语法述评. 当代语言学,(3),257 - 266.

卫乃兴. 2000. 词语搭配的界定与研究体系. 上海：上海交通大学出版社.

卫乃兴. 2005. 学习者中间与的特征调查与原因解释. 载卫乃兴、李文中、濮建忠等著语料库应用研究(页码：53 - 69). 上海：上海外语教育出版社.

卫乃兴. 2011. 基于语料库的对比短语学研究. 外国语,(4),32 - 42.

文秋芳、梁茂成、晏小琴. 2008. 中国学生英语口笔语语料库. 北京：外语教学与研究出版社。

文秋芳. 2009. 学习者英语语体特征变化的研究. 外国语,(4),2 - 10.

吴谨. 2007. 中国研究生学术词汇知识的研究. 博士论文. 上海交通大学.

吴谨. 2011. 中国研究生产出性学术词汇知识深度的语料库研究. 外语教学,(2),52 - 55.

邢红兵、辛鑫. 2013. 第二语言词汇习得的中介语对比分析方法. 华文教学与研究,(2),1 - 12

徐昉. 2012. 中国学习者英语学术词块的使用及发展特征研究. 外国语文,(4),51 - 56.

徐晓燕. 2010. 显性语法教学与中国大学生对英语非限定分句的使用. 西南民族大学学报,(3),93 - 100.

徐晓燕等. 2013. 中国英语专业英语议论文句法复杂性研究. 外语教学与研究,(2),264 - 275.

许家金、贾云龙. 2013. 基于 R-gram 的语料库分析软件 PowerConc 的设计与开发. 外语电化教学,(1),57 - 62.

许玉. 2015,医学科研论文中的学术词汇搭配,语言研究,(1),507-510

薛学彦. 2005. PowerGrep 及其在语料库语言学中的应用. 湛江师范学院学报,(6),93-98.

杨惠中、卫乃兴. 2005. 中国学习者英语口语语料库建设与研究. 上海:上海外语教育出版社.

杨惠中. 2002. 语料库语言学导论. 上海:上海外语教育出版社.

于涛. 2010. 基于语料库的名词类同义词类联接、搭配及语义韵研究. 湖北第二师范学院学报,(10),31-35.

俞希、文秋芳. 2010. 中国英语报章中评价性形容词搭配的本土化特征. 外语与外语教学,(5),23-28.

原斌华. 2007. 基于语料库学习者名词与名词搭配失误分析. 和田师范专科学校,(3),161-163

张今、刘光耀. 1995. 英语抽象名词研究. 开封:河南大学出版社.

张少林、程锋萍、刘拴. 2012. 高阶英语学习者 N+N 组合概念认知机制研究. 外语教学理论与实践,(1),21-26.

张文忠、陈水池. 2006. EFL 学习者习得英语形-名搭配知识的定量研究. 外语教学与研究,(4),251-258.

赵秀凤. 2004. 英汉名词词组结构差异对英语写作语体风格的影响. 外语教学(3),55-57.

甄凤超、王华. 2015. 次技术词汇的修饰性功能研究——以 evidence、research 和 result 在语言学类期刊论文中的用法为例. 外语与外语教学,(5),1-10.

庄亮. 2013. 论英语名词短语的多项前置定语. 福建师大福清分校学报,(3),96-101.

附 录

附录 1 CCEPT 和 CRAIJ 中的形容词修饰语使用语用频数及标准数

序号	学术词汇	中心词		形容词修饰语					
		CCEPT	RAC	CCEPT	CCEPT ‰	CRAIJ	CRAIJ ‰		O/U
1	activity	2238	1086	642	287	309	285		+
2	analysis	2330	3172	595	255	864	272		−
3	approach	2010	1264	898	447	600	475		−
4	articles	378	1497	97	257	284	190	***	+
5	aspect	1449	999	517	357	463	463	***	−
6	conditions	580	1945	224	386	658	338	*	+
7	context	2211	2732	893	404	1022	374		+

续　表

序号	学术词汇	中心词		形容词修饰语					O/U
		CCEPT	RAC	CCEPT	CCEPT‰	CRAIJ	CRAIJ‰		
8	data	1580	2890	379	240	546	189	**	+
9	development	1840	1814	612	333	388	214	***	+
10	difference	2630	3207	1216	462	1332	415	*	+
11	discussion	812	779	145	179	200	257	***	−
12	effect	2146	3474	729	340	1200	345		−
13	error	2489	1134	591	237	236	208		+
14	example	919	1392	162	176	279	200		−
15	factor	1935	1623	1048	542	615	379	***	+
16	feature	783	1423	385	492	685	481		+
17	finding	1016	1748	308	303	357	204	***	+
18	form	2433	3562	774	318	1485	417	***	−
19	group	4791	5958	1084	226	1107	186	*	+
20	hypotheses	1097	1073	98	89	116	108		−

续　表

序号	学术词汇	中心词		形容词修饰语					O/U
		CCEPT	RAC	CCEPT	CCEPT‰	CRAIJ	CRAIJ‰		
21	information	2345	1481	867	370	641	433	**	−
22	interaction	1289	1696	282	219	538	317	***	−
23	knowledge	4490	2945	1748	389	1361	462	***	−
24	language	6230	5522	1541	247	1702	308	**	−
25	level	2908	3276	1159	399	1162	355	*	+
26	meaning	2227	2165	657	295	743	343	*	−
27	measure	417	1535	136	326	408	266	**	+
28	model	1465	1522	349	238	409	269		−
29	pattern	876	1649	280	320	574	348		−
30	performance	1595	1504	382	239	356	237	+	
31	practices	1440	1073	243	169	327	305	***	−
32	process	3624	1716	771	213	579	337	***	−
33	production	559	1193	150	268	298	250	+	+

续　表

序号	学术词汇	中心词		形容词修饰语					O/U
		CCEPT	RAC	CCEPT	CCEPT‰	CRAIJ	CRAIJ‰		
34	relationships	1239	1274	344	278	391	307		−
35	research	3291	2737	973	296	1017	372	***	−
36	researcher	1673	1395	150	90	89	64	*	+
37	response	686	1377	189	276	423	307		−
38	result	3753	3359	370	99	326	97		+
39	role	1763	1321	782	444	490	371	***	+
40	strategy	6105	1136	1534	251	321	283		−
41	structure	1516	1844	547	361	717	389		−
42	study	7552	8453	2733	362	2368	280	***	+
43	subject	3254	921	204	63	207	225	***	−
44	system	1135	1409	405	357	645	458	***	−
45	task	4442	3930	679	153	694	177		−
46	type	2202	2698	438	199	479	178		+

续 表

序号	学术词汇	中心词				形容词修饰语					
		CCEPT	RAC	CCEPT	CCEPT ‰	CRAIJ	CRAIJ ‰			O/U
47	use	2667	2704	646	242	540	200		*	+
均值					287		297			
共计		106410	104607		29956		30551			

附录 2　CCEPT 和 CRALJ 中的名词修饰语使用频数及标准数

序号	学术词汇	名词修饰语					
		CCEPT	CCEPT‰	CRALJ	CRALJ‰		O/U
1	activity	799	357	332	306	*	+
2	analysis	875	376	793	250	***	+
3	approach	571	284	185	146	***	+
4	articles	21	56	94	63		−
5	aspect	47	32	21	21		+
6	conditions	164	283	650	334	*	−
7	context	328	148	442	162		−
8	data	145	92	666	230	***	−
9	development	328	178	458	252	***	−
10	difference	191	73	356	111	**	−
11	discussion	99	122	80	103		+
12	effect	282	131	831	239	***	−
13	error	358	144	252	222	***	−

续　表

序号	学术词汇	名词修饰语					
		CCEPT	CCEPT‰	CRAIJ	CRAIJ‰		O/U
14	example	10	11	27	19		−
15	factor	125	65	226	139	***	−
16	feature	118	151	209	147		+
17	finding	77	76	91	52	*	+
18	form	518	213	711	200		+
19	group	1267	264	1866	313	*	−
20	hypotheses	550	501	377	351	***	+
21	information	205	87	199	134	***	−
22	interaction	223	173	234	138	*	+
23	knowledge	1144	255	521	177	***	+
24	language	885	142	489	89	***	+
25	level	859	295	913	279		+
26	meaning	120	54	140	65		−

续　表

序号	学术词汇	名词修饰语					O/U
		CCEPT	CCEPT‰	CRAIJ	CRAIJ‰		
27	measure	55	132	404	263	***	−
28	model	654	446	413	271	***	+
29	pattern	375	428	410	249	***	+
30	performance	491	308	314	209	***	+
31	practices	389	270	263	245		+
32	process	1445	399	522	304	***	+
33	production	199	356	247	207	***	+
34	relationships	51	41	126	99	***	−
35	research	298	91	461	168	***	−
36	researcher	62	37	112	80	***	−
37	response	38	55	160	116	***	−
38	result	380	101	223	66	**	+
39	role	196	111	41	31	***	+

续　表

序号	学术词汇	名词修饰语					O/U
		CCEPT	CCEPT‰	CRAIJ	CRAIJ‰		
40	strategy	2792	457	424	373	***	+
41	structure	442	292	527	286		+
42	study	589	78	834	99		−
43	subject	148	45	69	75	**	−
44	system	535	471	408	290	***	+
45	task	1127	254	1741	443	***	−
46	type	587	267	894	331	**	−
47	use	692	259	541	200	**	+
均值		21854	201		190		
共计		21854		20297			

附录3　CRALJ 中使用的形-名- AH 短语模式

频数	形容词	名词	学术名词
29	cumulative	enhancement	MODEL
27	syntactic	complexity	MEASURE
25	creative	language	USE
24	lexical	decision	TASK
23	different	proficiency	LEVEL
22	past	tense	FORM
22	critical	period	HYPOTHESIS
18	full	idiom	ANALYSIS
16	fundamental	difference	HYPOTHESIS
15	silent	reading	CONDITION
14	lexical	diversity	MEASURE
14	corpus-based	vocabulary	RESEARCH
13	low	PROF	GROUP
13	written	production	TASK
12	shallow	structure	HYPOTHESIS
12	unique	word	TYPE
11	oral	fluency	DEVELOPMENT
11	inflected	word	FORM
11	present	tense	FORM
11	applied	linguistics	RESEARCH
11	high	strategy	USE
10	principal	components	ANALYSIS
10	English	control	GROUP

频数	形容词	名词	学术名词
10	functional	features	HYPOTHESIS
10	lower	proficiency	LEVEL
10	typological	primacy	MODEL
10	lexical	decision	TASK
9	exploratory	factor	ANALYSIS
9	oral	production	DATA
9	native	language	DEVELOPMENT
9	smaller	meaning	DIFFERENCE
9	prosodic	transfer	HYPOTHESIS
9	bilingual	speech	PRODUCTION
9	oral	production	TASK
8	collaborative	play	ACTIVITY
8	principal	component	ANALYSIS
8	perfective	past-tense	FORM
8	high	PROF	GROUP
8	used	plausibility	INFORMATION
8	different	vigilance	LEVEL
8	biphasic	ERP	PATTERN
8	particular	sentence	STRUCTURE
8	postreading	vocabulary	TASK
8	creative	writing	TASKS
8	pragmatic	language	USE
7	syntactic	priming	ACTIVITY

频数	形容词	名词	学术名词
7	canonical	correlation	ANALYSIS
7	single	case	ANALYSIS
7	multiple	regression	ANALYSIS
7	implicit	training	CONDITION
7	novel	verb	CONDITION
7	larger	meaning	DIFFERENCE
7	new	word	FORM
7	native	speaker	GROUP
7	initial	ESL	LEVEL
7	higher	proficiency	LEVELS
7	productive	vocabulary	LEVELS
7	Korean	TFS	PATTERN
7	German	case	SYSTEM
7	sensitive	scoring	SYSTEM
7	automated	evaluation	SYSTEMS
7	oral	description	TASK
7	different	task	TYPE
6	structured	input	ACTIVITY
6	discriminant	function	ANALYSIS
6	verbatim	repetition	CONDITION
6	foreign	language	CONTEXT
6	systematic	meaning	DIFFERENCE
6	derived	word	FORM

频数	形容词	名词	学术名词
6	partial	word	FORM
6	past	tense	FORM
6	informal	office	INTERACTION
6	resultative	state	MEANING
6	ethical	research	PRACTICE
6	foreign	language	STUDY
6	different	discourse	TYPE
6	different	verb	TYPE
5	critical	discourse	ANALYSIS
5	confirmatory	factor	ANALYSIS
5	repeated	measures	ANALYSIS
5	linear	regression	ANALYSIS
5	resultative	state	CONTEXT
5	complete	story	CONTEXT
5	individual	learner	DIFFERENCE
5	partial	applicability	DIFFERENCE
5	correct	verb	FORM
5	present	tense	FORM
5	silent	control	GROUP
5	higher	level	GROUP
5	higher	proficiency	GROUP
5	lower	level	GROUP
5	initial	state	HYPOTHESIS

频数	形容词	名词	学术名词
5	different	target	LANGUAGE
5	longitudinal	case	STUDY
5	digital	literacy	STUDY
5	syntactic	priming	STUDY
5	strict	scoring	SYSTEM
5	multiple	spell-out	SYSTEM
5	elicited	production	TASK
5	self-paced	reading	TASK
5	different	relativization	TYPE

附录 4　CRAIJ 中使用的形-形- AH 短语模式

频数	形容词	形容词	学术名词
125	significant	main	EFFECT
29	paralinguistic	intonational	MEANING
22	simple	main	EFFECT
14	word-internal	morphological	PROCESS
12	null	referential	SUBJECT
10	significant	overall	DIFFERENCE
10	previous	linguistic	KNOWLEDGE
10	personal	practical	KNOWLEDGE
9	complex	dynamic	SYSTEM
8	past	progressive	FORM
8	English	monolingual	GROUP
8	revised	hierarchical	MODEL
8	overt	referential	SUBJECT
7	cognitive	linguistic	APPROACH
7	unstressed	indefinite	ARTICLE
7	regular	inflected	FORM
7	linguistic	intonational	MEANING
6	preceding	disambiguating	CONTEXT
6	full	stem-priming	EFFECT
6	significant	tone-specific	FACTOR
6	inherent	narrative	STRUCTURE
6	critical	narrative	STUDY
6	complex	cognitive	TASK

续 表

频数	形容词	形容词	学术名词
5	complex	nominal	MEASURE
5	productive	derivational	PROCESS
5	complex	adaptive	SYSTEM

附录 5　CRAIJ 中使用的名-名- AH 短语模式

频数	名词	名词	学术名词
41	grammaticality	judgment	TASK
28	picture	description	TASK
27	photo	recast	GROUP
24	information	gap	TASK
22	language	learning	STRATEGY
20	recognition	point	ANALYSIS
19	language	learning	PROCESS
15	ESL	question	DEVELOPMENT
14	language	acquisition	RESEARCH
13	word	learning	TASK
13	acceptability	judgment	TASK
13	manner	path	INFORMATION
12	target	tone	TYPE
12	reading	span	TASK
12	choice	comprehension	TASK
12	DP	matrix	SUBJECT
12	word	class	ERROR
12	error	correction	CONDITION
11	WM	span	MEASURE
10	film	retelling	TASK
10	grammaticality	judgment	TASK
8	reading	comprehension	TASK
8	morpheme	order	STUDY

频数	名词	名词	学术名词
8	pitch	height	STRATEGY
8	language	education	RESEARCH
8	structure	building	PROCESSE
8	subject	factor	LANGUAGE
8	status	factor	HYPOTHESIS
8	NS	control	GROUP
8	baseline	control	GROUP
7	Stroop	translation	TASK
7	sentence	completion	TASK
7	input	marking	TASK
7	language	teaching	RESEARCH
7	word	form	KNOWLEDGE
7	speaker	control	GROUP
7	target	word	FORM
7	verb	root	CONDITION
6	sentence	comprehension	TASK
6	sentence	processing	TASK
6	memory	probe	TASK
6	car	park	TASK
6	WM	span	TASK
6	language	play	TASK
6	object	extraction	STRUCTURE
6	default	processing	STRATEGY

频数	名词	名词	学术名词
6	word	sense	PRODUCTION
6	language	learning	PROCESSES
6	word	recognition	PROCESS
6	sentence	processing	PERFORMANCE
6	verb	form	KNOWLEDGE
6	surface	inflection	HYPOTHESIS
6	involvement	load	HYPOTHESIS
6	object	extraction	CONDITION
5	tense	identification	TASK
5	operation	span	TASK
5	picture	description	TASK
5	language	learning	TASK
5	QDP	matrix	SUBJECT
5	language	acquisition	STUDY
5	conversation	analysis	STUDY
5	writing	development	STUDY
5	writing	development	RESEARCH
5	situation	model	LEVEL
5	language	proficiency	LEVEL
5	type	frequency	GROUP
5	production	accuracy	DATA
5	vocabulary	learning	CONTEXT
5	data	collection	ACTIVITY

附录6　CCEPT 和 CRAIJ 中频数≥10 的学术名词短语

学术名词	CCEPT		CRAIJ	
	修饰词	频数	修饰词	频数
ACTIVITY	learning	116	classroom	39
	communicative	102	narrative	28
	classroom	95	communicative	19
	teaching	86	reading	19
	group	55	learning	17
	interactive	53	play	16
	class	45	social	15
	reading	32	dictation	14
	various	31	class	13
	listening	28	priming	13
	cognitive	27	cognitive	11
	CL	26	interactional	11
	business	22	instructional	10
	communication	22		
	language	22		
	extracurricular	18		
	social	18		
	thinking	18		
	MI	17		
	mental	14		
	solving	14		
	task-based	14		
	writing	14		
	experiential	12		
	pre-listening	12		
	speaking	12		
	different	10		
ANALYSIS	data	294	statistical	107
	discourse	140	data	60
	error	119	regression	59

续　表

学术名词	CCEPT		CRAIJ	
	修饰词	频数	修饰词	频数
	correlation	84	factor	52
	contrastive	81	conversation	45
	statistical	71	qualitative	39
	regression	65	further	36
	quantitative	61	cognitive	33
	qualitative	57	quantitative	31
	factor	37	discourse	30
	detailed	27	subsequent	30
	further	27	post hoc	29
	above	24	detailed	28
	descriptive	19	content	27
	frequency	13	item	26
	statistic	13	thematic	25
	linguistic	12	corpus	22
	register	12	linguistic	21
	reliability	12	point	21
	ANOVA	11	final	17
	comparative	10	initial	17
			multidimensional	17
			idiom	16
			additional	15
			path	15
			group	14
			participant	14
			syntactic	14
			cluster	13
			DIF	13
			present	13
			separate	13
			ANOVA	12

续　表

学术名词	CCEPT		CRAIJ	
	修饰词	频数	修饰词	频数
			close	11
			component	11
			correlation	11
			narrative	11
			components	10
			contrastive	10
			error	10
			following	10
			measures	10
APPROACH	teaching	155	qualitative	25
	lexical	132	different	19
	communicative	91	traditional	18
	process	50	communicative	16
	interactive	47	instructional	15
	traditional	41	pedagogical	13
	product	38	system	13
	task-based	31	analytic	12
	CL	30	dual-system	12
	new	29	linguistic	12
	learning	26	cognitive	11
	cognitive	25	theoretical	11
	scaffolding	24	DST	10
	different	24	dynamic	10
	work	21	generative	10
	contrastive	20	modular	10
	genre	19		
	effective	17		
	writing	16		
	humanistic	16		
	pedagogical	15		

续　表

学术名词	CCEPT		CRAIJ	
	修饰词	频数	修饰词	频数
	metaphor	15		
	quantitative	14		
	processing	13		
	lingual	13		
	structural	11		
	qualitative	11		
	integrative	11		
	cultural	11		
	psycholinguistic	10		
	constructivist	10		
ARTICLE	English	18	definite	59
	definite	14	indefinite	48
			present	44
			research	25
			qualitative	23
			English	19
			review	16
			journal	11
ASPECT	different	79	different	52
	following	57	grammatical	38
	various	47	lexical	27
	important	42	certain	20
	linguistic	12	various	19
	related	12	inherent	16
	particular	11	important	13
	specific	11	linguistic	11
	psychological	10	progressive	11
CONDITION	planning	39	learning	59
	learning	27	experimental	49
	writing	22	familiar	29

学术名词	CCEPT		CRAIJ	
	修饰词	频数	修饰词	频数
	necessary	16	suppression	26
	sufficient	14	training	24
	present	11	implausible	22
	teaching	11	reading	22
	current	10	verbalization	22
			instructional	20
			L2-only	20
			semantic	19
			unrelated	19
			reformulation	18
			repetition	18
			SEQ	18
			critical	16
			gloss	16
			identity	16
			initial	16
			photo	16
			truth	15
			CNC	14
			control	14
			different	14
			no-gloss	14
			non-sigmatic	14
			feedback	13
			glossed	13
			silent	13
			test	13
			collocational	12
			correction	12
			matched	12

续　表

学术名词	CCEPT		CRAIJ	
	修饰词	频数	修饰词	频数
			timing	12
			priming	11
			verb	11
			extraction	10
			incidental	10
			intentional	10
			plausibility	10
			structural	10
			treatment	10
CONTEXT	learning	101	learning	80
	cultural	100	social	57
	different	58	phonetic	50
	Chinese	49	obligatory	45
	language	49	different	42
	specific	48	classroom	39
	situational	47	interactional	35
	linguistic	39	plural	35
	social	39	EFL	30
	communicative	37	research	26
	business	30	story	26
	internal	24	given	22
	certain	23	semantic	22
	EFL	21	biasing	20
	given	19	discourse	20
	grammatical	19	educational	19
	non-linguistic	19	instructional	19
	Internet	18	singular	19
	native	18	communicative	17
	particular	18	particular	17
	new	16	specific	17

学术名词	CCEPT		CRAIJ	
	修饰词	频数	修饰词	频数
	classroom	13	language	16
	real	13	case	15
	teaching	13	new	15
	verbal	12	sentence	15
	appropriate	10	certain	13
	lexical	10	cultural	13
	various	10	progressive	13
			sentential	13
			sociocultural	13
			pedagogical	11
DATA	quantitative	41	production	54
	qualitative	38	interview	53
	collected	32	corpus	43
	raw	28	qualitative	33
	interview	20	accuracy	33
	above	16	learner	31
	statistical	16	oral	27
	written	11	longitudinal	21
	corpus	10	student	19
	language	10	speech	19
	learner	10	frequency	18
	linguistic	10	empirical	18
			RT	17
			present	17
			judgment	17
			written	16
			time	16
			interaction	15
			missing	14
			linguistic	14

学术名词	CCEPT		CRAIJ	
	修饰词	频数	修饰词	频数
			latency	14
			speaker	13
			narrative	13
			language	13
			textual	11
			questionnaire	11
			performance	11
			diary	11
			spoken	10
			discourse	10
			baseline	10
DEVELOPMENT	professional	204	language	160
	language	90	pragmatic	49
	paragraph	42	professional	45
	cognitive	32	writing	43
	vocabulary	31	grammatical	34
	proximal	30	fluency	25
	rapid	29	interlanguage	23
	further	24	cognitive	22
	verbs	21	lexical	21
	social	20	vocabulary	21
	English	16	linguistic	20
	economic	15	question	20
	lexical	14	literacy	19
	interlanguage	12	proximal	15
	latest	12	teacher	13
	potential	10	reading	12
			multilingual	11
			morphosyntactic	10

学术名词	CCEPT		CRAIJ	
	修饰词	频数	修饰词	频数
	significant	626	significant	539
	individual	125	individual	125
	cultural	87	group	58
	mean	36	meaning	43
	gender	35	mean	38
	great	31	important	30
	obvious	22	qualitative	30
	statistical	18	degree	24
	big	17	applicability	22
	culture	16	crosslinguistic	21
	learner	16	monolingual	20
	slight	13	overall	20
	group	11	quantitative	20
DIFFERENCE	main	11	statistical	16
	major	11	cultural	15
	sex	11	large	15
	little	10	major	15
			directionality	14
			performance	14
			processing	14
			reliable	14
			typological	14
			level	13
			only	12
			potential	12
			clear	11
			L1-L2	11
			observed	11
			proficiency	11
			main	10

学术名词	CCEPT		CRAIJ	
	修饰词	频数	修饰词	频数
			small	10
			subtle	10
DISCUSSION	group	64	further	26
	above	15	group	18
	class	15	classroom	11
	previous	15	textbook	11
	further	14	class	10
	detailed	11	detailed	10
	theoretical	11		
EFFECT	positive	153	main	275
	washback	75	frequency	161
	negative	62	significant	146
	significant	53	priming	109
	different	40	positive	74
	teaching	39	parallelism	59
	learning	26	negative	55
	group	16	interaction	47
	long-term	16	differential	37
	overall	16	congruency	28
	better	15	reactive	25
	great	14	task	24
	time	13	ceiling	22
	direct	12	large	21
	beneficial	11	transfer	18
	interaction	11	facilitative	18
	communicative	10	animacy	18
			intervention	16
			possible	15
			long-term	15
			combined	14

学术名词	CCEPT		CRAIJ	
	修饰词	频数	修饰词	频数
			small	13
			overall	13
			strong	12
			potential	12
			facilitating	12
			practice	11
			cognate	11
			beneficial	11
			spacing	10
			similarity	10
			learning	10
			different	10
			cumulative	10
			age	10
ERROR	collocational	96	grammatical	39
	grammatical	78	lexical	36
	lexical	70	gender	33
	phonological	38	learner	22
	learner	30	pronunciation	15
	grammar	29	agreement	15
	linguistic	25	class	14
	pragmatic	18	standard	13
	intralingual	15	classification	10
	language	12		
	induced	11		
	interlingual	11		
	punctuation	11		
	syntactic	11		
	type	11		
	adverb	10		

学术名词	CCEPT		CRAIJ	
	修饰词	频数	修饰词	频数
	tense	10		
	Transfer	10		
	writing	10		
EXAMPLE	following	38	following	47
	above	28	concrete	13
	typical	18	clear	11
	good	14	good	11
FACTOR	affective	173	important	49
	important	87	subjects	40
	external	46	significant	24
	key	41	external	23
	internal	39	status	22
	influential	31	internal	21
	crucial	25	contextual	21
	major	25	tone-specific	20
	motivational	25	subject	16
	non-affective	23	related	16
	cultural	22	additional	16
	cognitive	21	social	14
	social	21	participants	14
	contextual	20	key	12
	learner	15	environmental	11
	psychological	15	cognitive	11
	various	15	input	10
	different	12	crucial	10
	individual	12		
	linguistic	12		
	main	12		
	common	11		
	environmental	11		

续　表

学术名词	CCEPT		CRAIJ	
	修饰词	频数	修饰词	频数
	related	11		
	decisive	10		
	possible	10		
FEATURE	linguistic	39	grammatical	74
	mediation	32	linguistic	69
	language	17	gender	25
	main	17	target	22
	grammatical	15	functional	19
	distinctive	13	lexical	19
	target	13	formal	18
	important	11	syntactic	18
	unique	11	semantic	16
	relevant	10	specific	16
			uninterpretable	14
			agreement	13
			interactional	13
			particular	12
			nominal	11
			discourse	10
			input	10
			pragmatic	10
FINDING	major	141	research	58
	research	70	previous	50
	main	18	main	25
	above	15	present	22
	previous	15	similar	19
	interesting	11	interesting	16
			empirical	11

续　表

学术名词	CCEPT		CRAIJ	
	修饰词	频数	修饰词	频数
FORM	linguistic	127	word	152
	language	113	target	116
	target	99	linguistic	79
	correct	59	inflected	69
	written	59	tense	64
	singular	55	verb	61
	tense	54	correct	44
	V-ed	41	non-sigmatic	42
	analytic	27	canonical	37
	different	27	language	34
	word	26	different	33
	various	22	grammatical	32
	lexical	21	irregular	32
	writing	18	phonological	31
	new	17	written	28
	verb	13	new	27
	appropriate	12	past-tense	27
	grammatical	12	explicit	26
	particular	12	sigmatic	26
	spoken	11	targeted	26
	English	10	progressive	24
			equivalent	21
			regular	21
			masu	20
			plural	20
			implicit	19
			morphological	19
			participle	18
			particular	18
			subjunctive	18

学术名词	CCEPT		CRAIJ	
	修饰词	频数	修饰词	频数
			novel	17
			various	17
			narrative	15
			past	15
			surface	15
			cognate	14
			imperfective	14
			lexical	14
			orthographic	14
			question	14
			targetlike	14
			default case	13
			syntactic	13
			verbal	13
			accusative	12
			alternative	11
			base	11
			dative	11
			finite	11
			consent	10
			nontargetlike	10
			specific	10
			spoken	10
GROUP	control	516	control	251
	experimental	453	experimental	134
	proficiency	77	learner	113
	small	72	treatment	106
	treatment	65	NS	87
	different	50	PI	80
	experiment	50	proficiency	71

续　表

学术名词	CCEPT		CRAIJ	
	修饰词	频数	修饰词	频数
	level	49	JA	70
	non-signaled	49	English	69
	recast	38	non-CLIL	56
	signaled	35	participant	54
	learning	29	recast	46
	CL	27	CLIL	42
	prompt	25	contrast	41
	AP	22	EI	37
	whole	22	reference	35
	overseas	19	language	34
	verbal	17	different	32
	heterogeneous	16	PROF	30
	home	16	age	29
	cooperative	15	Japanese	29
	language	14	advanced	27
	feedback	13	reading	26
	program	13	FL	24
	research	13	implicit	24
	elicitation	12	Italian	23
	controlled	11	bilingual	22
	high-proficiency	11	small	22
	intermediate	11	speaker	22
	Junior	11	comparison	21
	TLP	11	German	21
	TP	11	dictionary	20
	advanced	10	French	20
	elementary	10	knowledge	20
	GBP	10	level	20
	major	10	explicit	18
			monolingual	18

学术名词	CCEPT		CRAIJ	
	修饰词	频数	修饰词	频数
			only	17
			EA	16
			metalinguistic	16
			native	16
			NNS	16
			regular	16
			nonrecast	15
			proficient	15
			Anglophone	14
			EFL	14
			gloss	14
			intermediate	14
			JB	14
			Spanish	14
			cloze	13
			concentrated	13
			entire	13
			homogeneous	13
			lexical	13
			nonprogressive	13
			focus	12
			heritage	12
			prompt	12
			attriting	11
			Chinese	11
			ELL	11
			exposure	11
			intensive	11
			low-proficiency	11
			significant	11

学术名词	CCEPT		CRAIJ	
	修饰词	频数	修饰词	频数
			ESL	10
			incidental	10
			intentional	10
			JI	10
			nonmetalinguistic	10
			particular	10
HYPOTHESIS	input	113	transfer	44
	load	91	null	28
	interaction	61	aspect	28
	output	55	structure	26
	filter	47	period	22
	compensation	31	difference	16
	noticing	20	cognition	13
	null	19	features	10
	research	16		
	processing	14		
	learning	13		
	analysis	11		
INFORMATION	new	123	vocabulary	171
	background	69	metalinguistic	137
	detailed	49	explicit	94
	low-level	37	linguistic	92
	personal	36	receptive	91
	high-level	32	productive	78
	specific	27	prior	72
	useful	26	background	72
	important	25	implicit	71
	relevant	23	lexical	67
	cultural	22	word	63
	given	15	grammatical	56

学术名词	CCEPT		CRAIJ	
	修饰词	频数	修饰词	频数
	related	12	metacognitive	49
	incoming	11	language	30
	language	11	declarative	26
	syntactic	11	procedural	25
	basic	10	partial	24
	feedback	10	domain	24
	necessary	10	teacher	20
			previous	14
			incomplete	14
			collocational	14
			practical	13
			morphological	13
			form	13
			world	11
			shared	11
			collocation	11
			semantic	10
			full	10
INTERACTION	classroom	99	significant	91
	social	61	social	51
	student	36	classroom	45
	learner	35	dyadic	27
	conversational	22	two-way	24
	task-based	15	group	22
	verbal	13	oral	20
	communicative	12	triadic	16
	meaningful	12	task-based	15
	negotiated	12	conversational	15
	face	10	communicative	15
			three-way	13

学术名词	CCEPT		CRAIJ	
	修饰词	频数	修饰词	频数
			interview	13
			spoken	12
			class	12
			NNS	11
			grammaticality	11
			language	10
KNOWLEDGE	background	307	vocabulary	171
	linguistic	177	metalinguistic	137
	metacognitive	165	explicit	94
	vocabulary	159	linguistic	92
	language	143	receptive	91
	word	124	productive	78
	cultural	98	prior	72
	prior	97	background	72
	contextual	86	implicit	71
	new	69	lexical	67
	subject	63	word	63
	basic	51	grammatical	56
	existing	45	metacognitive	49
	English	44	language	30
	declarative	39	declarative	26
	previous	37	procedural	25
	world	37	partial	24
	professional	34	domain	24
	grammatical	33	teacher	20
	business	32	previous	14
	implicit	29	incomplete	14
	procedural	29	collocational	14
	discourse	25	practical	13
	productive	25	morphological	13

续　表

学术名词	CCEPT		CRAIJ	
	修饰词	频数	修饰词	频数
	grammar	21	form	13
	lexical	21	world	11
	person	21	shared	11
	pragmatic	20	collocation	11
	strategy	19	semantic	10
	explicit	18	full	10
	receptive	18		
	content	17		
	related	17		
	relevant	17		
	acquired	16		
	general	15		
	task	15		
	culture	13		
	learned	13		
	schematic	13		
	collocational	12		
	matter	12		
	specialist	12		
	better	11		
	old	10		
	shared	10		
	specialized	10		
	strategic	10		
	syntactic	10		
LANGUAGE	target	646	foreign	324
	foreign	491	target	274
	native	180	native	196
	English	107	Romance	60
	written	71	formulaic	57

学术名词	CCEPT		CRAIJ	
	修饰词	频数	修饰词	频数
	new	54	spoken	56
	spoken	49	English	45
	official	41	different	44
	different	37	complex	34
	body	30	European	31
	learner	30	non-native	27
	task-based	28	Asian	26
	mother	23	new	23
	communicative	22	Germanic	21
	majority	22	dominant	21
	teaching	21	written	19
	Chinese	19	novel	19
	difficult	18	natural	19
	natural	17	Slavic	17
	home	14	artificial	17
	human	13	inexplicit	16
	oral	12	additional	16
	appropriate	11	Ukrainian	14
	authentic	11	learner	13
	complex	11	given	13
	ordinary	11	background	12
			second	11
			Japanese	11
			Indo-European	11
			home	11
			verb-framed	10
			textbook	10
			specific	10
			national	10
			human	10
			creole	10

续　表

学术名词	CCEPT		CRAIJ	
	修饰词	频数	修饰词	频数
LEVEL	proficiency	239	proficiency	306
	different	124	higher	105
	English	106	different	88
	higher	98	intermediate	76
	discourse	76	high	71
	high	76	advanced	64
	significant	59	lower	51
	listening	57	conceptual	37
	low	54	school	34
	language	46	lexical	33
	vocabulary	45	vigilance	30
	current	36	word	40
	anxiety	35	significance	26
	intermediate	31	developmental	26
	syntactic	23	low	25
	lexical	22	grade	21
	lower	22	vocabulary	20
	significance	22	performance	19
	development	21	discourse	16
	difficulty	21	course	16
	word	21	certain	16
	advanced	19	appropriate	16
	knowledge	19	similar	15
	grade	18	alpha	15
	medium	18	administered	15
	micro	18	lemma	14
	frequency	16	chance	14
	certain	15	various	13
	deeper	15	university	13
	education	14	sentence	13

学术名词	CCEPT		CRAIJ	
	修饰词	频数	修饰词	频数
	sentence	13	pitch	13
	developmental	12	linguistic	13
	ECA	11	highest	13
	morphological	11	activation	13
	productive	11	frequency	12
	writing	11	basic	12
	000-word	10	adjacent	12
	difficult	10	ability	12
	primary	10	second-year	11
			education	11
			near-native	10
MEANING	word	64	figurative	88
	different	29	literal	55
	implied	25	word	48
	intended	22	progressive	43
	interpersonal	21	intonational	42
	causative	19	core	25
	Chinese	19	new	24
	conceptual	18	different	22
	literal	18	intended	22
	original	16	resultative	20
	exact	15	implied	16
	lexical	15	pragmatic	16
	pragmatic	15	frequent	13
	basic	14	lexical	13
	new	14	basic	10
	connotative	13	state	10
	textual	13		
	metaphorical	12		
	specific	12		

续　表

学术名词	CCEPT		CRAIJ	
	修饰词	频数	修饰词	频数
	cultural	11		
	possible	11		
	real	10		
	similar	10		
MEASURE			complexity	43
			late	26
			proficiency	26
			span	21
			dependent	20
			independent	20
			diversity	17
			temporal	17
			different	15
			early	14
			posttest	13
			developmental	12
			spelling	12
			comprehension	11
			recognition	11
			repeated	11
			subordination	11
			achievement	10
			behavioural	10
			eye-tracking	10
			objective	10
			production	10
			various	10
MODEL	teaching	201	enhancement	29
	processing	34	procedural	25
	learning	30	final	18

学术名词	CCEPT		CRAIJ	
	修饰词	频数	修饰词	频数
	trial	25	competition	17
	frame	23	regression	17
	interactive	20	situation	16
	theoretical	20	DP	15
	reading	18	dynamic	14
	bottom-up	17	parasitic	12
	listening	17	TOPRA	12
	new	17	dual-mechanism	11
	top-down	16	general	11
	traditional	16	structural	11
	factor	15	mathematical	10
	PPP	13	primacy	10
	competition	12	socioeducational	10
	stage	12		
	ideal	11		
	thinking	11		
	cognitive	10		
	educational	10		
PATTERN	sentence	73	similar	49
	thought	43	different	34
	discourse	42	conjugational	27
	teaching	23	TFS	27
	overall	18	developmental	22
	text	16	response	22
	grammatical	15	ERP	20
	thinking	14	gesture	16
	evaluative	11	linguistic	16
	developmental	10	overall	16
	distribution	10	acquisition	14
	specific	10	frequency	13

续 表

学术名词	CCEPT		CRAIJ	
	修饰词	频数	修饰词	频数
	syntactic	10	opposite	12
			priming	12
			stimulus	12
			STM	12
			input	11
			enrollment	10
			usage	10
PERFORMANCE	writing	173	task	57
	academic	60	learner	36
	language	54	better	30
	better	48	test	27
	listening	46	reading	23
	task	44	delayed	22
	oral	28	academic	20
	poor	24	immediate	20
	linguistic	23	oral	19
	reading	23	student	18
	English	19	writing	17
	learning	18	language	14
	test	17	linguistic	14
	class	16	nativelike	11
	comprehension	16	speaker	11
	good	16	poor	10
			SNWR	10
PRACTICE	teaching	131	classroom	27
	listening	70	teaching	27
	writing	34	research	26
	oral	29	assessment	23
	language	16	comprehension	22
	reading	14	language	19

学术名词	CCEPT		CRAIJ	
	修饰词	频数	修饰词	频数
	social	13	social	19
	actual	12	instructional	15
	classroom	11	spatial	15
	educational	11	discursive	13
	functional	11	pedagogical	12
	speaking	11	common	11
	assessment	10	current	11
			linguistic	10
			writing	10
PROCESS	learning	475	learning	121
	writing	222	cognitive	88
	teaching	139	acquisition	33
	cognitive	122	developmental	27
	listening	89	reading	24
	whole	58	thought	23
	comprehension	53	building	22
	mental	49	writing	20
	reading	42	dynamic	18
	composing	38	attritional	16
	active	31	morphological	16
	planning	30	complex	14
	acquisition	28	internal	14
	psychological	23	mental	14
	complex	22	thinking	13
	dynamic	21	derivational	12
	thinking	17	social	12
	training	17	attentional	11
	interactive	16	controlled	10
	communication	14	linguistic	10
	top-down	14	reanalysis	10

续　表

学术名词	CCEPT		CRAIJ	
	修饰词	频数	修饰词	频数
	output	12	recognition	10
	production	12	research	10
	assessment	11	validation	10
	bottom-up	11		
	conscious	10		
	experience	10		
PRODUCTION	language	84	oral	70
	oral	58	speech	69
	speech	43	written	50
	output	38	language	43
	written	27	tone	30
	accurate	12	subsequent	28
			learner	16
			word	14
			primed	12
			accurate	10
			compound	10
RELATIONSHIP	close	31	positive	28
	interpersonal	22	significant	26
	positive	18	licensee	20
	student	16	semantic	15
	possible	12	strong	13
	harmonious	10	causal	12
	Social	10	form-function	12
			competitive	11
			close	10
			interface	10
RESEARCH	present	114	future	181
	further	113	previous	155
	future	102	further	108

续　表

学术名词	CCEPT		CRAIJ	
	修饰词	频数	修饰词	频数
	empirical	89	SLA	95
	previous	84	qualitative	53
	current	40	empirical	47
	action	35	recent	38
	related	30	present	35
	SLA	28	acquisition	33
	qualitative	27	narrative	33
	experimental	25	vocabulary	26
	strategy	23	earlier	24
	language	19	current	23
	quantitative	19	interaction	17
	acquisition	18	prior	17
	writing	16	existing	14
	scientific	13	experimental	14
	whole	13	education	12
	linguistic	12	language	12
	relevant	12	linguistic	12
	theoretical	11	psycholinguistic	12
	academic	10	action	11
	little	10	additional	11
	recent	10	learning	11
			linguistics	11
			priming	11
			little	10
			processing	10
			reading	10
			writing	10
RESEARCHER	language	17	SLA	24
	SLA	15	narrative	14
	different	38		

学术名词	CCEPT		CRAIJ	
	修饰词	频数	修饰词	频数
	Chinese	21		
	previous	16		
RESPONSE	affective	14	correct	71
			minimal	47
			ERP	23
			incorrect	23
			learner	23
			dispreferred	16
			possible	16
			appropriate	10
			target	10
RESULT	research	49	similar	31
	learning	44	test	30
	test	41	significant	17
	better	28	present	16
	statistical	26	different	13
	different	24	better	12
	positive	21	research	12
	above	18	posttest	11
	statistic	18	speaker	11
	quantitative	17	mixed	10
	teaching	17		
	exam	15		
	similar	15		
	assessment	12		
	final	11		
	good	10		
	questionnaire	10		
	study	10		

续 表

学术名词	CCEPT		CRAIJ	
	修饰词	频数	修饰词	频数
ROLE	important	264	important	92
	sex	103	interactional	22
	positive	36	significant	22
	crucial	34	crucial	18
	different	26	grammatical	18
	significant	25	critical	16
	active	23	active	13
	key	22	central	13
	vital	20	thematic	13
	mediation	18	prominent	11
	central	17	different	10
	decisive	17	major	10
	teacher	17		
	essential	14		
	leading	11		
	major	11		
	theta	11		
	critical	10		
STRATEGY	learning	1446	learning	82
	metacognitive	310	processing	52
	cognitive	253	transfer	30
	listening	225	metacognitive	18
	affective	167	traditional	18
	communication	122	knowledge	17
	social	114	cognitive	16
	memory	84	compensatory	16
	achievement	74	memory	14
	compensation	60	reading	14
	teaching	54	writing	14
	reading	45	innovative	13

续　表

学术名词	CCEPT		CRAIJ	
	修饰词	频数	修饰词	频数
	reduction	38	communication	12
	guessing	37	teaching	11
	different	36	specific	10
	practice	35		
	functional	33		
	thinking	33		
	ignoring	32		
	specific	32		
	indirect	30		
	activation	29		
	used	29		
	dictionary	27		
	communicative	26		
	direct	26		
	appropriate	23		
	consulting	21		
	effective	21		
	questioning	21		
	writing	21		
	note-taking	19		
	reliance	19		
	mother tongue	18		
	feedback	17		
	planning	17		
	various	16		
	individual	15		
	management	14		
	processing	14		
	instructional	13		

学术名词	CCEPT		CRAIJ	
	修饰词	频数	修饰词	频数
	certain	12		
	LI-based	12		
	evaluative	11		
	retrieval	11		
	repetition	10		
STRUCTURE	sentence	109	syntactic	108
	grammatical	75	target	105
	language	50	grammatical	70
	knowledge	39	extraction	50
	causative	38	sentence	48
	syntactic	37	linguistic	38
	target	32	narrative	29
	linguistic	29	prosodic	27
	discourse	24	morphological	26
	whole	24	argument	19
	cognitive	18	information	18
	thematic	18	YNQ	17
	text	16	complex	16
	information	15	internal	16
	argument	13	phrase	16
	conceptual	13	language	15
	analytic	12	conceptual	13
	overall	12	discourse	13
	rhetorical	12	SV	12
	goal	11	CP	10
	semantic	11	factor	10
	surface	11	interrogative	10
			knowledge	10
			ungrammatical	10

学术名词	CCEPT		CRAIJ	
	修饰词	频数	修饰词	频数
STUDY	present	985	present	714
	empirical	329	current	347
	previous	189	previous	220
	further	122	case	93
	English	121	recent	82
	current	120	Empirical	78
	pilot	93	longitudinal	77
	experimental	86	future	75
	future	77	social	49
	case	69	experimental	48
	language	59	SLA	41
	contrastive	49	FL	37
	quantitative	39	language	37
	relevant	34	pilot	34
	qualitative	29	ERP	33
	listening	23	research	29
	main	23	acquisition	27
	related	23	priming	27
	research	20	main	26
	washback	19	numerous	24
	longitudinal	17	earlier	23
	recent	16	further	23
	social	16	qualitative	23
	comparative	15	sectional	23
	foreign	15	larger	22
	systematic	15	narrative	19
	scale	13	morpheme	18
	descriptive	12	classroom	17
	intensive	12	follow-up	17
	linguistic	12	original	17

学术名词	CCEPT		CRAIJ	
	修饰词	频数	修饰词	频数
	academic	11	primary	17
	course	11	corpus	16
	survey	11	gesture	14
	independent	10	norming	14
	numerous	10	published	14
	similar	10	larger-scale	13
	whole	10	similar	12
			different	11
			early	11
			particular	11
			subsequent	11
			intervention	10
			quantitative	10
			various	10
			vocabulary	10
SUBJECT	speaker	32	matrix	26
	different	25	null	22
	research	20	referential	21
	primary	11	overt	20
	secondary	10	embedded	14
			ellipted	12
			null-embedded	11
			grammatical	10
SYSTEM	conceptual	75	dynamic	101
	language	61	linguistic	70
	education	46	complex	63
	educational	36	language	45
	evaluation	31	writing	40
	linguistic	28	conceptual	29
	assessment	25	memory	23

续　表

学术名词	CCEPT		CRAIJ	
	修饰词	频数	修饰词	频数
	classification	22	multilingual	20
	rule-based	22	education	16
	grammatical	19	interlanguage	16
	interlanguage	18	scoring	16
	school	15	cognitive	14
	appraisal	14	morphological	13
	testing	11	case	12
	whole	11	coding	12
	cognitive	10	educational	11
	examination	10	procedural	11
	knowledge	10	inflectional	10
	mood	10		
	strategy	10		
	test	10		
	value	10		
TASK	writing	344	judgment	124
	learning	151	production	123
	output	83	vocabulary	97
	different	58	writing	85
	reading	54	oral	79
	listening	47	learning	76
	communicative	43	reading	73
	test	33	description	62
	language	23	comprehension	60
	teaching	23	recognition	48
	new	22	span	43
	closed	20	speaking	38
	open	20	written	38
	reconstruction	20	decision	35
	input	19	verification	34

学术名词	CCEPT		CRAIJ	
	修饰词	频数	修饰词	频数
	specific	18	translation	31
	summary	17	experimental	29
	various	17	gap	28
	comprehension	16	gap-filling	27
	main	16	completion	26
	making	15	identification	25
	pedagogical	15	play	24
	picture-cued	15	correction	22
	production	15	cloze	21
	treatment	15	communicative	20
	cognitive	14	processing	19
	complex	13	complex	17
	narrative	13	different	17
	oral	13	oriented	17
	processing	13	receptive	17
	transfer	13	interpretation	16
	academic	12	recall	16
	appropriate	12	testing	16
	assessment	12	language	15
	description	12	productive	15
	particular	12	retelling	15
	question	12	form-production	14
	solving	12	listening	14
	communication	11	choice	13
	difficult	11	form-focused	13
	certain	10	map	13
	group	10	naming	13
	real-world	10	narrative	13

续　表

学术名词	CCEPT		CRAIJ	
	修饰词	频数	修饰词	频数
			cognitive	12
			conversation	12
			demanding	12
			difference	12
			secondary	12
			given	11
			memory	11
			rating	11
			communication	10
			dictation	10
			difficult	10
			form-recognition	10
			generation	10
			priming	10
			simile	10
			SNWR	10
			window	10
TYPE	different	157	different	205
	task	133	verb	105
	text	72	sentence	73
	test	71	task	59
	error	44	word	54
	feedback	42	feedback	50
	various	31	RC	44
	major	25	discourse	35
	role	16	relativization	29
	certain	15	error	27
	component	14	particular	26
	learner	14	tone	26

学术名词	CCEPT		CRAIJ	
	修饰词	频数	修饰词	频数
	main	13	anaphor	24
	question	13	text	23
	specific	13	construction	21
	knowledge	12	various	21
	parallel	12	certain	20
	general	10	phrase	20
	word	10	agreement	15
			inference	15
			marked	15
			item	14
			specific	14
			program	13
			determiner	11
			production	11
USE	strategy	320	language	231
	language	209	strategy	130
	planning	52	dictionary	50
	full	49	appropriate	46
	frequent	32	frequent	26
	actual	29	productive	20
	communicative	24	word	15
	practical	23	overall	13
	appropriate	20	exclusive	12
	good	20	increased	12
	effective	19	variable	12
	accurate	16	greater	11
	extensive	16	inappropriate	11
	correct	15	extensive	10
	LI	14		
	dictionary	13		

学术名词	CCEPT		CRAIJ	
	修饰词	频数	修饰词	频数
	daily	12		
	high	12		
	inappropriate	11		
	low	11		
	proper	11		
	productive	10		

附录7　CRAIJ专有高频学术名词短语

序号	修饰词	学术名词	频数
1	NS	GROUP	87
2	PI	GROUP	80
3	JA	GROUP	70
4	inflected	FORM	69
5	parallelism	EFFECT	59
6	non-CLIL	GROUP	56
7	plausibility	INFORMATION	54
8	phonetic	CONTEXT	50
9	extraction	STRUCTURE	50
10	pragmatic	DEVELOPMENT	49
11	recognition	TASK	48
12	minimal	RESPONSE	47
13	present	ARTICLE	44
14	transfer	HYPOTHESIS	44
15	progressive	MEANING	43
16	span	TASK	43
17	non-sigmatic	FORM	42
18	CLIL	GROUP	42
19	intonational	MEANING	42
20	canonical	FORM	37
21	EI	GROUP	37

续　表

序号	修饰词	学术名词	频数
22	FL	STUDY	37
23	plural	CONTEXT	35
24	verification	TASK	34
25	accuracy	DATA	33
26	narrative	RESEARCH	33
27	ERP	STUDY	33
28	irregular	FORM	32
29	European	LANGUAGE	31
30	PROF	GROUP	30
31	vigilance	LEVEL	30
32	tone	PRODUCTION	30
33	familiar	CONDITION	29
34	Japanese	GROUP	29
35	Enhancement	MODEL	29
36	narrative	ACTIVITY	28
37	congruency	EFFECT	28
38	aspect	HYPOTHESIS	28
39	gap	TASK	28
40	past-tense	FORM	27
41	conjugational	PATTERN	27
42	TFS	PATTERN	27

续　表

序号	修饰词	学术名词	频数
43	prosodic	STRUCTURE	27
44	priming	STUDY	27
45	suppression	CONDITION	26
46	story	CONTEXT	26
47	sigmatic	FORM	26
48	structure	HYPOTHESIS	26
49	Asian	LANGUAGE	26
50	late	MEASURE	26
51	research	PRACTICE	26
52	matrix	SUBJECT	26
53	tone	TYPE	26
54	thematic	ANALYSIS	25
55	reactive	EFFECT	25
56	gender	FEATURE	25
57	procedural	MODEL	25
58	training	CONDITION	24
59	degree	DIFFERENE	24
60	FL	GROUP	24
61	implicit	GROUP	24
62	anaphor	TYPE	24
63	qualitative	ARTICLE	23

序号	修饰词	学术名词	频数
64	Italian	GROUP	23
65	ERP	RESPONSE	23
66	implausible	CONDITION	22
67	reading	CONDITION	22
68	verbalization	CONDITION	22
69	semantic	CONTEXT	22
70	applicability	DIFFERENE	22
71	bilingual	GROUP	22
72	speaker	GROUP	22
73	interactional	ROLE	22
74	larger	STUDY	22
75	null	SUBJECT	22
76	longitudinal	DATA	21
77	crosslinguistic	DIFFERENE	21
78	equivalent	FORM	21
79	German	GROUP	21
80	Germanic	LANGUAGE	21
81	span	MEASURE	21
82	referential	SUBJECT	21
83	construction	TYPE	21
84	L2-only	CONDITION	20

序号	修饰词	学术名词	频数
85	biasing	CONTEXT	20
86	monolingual	DIFFERENE	20
87	quantitative	DIFFERENE	20
88	tone-specific	FACTOR	20
89	masu	FORM	20
90	French	GROUP	20
91	knowledge	GROUP	20
92	resultative	MEANING	20
93	ERP	PATTERN	20
94	immediate	PERFORMANCE	20
95	licensee	RELATIONSHIP	20
96	overt	SUBJECT	20
97	multilingual	SYSTEM	20
98	semantic	CONDITION	19
99	unrelated	CONDITION	19
100	singular	CONTEXT	19
101	speech	DATA	19
102	student	DATA	19
103	functional	FEATURE	19
104	novel	LANGUAGE	19
105	narrative	STUDY	19

续　表

序号	修饰词	学术名词	频数
106	reformulation	CONDITION	18
107	repetition	CONDITION	18
108	SEQ	CONDITION	18
109	frequency	DATA	18
110	animacy	EFFECT	18
111	transfer	EFFECT	18
112	participle	FORM	18
113	subjunctive	FORM	18
114	explicit	GROUP	18
115	monolingual	GROUP	18
116	final	MODEL	18
117	grammatical	ROLE	18
118	morpheme	STUDY	18
119	multidimensional	ANALYSIS	17
120	judgment	DATA	17
121	present	DATA	17
122	RT	DATA	17
123	novel	FORM	17
124	manner	INFORMATION	17
125	diversity	MEASURE	17
126	prior	RESEARCH	17

序号	修饰词	学术名词	频数
127	knowledge	STRATEGY	17
128	YNQ	STRUCTURE	17
129	primary	STUDY	17
130	oriented	TASK	17
131	idiom	ANALYSIS	16
132	inherent	ASPECT	16
133	critical	CONDITION	16
134	gloss	CONDITION	16
135	identity	CONDITION	16
136	initial	CONDITION	16
137	photo	CONDITION	16
138	time	DATA	16
139	intervention	EFFECT	16
140	EA	GROUP	16
141	native	GROUP	16
142	NNS	GROUP	16
143	regular	GROUP	16
144	difference	HYPOTHESIS	16
145	triadic	INFORMATION	16
146	Inexplicit	LANGUAGE	16
147	gesture	PATTERN	16

序号	修饰词	学术名词	频数
148	attritional	PROCESS	16
149	morphological	PROCESS	16
150	dispreferred	RESPONSE	16
151	interpretation	TASK	16
152	additional	ANALYSIS	15
153	case	CONTEXT	15
154	large	DIFFERENE	15
155	possible	EFFECT	15
156	narrative	FORM	15
157	nonrecast	GROUP	15
158	(manner)path	INFORMATION	15
159	administered	LEVEL	15
160	DP	MODEL	15
161	spatial	PRACTICE	15
162	retelling	TASK	15
163	agreement	TYPE	15
164	inference	TYPE	15

附录 8　CCEPT 专有高频学术名词短语

序号	修饰词	学术名词	频数
1	sex	ROLE	103
2	contextual	KNOWLEDGE	86
3	subject	KNOWLEDGE	63
4	listening	LEVEL	57
5	planning	USE	52
6	experiment	GROUP	50
7	contrastive	STUDY	49
8	full	USE	49
9	non-signaled	GROUP	49
10	Filter	HYPOTHESIS	47
11	language	LEVEL	46
12	thought	PATTERN	43
13	paragraph	DEVELOPMENT	42
14	teaching	EFFECT	39
15	causative	STRUCTURE	38
16	low-level	INFORMATION	37
17	personal	INFORMATION	36
18	anxiety	LEVEL	35
19	signaled	GROUP	35
20	professional	KNOWLEDGE	34
21	functional	STRATEGY	33

续　表

序号	修饰词	学术名词	频数
22	thinking	STRATEGY	33
23	business	KNOWLEDGE	32
24	high-level	INFORMATION	32
25	ignoring	STRATEGY	32
26	mediation	FEATURE	32
27	speaker	SUBJECT	32
28	compensation	HYPOTHESIS	31
29	business	CONTEXT	30
30	CL	APPROACH	30
31	planning	PROCESS	30
32	activation	STRATEGY	29
33	task-based	LANGUAGE	28
34	analytic	FORM	27
35	dictionary	STRATEGY	27
36	CL	ACTIVITY	26
37	direct	STRATEGY	26
38	discourse	KNOWLEDGE	25
39	trial	MODEL	25
40	communicative	USE	24
41	frame	MODEL	23
42	listening	STUDY	23

序号	修饰词	学术名词	频数
43	non-affective	FACTOR	23
44	practical	USE	23
45	teaching	PATTERN	23
46	AP	GROUP	22
47	business	ACTIVITY	22
48	communicative	LANGUAGE	22
49	writing	CONDITION	22
50	consulting	STRATEGY	21
51	development	LEVEL	21
52	person	KNOWLEDGE	21
53	questioning	STRATEGY	21
54	teaching	LANGUAGE	21
55	verbs	DEVELOPMENT	21
56	work	APPROACH	21
57	closed	TASK	20
58	open	TASK	20
59	reconstruction	TASK	20
60	research	SUBJECT	20
61	social	DEVELOPMENT	20
62	Chinese	MEANING	19
63	grammatical	CONTEXT	19

续　表

序号	修饰词	学术名词	频数
64	input	TASK	19
65	null	HYPOTHESIS	19
66	overseas	GROUP	19
67	reliance	STRATEGY	19
68	strategy	KNOWLEDGE	19
69	washback	STUDY	19
70	internet	CONTEXT	18
71	mediation	ROLE	18
72	medium	LEVEL	18
73	mother tongue	STRATEGY	18
74	native	CONTEXT	18
75	statistic	RESULT	18
76	writing	FORM	18
77	bottom-up	MODEL	17
78	mi	ACTIVITY	17
79	summary	TASK	17
80	teaching	RESULT	17
81	thinking	PROCESS	17
82	verbal	GROUP	17
83	class	PERFORMANCE	16
84	culture	DIFFERENCE	16

序号	修饰词	学术名词	频数
85	English	DEVELOPMENT	16
86	home	GROUP	16
87	student	RELATIONSHIP	16
88	text	PATTERN	16
89	writing	APPROACH	16
90	better	EFFECT	15
91	metaphor	APPROACH	15
92	cooperative	GROUP	15
93	economic	DEVELOPMENT	15
94	intralingual	ERROR	15
95	making	TASK	15
96	picture-cued	TASK	15
97	task	KNOWLEDGE	15

附录 9　CCEPT 和 CRAIJ 中的形容词和名词修饰语类符/形符比

序号	学术名词	形容词			名词		
		CCEPT	CRAIJ	CCEPT-CRAIJ差	CCEPT	CRAIJ	CCEPT-CRAIJ差
1	ACTIVITY	28.3	42.4	−14.1	12.5	27.7	−15.2
2	ANALYSIS	19.3	23.3	−4.0	10.9	18.7	−7.8
3	APPROACH	20.0	37.8	−17.8	13.8	43.8	−30.0
4	ARTICLE	42.3	17.6	24.7	61.9	33.0	28.9
5	ASPECT	27.1	30.2	−3.1	61.7	76.2	−14.5
6	CONDITION	42.0	24.6	17.4	22.0	17.7	4.3
7	CONTEXT	15.6	24.2	−8.6	12.8	18.6	−5.8
8	DATA	28.5	33.7	−5.2	31.7	19.8	11.9
9	DEVELOPMENT	18.3	23.7	−5.4	21.0	13.5	7.5
10	DIFFERENCE	8.0	13.5	−5.5	30.4	20.8	9.6
11	DISCUSSION	40.0	42.0	−2.0	16.2	27.5	−11.3
12	EFFECT	23.2	17.3	5.9	19.5	16.6	2.9
13	ERROR	16.6	33.1	−16.5	26.5	26.6	−0.1

续 表

序号	学术名词	形容词			名词		
		CCEPT	CRAIJ	CCEPT-CRAIJ 差	CCEPT	CRAIJ	CCEPT-CRAIJ 差
14	EXAMPLE	31.5	39.8	-8.3	90.0	77.8	12.2
15	FACTOR	16.2	29.4	-13.2	44.8	27.4	17.4
16	FEATURE	31.9	28.2	3.7	28.0	30.1	-2.1
17	FINDING	18.8	29.1	-10.3	10.4	23.1	-12.7
18	FORM	24.5	21.1	3.4	11.6	11.3	0.3
19	GROUP	11.3	17.5	-6.2	10.3	9.9	0.4
20	HYPOTHESIS	48.0	46.6	1.4	8.4	24.1	-15.7
21	INFORMATION	24.6	23.6	1.0	31.2	25.1	6.1
22	INTERACTION	27.3	26.2	1.1	11.2	25.6	-14.4
23	KNOWLEDGE	13.5	14.5	-1.0	7.8	11.1	-3.3
24	LANGUAGE	12.8	15.4	-2.6	6.0	14.7	-8.7
25	LEVEL	14.9	19.0	-4.1	11.3	14.5	-3.2
26	MEANING	23.1	24.6	-1.5	30.8	20.7	10.1

续　表

序号	学术名词	形容词			名词		
		CCEPT	CRAJ	CCEPT-CRAJ 差	CCEPT	CRAJ	CCEPT-CRAJ 差
27	MEASURE	50.0	31.6	18.4	52.7	24.5	28.2
28	MODEL	36.7	41.1	−4.4	16.7	29.5	−12.8
29	PATTERN	38.2	35.4	2.8	18.1	31.2	−13.1
30	PERFORMANCE	22.0	32.6	−10.6	9.8	17.8	−8.0
31	PRACTICE	36.6	37.9	−1.3	14.1	20.9	−6.8
32	PROCESS	28.5	33.5	−5.0	9.6	24.9	−15.3
33	PRODUCTION	28.0	21.1	6.9	8.0	16.6	−8.6
34	RELATIONSHIP	29.4	38.1	−8.7	39.2	35.7	3.5
35	RESEARCH	14.8	12.5	2.3	27.9	20.4	7.5
36	RESEARCHER	27.3	48.3	−21.0	38.7	36.6	2.1
37	RESPONSE	50.8	31.2	19.6	57.9	31.9	26.0
38	RESULT	32.4	37.7	−5.3	24.7	44.4	−19.7
39	ROLE	17.6	25.3	−7.7	13.8	53.7	−39.9

续　表

序号	学术名词	形容词			名词		
		CCEPT	CRAIJ	CCEPT-CRAIJ 差	CCEPT	CRAIJ	CCEPT-CRAIJ 差
40	STRATEGY	11.5	38.0	−26.5	5.0	21.0	−16.0
41	STRUCTURE	24.7	26.9	−2.2	18.1	16.9	1.2
42	STUDY	6.7	8.2	−1.5	23.6	19.9	3.7
43	SUBJECT	37.7	25.6	12.1	39.2	29.0	10.2
44	SYSTEM	28.9	26.2	2.7	26.0	24.5	1.5
45	TASK	23.3	25.4	−2.1	9.2	11.0	−1.8
46	TYPE	21.0	20.9	0.1	12.8	11.6	1.2
47	USE	26.3	38.1	−11.8	6.5	10.0	−3.5
均值		**26.0**	**28.4**	**−2.4**	**23.7**	**25.7**	**−2.0**

后　记

　　我常用"三多"来概括英语学习者写作中普遍存在的问题：短句多、代词多、重复多。"短句多"是指独立小句或者低级的复杂句多，"代词多"主要是人称代词使用频繁，"重复多"主要是词汇（尤其是名词，而其中很多又是主题词）重复多。而这些冗余重复背后的原因也绝非未能使用复杂从句所能解释的。由短语性结构修饰的压缩名词短语的明确提出似乎一下子解开了谜团：

　　"短句多"是因为学习者不懂得整合句子、压缩结构，"代词多"是因为学生没有意识到名词或名词短语使用的重要性，"重复多"是因为对词汇多样性的淡漠。

　　传统教学关注 T 单位，向学习者强调复杂从句使用的重要性。但实际上，本人基于多年的教学经验和所教授的不同英语水平的学习者，总结出一个事实——句法层面的东西是相对容易掌握的，即使是一个普通的中学生也可以做到理解并输出复杂从句。但是很多时候，学生作文中的句子看似冗长复杂，实则言之无物，即输出的句子结构可能是复杂了但却没有什么有价值的信息，而我们的教学目标恰恰是用紧凑的压缩结构来整合大量的信息。要克服"三多"现象，就要提升写作的正式性和信息密度。如何在学习者掌握了一定的从句知识后，从比较基础的阶段教授压缩性名词短语的使用呢？

　　首先,应该让学习者认识到名词短语是学术写作中的突出语言特点。现在的语言教学强调定语从句修饰的重要性,而导致对定语从句的过度使用,尤其是 which 定语从句,这一点是可以通过课堂教学中明确告知学生什么是正式语体而改进的,告知学习者使用短语性修饰的重要性。其次,通过对复杂的名词短语进行解析进而理解各种修饰结构内部以及与中心词之间的关系,课堂上可以对复杂的名词短语进行中心词修饰结构的提问和分析,这能让学习者感受到短语展开后所蕴含的信息量之大,让学生在对比中感受到短语修饰使用的经济性。再次,要对句子或小句修饰进行压缩训练。这就需要帮助学生搭建中心词修饰结构的框架,形成一套完整的修饰结构体系。将英语中名词的前置和后置修饰结构进行梳理,并按照压缩等级进行排序。通过实例展示各种修饰结构之间的转换,尤其是要训练由小句修饰到介词短语和前置修饰转换的灵活性。

　　对于如何在专业论文的写作中使用好名词短语,这里专门再提出几点建议:1)不仅掌握上述名词短语修饰结构转换的灵活性,还需要以中心词为基础,阅读中形成对词汇的修饰模式的规律性总结。以本研究中的 strategy 为例,尽管它是研究生高频使用的中心词,但是其使用的修饰模式却和本族语写作者有着很大的差距。所以以不同学科的重点名词为基础进行学习对学科论文写作有更实际的指导意义。对于多项修饰语的名词短语,它们的修饰语使用是一个难点,一方面是信息深度整合的过程,另一方面体现用词具体性的过程,这需要学习者带着思考去阅读,观察此类短语的类链接模式和修饰语语义关系。2)利用好同位语。本研究未能实现对同位语的研究,而同位语使用在当今新闻报道和学术写作中使用相当频繁。其重要性和这一结构的灵活性有着极大的关系,它能以名词短语的形式对句中的某个名词或概念甚至是整个句子进行进一步具体说明,且同位语在句中的位置灵活而又不影响句子的语法完整性。3)重视词汇使用的多样性和具体性。从频率来看,典型修饰语使用比例高,更容易被掌握,典型搭配词也因此备受关注。但是在笔者对数据进行整理的过程中,有相当数量的低频修饰词,形式多样、数量众多、语义广泛,其整体数量不容忽视。这一点在 Biber & Gray(2016)书中也提到,有大量低频使用的话题形容词。具体词汇的大量存在反映了语言表达中的多样性、词汇变化的特点,这也是在国外考试(例如 IELTS)写作评分标准中明确指出的一项要求,而国内写作更注重语法正确性或者高级词汇使用,而对于什么是"高级"词汇,却没有明确的说明,通常理解为"非口语化"用词。缺少了对写作用词的具体标准要求就难以对学习者提出明确的词汇学习目标。所以亟需对用词的准确性和多样性上提出要求。

今天的英语教学绝对不再是围绕语法正确性的教学,学生的英语水平也今非昔比,他们能掌握基本的口语交际,而对学术语言的正式性认识不足,仅停留在高级词汇、复杂从句阶段。在这种背景下,作为教学人员,我们需要帮助学习者实现向学术英语表达的转变,引导他们输出真正的学术语言以及符合本学科论文写作特色的名词短语。

最后,引用美国符号学家和科学教育专家 Lemke(1990)的一句话来结束本书:"对一门学科的掌握在很大程度上就是掌握其专业性的语言使用"。

图书在版编目(CIP)数据

中国英语专业硕士研究生毕业论文中的学术名词短语使用
研究/林生淑著. —上海:上海三联书店,2021.3
ISBN 978 - 7 - 5426 - 7317 - 6

Ⅰ.①中… Ⅱ.①林… Ⅲ.①英语-研究生-毕业论文-科
学名词-研究 Ⅳ.H319

中国版本图书馆 CIP 数据核字(2021)第 007882 号

中国英语专业硕士研究生毕业论文中的
学术名词短语使用研究

著　者 / 林生淑

责任编辑 / 杜　鹃
装帧设计 / 一本好书
监　制 / 姚　军
责任校对 / 张大伟　王凌霄

出版发行 / 上海三联书店
　　　　　　(200030)中国上海市漕溪北路 331 号 A 座 6 楼
邮购电话 / 021 - 22895540
印　刷 / 上海惠敦印务科技有限公司

版　次 / 2021 年 3 月第 1 版
印　次 / 2021 年 3 月第 1 次印刷
开　本 / 890×1240　1/32
字　数 / 270 千字
印　张 / 11.625
书　号 / ISBN 978 - 7 - 5426 - 7317 - 6/H·102
定　价 / 79.00 元

敬启读者,如发现本书有印装质量问题,请与印刷厂联系 021 - 63779028